养老护理服务人员职业能力培训系列教材

养老服务机构护理管理指南

主　编：黄　茜　张迎春
副主编：刘　芳　来　敏
编　者：（按姓氏笔画排序）
李　燕　沈　菊　易　丹
易　懿　徐　晶　殷荣甫
主　审：任志丽　戴　敏

中国劳动社会保障出版社

图书在版编目(CIP)数据

养老服务机构护理管理指南/人力资源社会保障部教材办公室等组织编写. -- 北京：中国劳动社会保障出版社，2018

养老护理服务人员职业能力培训系列教材

ISBN 978-7-5167-3512-1

Ⅰ. ①养… Ⅱ. ①人… Ⅲ. ①养老-社会服务-组织机构-护理-管理-指南 Ⅳ. ①D669.6-62

中国版本图书馆 CIP 数据核字(2018)第 159395 号

中国劳动社会保障出版社出版发行

(北京市惠新东街 1 号 邮政编码：100029)

*

北京市艺辉印刷有限公司印刷装订 新华书店经销

787 毫米×1092 毫米 16 开本 16.25 印张 250 千字

2018 年 8 月第 1 版 2018 年 8 月第 1 次印刷

定价：42.00 元

读者服务部电话：(010) 64929211/84209101/64921644

营销中心电话：(010) 64962347

出版社网址：http://www.class.com.cn

内容简介

本教材由人力资源和社会保障部教材办公室、重庆城市管理职业学院健康与老年服务学院组织编写。教材根据国家职业标准编写，突出以实际操作能力培养为核心的编写方向，以“职业技能培训、岗位技能培训”需求为导向，依据工作岗位的实际需求，内容遵循职业标准中要求的知识点和技能点，涵盖岗位技能要点，知识内容的编写以满足技能需要为前提，以应掌握的操作技能为核心，强调实用性和可操作性。

全书共分 5 章，主要包括：养老服务机构概述、我国养老护理服务体系和管理、养老服务机构护理管理制度、养老服务机构护理服务质量管理、养老服务机构管理相关政策法规。

本教材为养老服务机构护理管理体系建设提供有力的理论支撑依据，为养老护理服务机构、养老护理员和养老机构护理服务管理人员的岗位技能培训提供教材指导。教材以能力培养为根本出发点，理论与实践相结合，使读者能够有针对性地进行系统学习和掌握反映当前从事养老服务机构护理管理及护理服务岗位工作人员所必需的核心基本知识、工作规程及操作技能。

本教材由重庆城市管理职业学院黄茜、张迎春担任主编，重庆城市管理职业学院刘芳、重庆市儿童爱心庄园来敏担任副主编，由首都医科大学宣武医院任志丽、重庆市中医院戴敏担任主审。本教材编写工作由重庆城市管理职业学院黄茜、张迎春、刘芳、沈菊、易丹、徐晶、殷荣甫，重庆市儿童爱心庄园来敏，重庆市第九人民医院李燕、易懿共同完成。

本教材可作为养老护理管理模块的培训教材，也可供全国其他地区从事养老护理工作的人员学习及进行岗位培训或就业培训使用。

目 录

第 1 章

养老服务机构概述

第 1 节　养老服务机构的发展

学习单元 1　我国人口老龄化现状及养老服务业需求

了解我国人口老龄化结构现状及发展趋势

熟悉养老服务业的现状与市场供给需求关系

掌握人口老龄化概念、养老服务业概念以及养老服务业的范围

一、我国人口老龄化现状

1. 我国当前人口老龄化结构分析

21 世纪，伴随全球人口老龄化的到来，人类经济社会生活的方方面面都受到广泛而深刻的影响。人口老龄化日渐成为世界各国政府高度关注的重大问题。随着生活质量的提高和医疗体系的完善，全球老年人口的增长速度远高于青年人口和出生人口。人口老龄化进程导致老年人口过多，影响整个人口年龄结构，给全球各国的社会养老保障体系带来不可忽视的巨大压力。伴随人口老龄化，老年抚养比将迅速提高。我国既是人口大国，也是人口老龄化大国，人口老龄化给我国经济和社会发展带来普遍而特殊的影响。

（1）基本概念

1）老年人口。在我国，年龄60岁及以上的人口称为老年人口。我国老年人口逐年递增，目前保持在一个较高的人口比例水平。

2）人口老龄化。人口老龄化是一个国家或地区的人口总数中，老年人口总数增加和非老年人口总数减少，从而导致其老年人口比重不断增加的动态过程。

3）老年型社会。当一个国家或地区60岁及以上人口占总人口比重超过10%或65岁以上人口超过7%，称该国家或地区为老年型社会；若65岁以上人口超过14%，则称为老龄社会（见表1—1）。

表1—1　国际人口类型划分标准

划分标准	0~14岁人口比例（%）	60岁以上人口比例（%）	65岁以上人口比例（%）	老龄化指数
年轻型人口	>40	<5	<4	<15
成年型人口	30~40	5~10	4~7	15~30
老年型人口	≤30	≥10	≥7	≥30

资料来源：联合国 The Aging of Population and Its Economic and Social Implications. Sules No. 1956. XⅢ. 6.

（2）我国人口老龄化结构发展进程的变化特点

1）人口基数大，老龄化进程快，高龄发展趋势明显。我国实施计划生育政策后，由于出生率降低，人口结构逐步发生改变，先由年轻型进入成年型，再逐渐由成年型向老年型转变。2000年以后，我国老年人口比例以年均约0.2%的速度递增。在庞大的人口基数下，老年人口规模迅速增长。截至2010年年初，全国老年人口增加了6 499万人，达到11 309万人，占全国总人口的8.5%，60岁及以上人口占世界老龄人口总数的20%。预计到2050年，我国60岁以上人口将达到1亿人，约占全球60岁及以上人口的25%。

2）逐渐加快的人口老龄化进展，为经济建设提出了新的要求。随着我国老年人口的迅速增加，人口老龄化进程加快。政府部门对有效应对“人口老龄化”的政策措施制定，提出了新的战略目标。在保证经济发展的同时，应对人口老龄化进程，需要做好面临来自各层面较大压力的准备。

3）我国人口老龄化存在地区、城乡差异。伴随着全国工业化、城镇化、现代化建设进程的发展，人口老龄化比例的快速增长，也存在着地区和城乡经济发展状况的差异；同时也是伴随经济转型、社会转型和文化转型共同发展适应的过程。在部分经济水平较高的城市，人口老龄化水平比较高。如上海市早在 1982 年即进入人口老龄化社会，较全国提前了 18 年。至 2000 年，上海市 65 岁及以上老年人口比重已经达到 11.46%。2000 年人口普查数据显示，除上海以外，北京、天津、重庆、浙江、山东、江苏、辽宁等 9 个省、直辖市人口老龄化水平高于全国平均水平。随着经济建设的发展和人口城镇化转变，人口老龄化城乡差异日渐加大，且农村人口老龄化水平明显高于城镇水平。农村青壮年劳动力在城市化建设中大规模来到城市工作生活。2000 年，我国城镇老年人口占比为 6.4%，而农村为 7.5%，比城镇多了 1.1%。城镇化建设加剧城乡差距，且这种差异趋势仍将不断扩大。农村人口老龄化将是一个较为严重的问题。但也有研究报道，在国家政策的调控下，到 2030 年，城乡人口老龄化水平的差距将会缩小；到 2040 年，城市老年人口数量将超过农村老年人口数量。

（3）人口老龄化结构对经济发展和社会建设的影响

1）老年人口增多，现阶段可能让社会经济建设中的生产力资源减少，生产成本增加，减缓了生产效率的提高。老年人口的比重增加，劳动力人口可利用比例降低，增加了对社会建设进程的影响。维持一定数量和质量的劳动力人口作为生产资料，与长期稳定的经济发展状态可以起到相辅相成的作用。老年人口增多，年龄增大，应对新事务和新技术的能力逐渐下降，增加了劳动时间和劳动成本，降低了企业生产效率和竞争力，不利于经济发展和社会建设。

2）随着老年人口数量增多，社会问题也将增多。老年人退休后，可能不再参加社会财富创造，养老生活费用的问题将分担到社会劳动力人口肩上，加大社会劳动力人口的社会负担和压力。同时，老年人随着自身年龄的增长，疾病、意外伤残等因素，致使自理能力下降，生活起居需要得到照顾，社会负担将会越来越重。到 2025 年，我国长期卧床需照料的老年人将达到 1 000 万人，比日本同一时期多出 5 倍。西方老龄化进程中，也面临着应对此类同样问题：比如退休老年人再就业困难问题；收支不平衡、经济拮据、生活质量下降的问题；儿女离巢、老伴离世、无人照料的问题；老年人独居，产生孤单感、不安全感，造成自身价值降低等一系列心理问题。因此，由人口老龄化所衍生出的各类问题，都需要我们提高重视度，积极制定应对策略。

（4）人口老龄化结构分析的意义。当今世界经济快速发展，呈现多元化、多因素的发展态势。人口老龄化结构对世界经济发展的影响意义重大。人口发展结构的调整已成为了国家宏观调控层面战略性目标。因此，对人口老龄化结构深入细致的分析，将成为国家建设策略规划必须考虑的一个头等重要的因素。人口老龄化的影响牵涉到社会民生、经济发展和家庭生活等微观领域，受到政府部门、学术界、媒体等各方面高度关注。人口老龄化是一个关系全局、长期和根本的问题，是我国社会经济发展建设中影响较大的主要因素之一。

2. 我国人口老龄化社会结构发展趋势

20 世纪 70 年代，我国实行计划生育政策后，人口成年型社会逐渐向人口老年型转变；人口年龄结构发生了改变，老年人口比例和老年抚养比逐年提升；这一系列的变化是社会经济进一步发展的挑战，是养老护理服务行业等相关行业的机遇。政府部门为老龄产业链提供大力发展的政策支持，在养老服务体系建设完善的过程中，提倡居家养老与社区养老结合的养老方式；老年产品以公私结合的多种商业模式和途径提供服务，鼓励社会成员和社会资金参与到养老服务中来；建设和扩大多功能老年活动区域，增强老年人文娱生活，通过利用老年人过往丰富的人生经历和宽广的社会资源，为老年人自己养老进行服务，让老年人参与管理自己的老年生活，发挥他们的余热。

（1）老年人口分布比率。老年人口城乡分布比率不均衡，城乡差别较大（见表 1—2）。60 岁及以上的老年人口比率有持续增高的趋势，且农村老年人比率增长较快。全国城乡老年人口占总人口数比率不断增加。人口寿命逐渐延长和出生率的降低，影响了人口结构的比值变化。

表 1—2　60 岁老年人口比率（%）

年份	全国	城镇	农村	年份	全国	城镇	农村
1989	8. 88	9. 05	8. 83	2001	11. 42	11. 64	11. 29
1990	8. 58	8. 15	8. 73	2002	11. 8	11. 86	11. 76
1991	9. 19	9. 82	8. 99	2003	12. 16	12. 48	11. 93
1992	9. 32	10. 6	8. 8	2004	12. 36	12. 63	12. 17
1993	9. 51	10. 76	8. 94	2005	13. 01	12. 12	13. 73
1994	9. 76	11. 05	9. 34	2006	13. 3	12. 55	13. 87
1995	10. 17	10. 6	9. 99	2007	13. 65	13. 03	14. 14
1996	10. 59	11. 97	10. 00	2008	14. 01	13. 44	14. 49
1997	10. 78	12. 12	10. 09	2009	14. 5	14. 21	14. 75
1998	11. 13	12. 55	10. 43	2010	13. 32	11. 69	14. 98
1999	11. 27	12. 8	10. 51	2011	13. 73	12. 05	15. 53
2000	10. 46	9. 68	10. 92				

数据来源：杜鹏，王武林．论人口老龄化程度城乡差异的转变［J］．人口研究，2010（3）：3-10.

（2）各年龄段老年人口结构发展。不同年龄段的老年人口，在城乡老龄化结构上存在着差别。农村的人口老龄化趋势高于全国人口老龄化平均水平，农村老年人口比率和其增长速度都大于城镇，上升百分点是城镇的两倍以上（见图 1—1）。

二、我国养老服务业需求

1. 我国养老服务业供求关系概述

（1）基本概念

1）养老服务业。狭义的养老服务业，是指服务于老年人的生活照顾和康复护理服务。广义的养老服务业，涵盖了为满足老年人的生活、医疗、文化、健身、娱乐等养老需求所提供服务的产业链。养老服务业涉及老年人的生活照料、医疗康复、疾病护理、养老金融、老年人再教育和继续教育、老年文化等，也包括相关工作专职人员的培训、劳务关系的建立等养老服务业的外延行业领域，是一个综合产业体系。

2）养老服务设施。《中华人民共和国老年人权益保障法》明确提出，国

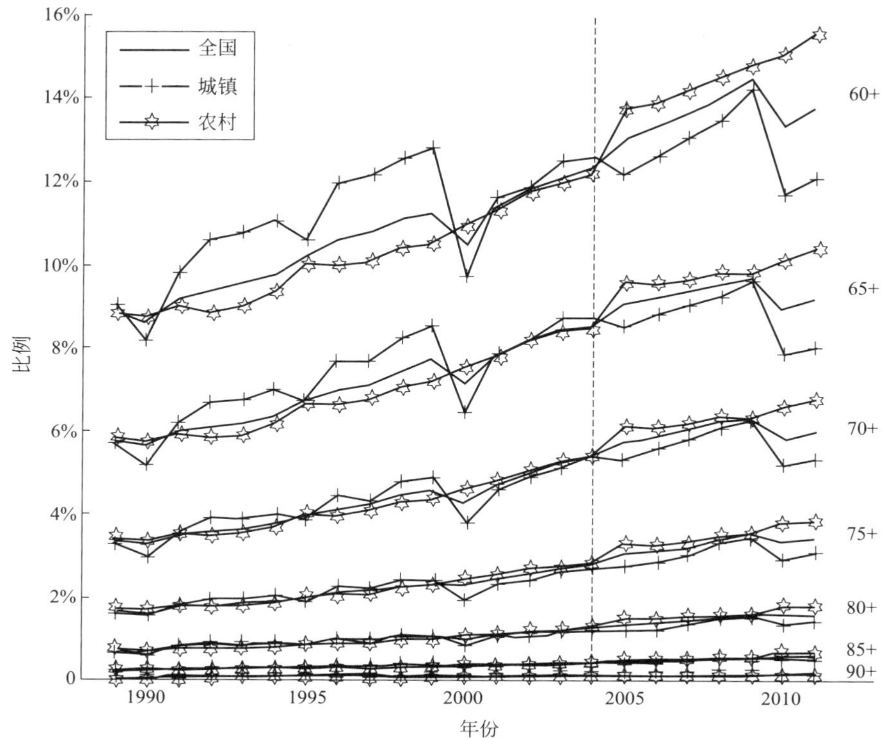

● 图 1—1　全国及城乡人口年龄结构

资料来源：陈光慧，蔡远飞，李凤．我国人口老龄化趋势预测与结构分析——基于非参数自回归模型．西北人口，2014（4）：35.

家的一项长期战略任务就是要积极应对人口老龄化。在硬件设施方面，要求城乡社区配套设施建设中必须要有养老服务设施；为适应老年人各方面需求，设立生活服务、文体娱乐、日间照料、疾病护理、医疗康复等服务设施和服务网点。在老年人情感需求方面，将老年节定为每年农历九月初九，要求老年人子女要“常回家看看”。这部法律是老年人维护自己的合法权益，享受高质量晚年生活的有力法律保障。

3）养老服务业的范畴。养老服务质量标准逐年提高，向规范化、标准化方向进一步发展，逐步完善符合老年人需求的养老服务和养老设施建筑标准。由于老年人是一群相对特殊又较弱势的群体，对老年人的养老服务必须要高标准、严要求，以保障老年人能够更好地参与社会生活，共享社会经济发展成果。

（2）我国养老服务业供求关系。在不断拓宽的老龄服务领域和范围内，努力构建城乡统筹、全方位、多层次的社会养老服务体系，主要在于增强养老服务机构的服务设施建设，加强养老服务管理和质量评估，建成涵盖居家养老、社区养老、机构养老的服务体系。人口老龄化程度较高且经济相对发达地区（如上海、北京等），吸取了发达国家和地区的丰富经验，正在积极探索适合当地、适应国情的养老模式，建立相对完善的养老公共服务体系；各地区应相互学习、共同进步，完善我国养老公共服务体系，扩大养老服务业范畴。

1）养老服务市场的需求。2000 年前后，我国就进入了老龄化社会，预测到 2050 年，30 个老年人的养老由约 100 个适龄劳动者承担。适龄劳动者既要工作又要担当起照料家里老年人的责任，也就是说，他们既要承担社会养老责任，同时又要承担家庭养老责任，这对适龄劳动者来说无疑是双重养老负担。

在人口老龄化、高龄化的发展态势下，我国养老压力越渐增大。目前，我国养老服务市场规模在人民币 3 万亿元以上，预计 2050 年前后将达到人民币 5 万亿元规模。同时，养老从业人员将从 2010 年的 2 000 万，激增到 2030 年的 7 800 万。

2）养老护理和康复的需求。随着健康意识、生活条件和医疗水平的不断提高，人们对老年疾病的治疗与护理提出了更高的要求。不仅保证老年人在身体上要得到科学合理的护理干预，在心理健康上也要多加关注、加强指导。

护理干预需要帮助老年人消除安全隐患，指导老年人正确规律的饮食作息，促进老年人身心健康并注意帮助提高老年人生活自理能力。从疾病预防、诊断、治疗直至治疗后的护理服务、功能康复训练等形成一个整体，并保证其连续性。在康复护理服务社区化和家庭化过程中，要加强所在地区康复中心对老年人康复护理新概念、新形式和新特点的探索研究，促进家庭与社会的和谐发展。

老年人康复护理有很多领域，目前大多限于医疗和生活护理，对老年人心理健康重视程度不够，在以后的护理服务中，要多注重老年人的内心世界。随着年龄增长，老年人的生活自理能力逐渐减弱，这要求护理员照料老年人的日常生活，帮助老年人进行健康科学的饮食作息，同时要加强康复功能训练，协助老年人恢复生活自理能力，提升老年人重新融入社会家庭的信心。

2. 我国养老服务业市场分析

养老服务业是由老年人消费需求形成的新兴产业，为老年人提供养老生活服务。老年人需要哪些养老服务、养老经费从哪里来、由谁提供服务、需要哪些配套支持等问题是养老服务业发展的关键（见图 1-2）。目前，我国养老服务业发展仍处于起步阶段，在养老经济来源、服务供给主体、服务内容、服务水平、老年人用品等方面存在诸多问题，严重制约着养老服务业的发展。

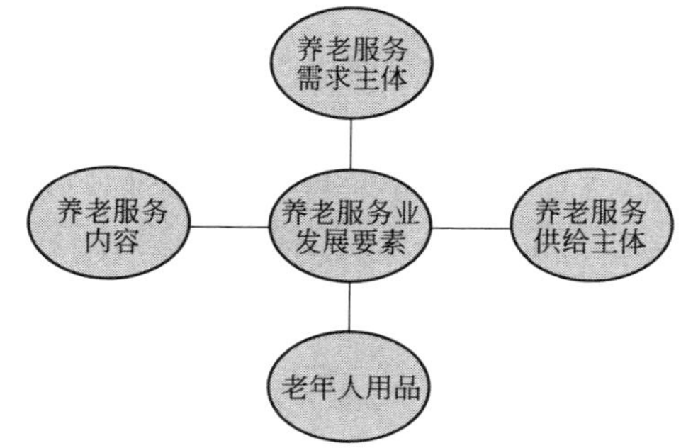

●图 1—2　养老服务发展要素

资料来源：商敏，王玉凤，杨凤梅等. 系统康复治疗对脑卒中恢复期患者认知功能、运动功能及生活质量的影响［J］. 中国老年学杂志，2014，12（23）：6551-6553.

发展养老服务业是关系民生的战略问题，它有助于解决老年人生活中的实际困难和问题，有助于改善家庭关系。发展养老服务业对于构建和谐社会具有重要的现实意义。

（1）养老服务模式

1）家庭养老模式。全国各地对养老服务进行了积极探索，家庭养老服务是首选。家庭养老具有先天优势，家庭亲情和熟悉的生活环境，对老年人的照顾会更加周到和个性化，也更符合老年人的需求，这是很多老年人选择家庭养老的主要原因。即便在发达国家，家庭养老仍然是最常见的养老模式。但是，家庭养老也有不少困难，如对高龄及生活不能自理老年人的日常陪伴与照料等。

2）社区居家养老模式。该模式是以家庭为核心、以社区为依托、以专业服务为目标，为居住在家的老年人提供以解决日常生活困难为主要内容的养老服务。其主要形式是服务人员上门为老年人提供照料服务、日托服务以及通过社区服务网络和专业的服务人员，辅助家庭成员完成养老任务等。社区居家养老具有亲情守望、邻里互助的特点，既不脱离老年人熟悉的环境和亲友，又能够在子女上班时让老年人得到专业的照顾。目前，全国许多大中城市建立了社区老年人活动中心和日间照料中心，由企业或社会公益组织上门为老年人提供各类便捷的养老服务，组织老年人进行丰富多彩的文体活动。这种服务方式与家庭养老互为补充，既解决了老年人日间无人照顾的问题，也让赡养者日间能专注工作，值得推广。

3）医养结合模式。老年人随着年龄的增长，自理能力逐步下降，越来越多的老年人失能或失智，这些老年人需要更多的生活照料和医疗服务。高龄、空巢以及病残、孤独抑郁等为养老护理带来了极大的风险，特别是大多数老年人都伴有各种慢性疾病。因此，建立同时具有养老和医疗服务功能的医养院，是今后养老服务业发展的重点。通过医养结合，有利于老年人慢性病管理和康复护理；有助于医疗机构为老年人提供便捷、快速的救护通道；便于医疗服务资源与养老服务资源的优化配置；便于养老服务机构、老年病医院和康复疗养机构等的合理布局，并最终形成规模适中、功能互补、安全便捷的健康养老服务网络。

（2）养老服务业存在的问题

1）政策扶持力度不够。国家发展养老服务的政策措施在一些地方难以落实，特别是民间资本投资养老服务业，遭遇一些体制和政策性障碍，如税收优惠政策没有实施细则无法操作。民营养老服务机构及老年活动设施在用地、用电、用水、取暖等基础设施方面负担较重，建设补助、营运补贴、居家养老服务补贴等与老龄事业发展的新要求相比，还存在着很大差距。因政策原因，导致社会资本发展养老服务成本高，在市场竞争中处于劣势，阻碍了社会资金进入养老领域。

2）养老需求旺盛与社会供给不足的矛盾比较突出。我国养老服务设施、服务网络建设相对滞后，导致许多养老服务项目无法实施，不能满足老年人社会需求。同时，养老服务市场发展失衡，公办养老服务机构有国家投资，管理规范，人满为患；而民办机构开办前期投入大、运行风险高，只能将成本转移到价格上，导致门庭冷落，床位闲置率高。

3）养老服务体系结构不合理。养老服务产品档次低，许多养老设施不符合建设标准，包括老年人家庭适老化改造和老旧小区安装电梯。特别是医护结合、护养结合的康复护理机构少，养老服务管理不够规范，还未形成完善的行业标准和规范的监管机制。

4）护理专业人才缺乏且流动性大。从事一线护理工作的大多是女性，以农村年轻人和下岗人员居多，由于缺乏专业知识，待遇偏低，很多有经验的护理人才跳槽比较平凡。接受过专业培训的护理员严重不足，远不能满足社会养老需求。据估算，中国目前对养老服务人员的需求约为 1 000 万人，但全国所有养老服务机构的护理员仅有 22 万人。

（3）养老服务问题的解决措施

1）在社区建设小型养老服务机构，用于失能和半失能老年人的养老服务，同时为街道老年人就近提供高质量的专业居家养老服务，建立以政府为主导的多元主体参与机制。2013 年，国家发改委、财政部总计投入 47.2 亿元用于养老服务业和民生建设；彩票公益金将 50%以上的资金用于支持发展养老服务业，并随老年人口的增加逐步提高投入比例；各地方政府通过简政放权、体制机制创新激发社会活力，探索公建民营、民办公助、政府补贴、购买服务等多种途径，形成社会资金以独资、合资、合作、联营、参股兴办养老服务业的灵活机制；通过建设补贴（补砖头）、运营补贴（补床头）、老年人补贴（补人头）等方式引导老年人合理消费，带动老年消费的形成，推动养老服务业的发展。

2）提高医护人员专业知识技能水平，加强医护人员专业知识和能力训练，在护理专业学生培养过程中注重康复护理治疗的系统性和规范性学习。在护理过程中，医护人员要能根据老年人的不同身体状况，制定并实施不同的康复护理方案；鼓励护理员参加康复护理专业知识和实践经验技能的相关讲座和培训，提高自身知识运用能力，更好地为康复护理事业服务。

特别提示

现阶段提出的养老应对措施

1. 建立起老年人的生活、医疗保障制度、社会养老保险制度，使老年人在退休后生活水平得到保证，享有充足的退休金、养老金及各种社会福利。“实行以社会福利为准则，以统筹理论为基础，以行政法规为形式的社会保障型医疗保险和以权利、义务对等为原则，以风险理论为基础，以保险合同为形式的风险经营型医疗保险构成的二元老年医疗保险体制”，以适应日益严重的人口老龄化对医疗保障的需要。在立法层面，做到广泛宣传，使人人能够知法、懂法、守法，在全社会树立良好风气，提倡和发扬中华民族几千年来尊老敬老的传统美德，对社会上虐待、遗弃老年人的丑恶现象依法严肃处理，从而做到老有所养、老有所医、老有所终。

2. 发挥老年人的余热，鼓励他们在离退休后，根据自己的实际情况，参与社会经济的发展，从事力所能及的工作。老年人受生理条件限制不可能像适龄劳动者一样，在社会经济发展中居主导地位，但是他们长期工作中积累的丰富经验和技能又是进行现代化建设所需要的，而非年轻职工能够立即掌握和替代的。调动老年人的积极因素，鼓励他们参加社会工作，一方面能使老年人感受到自身的价值，有益其精神健康；另一方面也可以使老年人在退休后通过自己的劳动，补充一些收入，满足生活需要，使他们的物质生活水平能够与社会经济发展水平相适应。

3. 全社会为老年人创造更多的机会，丰富其生活，使他们能够安度晚年。如开办老年大学、老年人俱乐部、老年人活动中心、老年人福利院，提高老年人的文化科学知识，丰富老年人的文化生活；组织各种活动，如旅游、联谊等，促进老年人的社会交往，减轻他们离开工作岗位后的孤独感、寂寞感，减少因人口老龄化带来的各类社会问题，保证我国社会主义建设事业的顺利进行。

学习单元 2　我国养老服务机构

了解养老服务与养老护理服务

熟悉我国养老服务机构的职能和地位

熟悉我国养老服务机构的服务对象、服务特点和发展趋势

一、我国养老服务机构的含义

养老服务机构是社会化养老出现后常见的专有名词，是指能为老年人提供集中居住环境和照料服务的综合性服务机构。我国的养老服务机构可以是独立的法人机构，也可以附属于医疗机构、企事业单位、社会团体或组织的某个部门或分支机构。

养老服务机构为入住老年人提供住养服务、健康管理，以提高老年人的生活质量，使老年人能够“老有所养、老有所依、老有所为、老有所教、老有所学、老有所乐”。

1. 养老服务与养老护理服务

（1）养老服务。养老服务是为老年人提供产品和服务的特殊产业，是能够为老年人生活提供全方位服务支持的系统，包括为老年人提供生活照料、医疗康复、精神慰藉和休闲文娱等照料服务。

截至 2014 年，我国约有 2.02 亿 60 岁以上老年人口，其中 65 岁以上老年人口占 1.31 亿。老年人群作为重要的社会群体，是构建和谐社会的重要力量，也直接关系到家庭幸福和社会稳定。随着我国老龄化社会进程的加速，将会有越来越多的老年人需要部分或全部的专人照顾服务，这个任务将由家庭和社会共同承担。

家庭养老是一种较为传统的养老方式，是由家庭成员为老年人养老提供照顾服务；社会养老则借助社会或者专业机构的力量为老年人养老提供专业化的照顾服务，其表现形式又主要分为居家养老、社区养老和机构养老。

目前，我国主要有以下几个方面的养老服务：

1）日常生活照料服务。日常生活照料服务主要为老年人提供饮食、起居、清洁等服务活动，以满足老年人的基本生活需求，包括个人清洁卫生、穿衣修饰、口腔清洁、饮食、排泄、皮肤清洁、压疮预防等服务内容。

2）医疗保健服务。医疗保健服务主要为老年人提供预防保健、康复医疗等方面的服务活动，以维持和促进老年人健康，提高老年人生活质量，包括日常保健护理、常见疾病诊断、治疗及护理、突发疾病及意外的处置、康复指导等服务内容。

3）心理支持服务。心理支持服务可以通过心理评估等专业化手段，了解老年人心理健康状况，及时采取治疗措施，维护老年人心理健康，增强老年人社会适应性，包括对话沟通、情绪疏导、心理咨询、危机干预等服务内容。

4）文化娱乐服务。文化娱乐服务以兴趣小组、兴趣班、老年大学等形式开展活动，丰富老年人的文化生活。这类活动有助于缓解老年人的不良情绪，修身养性，增强体质，减少疾病，以促进老年人生理和心理的健康，包括散步、观影、阅读、歌舞、书画、下棋、拳操、摄影、编织、垂钓、种植等活动。

养老服务作为满足老年人需求的手段，是一个综合复杂的过程和体系。随着社会的发展，传统的由家庭成员提供养老服务的方式逐渐在向社会化养老转移，社会化养老服务需求不断扩大，服务内容不断细化，已形成具有庞大规模的老年市场。同时，国民经济快速发展，收入水平不断提高，老年人对养老服务的需求也呈现出多样化发展趋势，养老服务的内容也必将随之进一步细化发展。

（2）养老护理服务。养老护理服务与传统的医疗护理存在差异，服务对象往往是生活不能自理的老年人，服务内容是帮助老年人生活正常化，服务目标是提高老年人的生活质量，最大限度地实现人生价值。

养老护理服务是以照顾老年人日常生活起居为基础，运用护理理念和护理技能，帮助老年人特别是独立生活有困难的老年人，使之尽可能维持现有的生活活动能力和健康现状，最大限度延长老年人生活独立自理的活动期限；同时尊重老年人心理及自我实现的需求，包括健康管理、健康教育、基础护理、医疗康复护理以及感染控制等方面的护理服务。

1）健康管理。健康管理主要针对老年人生活方式中某些影响健康的危险因素进行全方位管理，并且为老年人提供科学的健康指导和健康生活方式干预。调动尽可能多的资源，提高老年人的健康状况，达到预防疾病、降低医疗费用的目的。

健康管理包括健康信息采集、健康档案建立与管理、健康体检、健康指导、健康干预等。

2）健康教育。老年健康教育的目的是通过合理计划、有序组织，进行系统的社会教育活动，使老年人能够采纳有益于身心健康的生活和行为方式，减轻甚至消除影响健康的危险因素，预防疾病，增进健康，提高老年人生活质量。

可通过个别辅导、集体讲座、观看宣传教育影片、图书资料等多种健康教育形式，进行老年人运动和饮食的指导、老年人常见意外的预防和紧急处理、老年人常见疾病的预防和护理等相关知识的健康教育活动。

3）基础护理。基础护理涉及对老年人生命体征的观察与护理、饮食护理、排泄护理等（详见第 4 章第 1 节学习单元 2）。

4）医疗康复护理。医疗康复护理包括对老年人常见疾病的护理、协助老年人服用药物、协助老年人使用助行器、协助老年人收集标本以及协助老年人转移等。

5）感染控制。随着年龄的增长，老年人抵抗力不断下降，成为感染高发人群。因此，需要对老年人用具、物品做好消毒，对各种污物做好处理，如遇感染则需要做好消毒隔离工作，并对老年人全身各组织系统感染性疾病进行治疗和护理。

2. 养老护理行业服务理念原则

养老护理行业的服务理念一般遵循以下原则：

（1）尊重原则。尊重原则即对人的人格尊重，弱化了服务对象的身份、社会地位、性别、智力状况、受教育程度、经济能力等一系列外部要素。不论处于何种状况的老年人，健康或残疾，贫困或富有，在接受养老护理服务时都应该具有平等的人格尊严，即人人平等。在养老护理工作中，须将每一位老年人作为具有独立人格的人看待，即使有些老年人无法正常行走、无法正常听说读写，甚至无法正常思维，但养老护理员都应该尊重他们的人格，通过护理、援助、鼓励的手段，使他们尽可能表现自身的存在，彰显其人格和能力。

（2）整体护理原则。这是养老护理工作区别于一般护理工作的重要原因。养老护理工作不仅仅要满足老年人的生理需求，还应满足他们的心理和社会需求，使之人格独立而完整。因此，养老护理工作的内容不仅包括协助老年人完成诸如穿脱衣物、饮食、洗浴、排泄等日常生活活动，还应该协助老年人打理个人卫生，维持住所整洁，与老年人交流谈心，还可以指导老年人参加适宜的劳动或者文娱活动，陪同老年人参加社交活动等。

（3）共生原则。共生原则是指将老年人置于普通人同样的社会环境中给予养老服务，而非将其隔离于社会之外。只有将老年人置于正常的社会人际关系网络中，才能为其提供一个人实际生活所需的所有社会交往、社会关系，老年人的心理需求和社会需求才能真正得到满足。也就是说，正因为需要养老护理服务的老年人与普通人之间有一定差别，才更应该将其置于正常的或者普通的社会生活中，这样才能真正满足其基本需求，树立健全人格，最大限度地体现其存在的意义并实现自身价值。

（4）正常生活原则。正常生活原则是指养老护理工作应当协助或帮助老年人尽可能维持或者恢复以往的正常生活状态。老年人正常生活状态的维持，与其自理能力相关，也受到周围生活环境的影响。因此，尽量减少对老年人生活环境大的改变，尽可能协助其独立或利用辅助器具维持自理能力，老年人的正常生活方式就越可能得到维持。

二、我国养老服务机构的职能和地位

1. 我国养老服务机构的职能

随着养老服务社会化的发展，养老服务机构已成为其重要载体。养老活动已从家庭外移至社会，养老服务已成为一种新的行业。在养老服务社会化的过程中，养老服务机构作为重要的社会承接力量，具有以下五大类重要职能：

（1）基本住养职能。基本住养职能是我国养老服务机构履行其社会职责的传统职能，也是养老服务机构赖以存在的主要职能。该职能主要针对农村“五保”和城镇“三无”等孤寡老年人，养老服务机构在收养贫困无依、老弱病残老年人的基础上，提供基本照护服务，以集中供养的方式，提高此类老年人生活质量，减轻社会保障负担，完善社会福利制度。

（2）专业照护职能。我国失能、半失能老年人逐年增多，城市老年人中占比超过15%，农村老年人中占比超过20%。失能、半失能老年人以及高龄老年人的照护，以往主要是由家庭成员承担。但是，伴随着社会现代化进程的发展，社会生产、生活方式的巨变，传统的家庭照护面临空巢化、专业知识缺乏等重重困境。为解决家庭成员后顾之忧，提高失能老年人生活质量，养老服务机构担负起以往家庭成员的照护职责，为老年人提供专业化的照护服务。

（3）个性化养老服务职能。我国入住养老服务机构的自理老年人中，约75%属于自愿入住。这类老年人为追求更加丰富舒适的集体生活，更加充实多彩的文娱活动，更多的结交同龄朋友的机会等，选择入住养老服务机构。因此，养老服务机构的另一个重要职能，就是认真履行、满足老年人多样化、个性化的养老服务需求。

（4）示范支撑职能。我国自进入老龄化社会以来，老龄化程度和速度非常快，社会各方准备不足，应对高速老龄化的措施还不完善，家庭、社区都缺乏养老照护服务经验。而养老服务机构相对在设备、人员、技术上都有一定优势，可以成为居家养老和社区养老的示范和支撑，为家庭成员和社区工作人员提供培训、设备租赁等服务，也可以为老年人提供上门服务或指导。

（5）开放互动职能。养老服务机构作为社区的有机组成，应提倡面向社会开放、资源共享。入住养老服务机构的老年人在机构的开放互动中，与社会保持接触，有利于提高老年人社会化程度，健全人格。养老服务机构在开放互动中，接受志愿者人力支持、技术支持，还可以接受社会其他资助，降低运营成本，提高运营效率。

现代化的养老服务机构将不再局限于提供简单的住养服务，而是能够提供各类养老服务的综合开放性机构，其服务范围涵盖日常生活照料、家政、康复护理、医疗保健、精神慰藉、文化娱乐等诸多方面。

2. 我国养老服务机构在社会养老服务体系中的地位

我国养老服务机构作为机构养老得以实现的载体，在当前的社会养老服务体系中有两种地位，即“补充”和“骨干”地位。

（1）我国养老服务机构的“补充”地位。2000年，民政部等制定了《关于加快实现社会福利社会化的意见》。该意见指出：在供养方式上坚持以居家为基础、以社区为依托、以社会福利机构为补充的发展方向。中共中央、国务院《关于加强老龄工作的决定》指出：建立以家庭养老为基础、社区服务为依托、社会养老为补充的养老机制。

2006 年，全国老龄委办公室等制定《关于加快发展养老服务业的意见》，强调：逐步建立和完善以居家养老为基础、社区服务为依托、机构养老为补充的服务体系。

养老服务机构主要承担家庭无力照顾、失能或半失能、失智、政府集中供养的老年人的养老服务。因此，从养老实践中来看，养老服务机构所承担的、直接提供服务的老年人数，占老年人总数的比重，始终是补充性的。

由此，确立了养老服务机构在社会养老服务体系中的补充地位。

（2）我国养老服务机构的“骨干”地位。2000 年，《关于加快实现社会福利社会化的意见》指出：到 2005 年，在我国基本建成以国家兴办的社会福利机构为示范、其他多种所有制形式的社会福利机构为骨干、社区福利服务为依托、居家供养为基础的社会福利服务网络。

2005 年，民政部《关于开展养老服务社会化示范活动的通知》指出：建立以居家养老为基础，以社区老年福利服务为依托，以老年福利服务机构为骨干的老年福利服务体系。

失能、半失能以及失智老年人的养老服务复杂繁重，需要专业化、规范化、系统化照护，由于家庭、社区均无法承担其照护职能，需要入住养老服务机构，进行专业护理照护。因此，养老服务机构在承担社会养老作用时是不可替代的。同时养老服务机构还可以利用自身在人员、设备和技术上的优势，进行培训、实习和示范，使养老服务辐射到家庭和社区，提高整个养老服务行业专业化、标准化水平。

由此，明确了养老服务机构在社会养老服务体系中的骨干地位。

三、我国养老服务机构的服务对象、特点和发展趋势

1. 我国养老服务机构的服务对象

我国养老服务机构的服务对象主要是老年人，包括自理老年人、失能或半失能老年人和失智老年人等。部分养老服务机构也收养辖区内孤残儿童或者残

疾人。

根据养老服务机构的营利性质和投资主体等的不同，养老服务机构的性质也呈现多样性，其主要服务对象也有所区别。

（1）按投资主体不同主要分为公办养老服务机构和民办养老服务机构。公办养老服务机构的服务对象，首先考虑农村“五保”老年人，城镇“三无”老年人，低保、特困等低收入或无收入老年人，在满足此类老年人养老的前提下，可以为社会其他老年人提供养老服务；民办养老服务机构的服务对象则一般不受限制。

（2）按营利性质不同主要分为营利性养老服务机构和非营利性养老服务机构。营利性养老服务机构严格遵循市场经济规律，追求利益最大化，其服务对象一般不受限制；非营利性养老服务机构则以谋求社会福利为宗旨，并不以追求利润为目的。公办养老服务机构和民办非营利性养老服务机构，都属于福利性养老服务机构。

2. 我国养老服务机构的服务特点

养老服务机构服务对象的特殊性，决定着养老服务机构的服务特点。

（1）以人为本。养老服务机构的服务始终围绕“人”展开。养老服务机构不仅要满足老年人衣食住行用的基本生活需求，还要满足老年人养老护理、医疗保健、疾病预防以及精神文化等社会心理需求。满足老年人物质、精神需求需要养老服务机构全体工作人员协同合作、共同参与。同时，多数选择入住养老服务机构的老年人，把机构当作人生最后的家，从老年人入住养老服务机构开始，工作人员就要做好陪伴老年人走完最后旅程的准备。因此，养老服务机构的服务涉及老年人生活的方方面面，调动了养老服务机构全体人员全程参与，体现了以人为本的服务特点。

（2）公益性。目前，我国绝大多数养老服务机构服务于城市“三无”老年人和农村“五保”老年人，不以营利为主要目的，为老年人提供的养老服务具有公益性，是典型的公益事业。公益性特点也决定了养老服务机构在运营和提供服务的过程中，应以公益性作为目标和最高准则。因此，养老服务机构的设置，就需要符合福利机构的规划；养老服务机构提供服务，就应当遵从社会整体利益。

（3）高风险性。养老服务机构的服务对象主要是老年人，特别是失能、失智、高龄老年人。由于老年人生理和病理原因，导致老年人在日常生活中突发疾病、遭遇意外甚至猝死的风险相对较高，这对养老服务机构的照护服务要求极高。既要求养老服务机构的照护流程对各种意外有一定的预防作用，又要求养老服务机构在意外真正发生后能够迅速及时地处理，防止悲剧的发生。

3. 我国养老服务机构的发展趋势

随着养老服务社会化的深入，我国养老服务机构发展出现了许多新的形式：

（1）民办公助。民办公助形式的养老服务机构以民间投资为主，政府提供相应资助，以此调动民间力量建设养老服务机构。这类养老服务机构的管理和运营机制与市场经济接轨，对市场的把控有一定的灵活性。同时，将政府政策、老年人需求以及机构发展需要坚持的正确方向贯彻到养老服务机构的运营管理中，加大了政府干预和影响机构的能力，使民办养老服务机构更好地为老年人服务。

（2）公办民营。公办民营的养老服务机构往往是已有的公办养老服务机构，为适应市场经济发展的需要，进行改组改制，机制创新，逐渐脱离与行政部门的关系，由民间力量进行管理和运作，使养老服务机构焕发新的生机。

（3）公建民营。在组建新的公办养老服务机构时，政府为提高管理和运营效率，按照办管分离的思路，由政府出资组建养老服务机构，招标社会专业团队进行养老服务机构的运营管理，使养老服务机构的运营管理更加市场化、专业化，政府在机构管理过程中主要起到行政性管理和监督的作用。

第 2 节　养老护理服务模式

学习单元 1　国外养老护理服务模式

了解国外养老护理服务模式的特点
熟悉国外养老护理中值得借鉴的方式和方法

一、西方国家养老护理服务模式

西方国家的养老护理服务，既包括政府投入的各种养老事业服务，也包括社会力量投入为主的养老产业服务，还包括各种与养老服务相关联的公益慈善事业及志愿服务。西方国家最先面对人口老龄化问题，面对日益增长的老年人口，各国在养老服务业方面进行了许多研究。西方各国的做法和经验值得我们借鉴，教训值得我们吸取，从而使我们少走弯路。

1. 英国人本化的养老护理服务模式

英国的养老服务类型多样，根据老年人的身体、经济状况及不同的需求分别提供居家养老服务、日间照护服务、老年公寓、养老院、护理院等不同的服务形式。其中，养老院、护理院等机构一般针对鳏寡孤独、生活自理能力低、需要长期照护且缺乏家庭支持的老年人。这类机构包括两种类型：一种是不带医疗服务的养老院，提供助餐、助浴、助行、助厕等服务；另一种是带医疗服务的护理院，除了基本的生活照护服务之外，还有专业的医疗、康复和护理服务等。

英国机构养老服务的最大特点是以人为本。他们以老年人的需求为导向，了解老年人的要求和愿望，结合老年人的年龄、健康状况、物质、精神、文化需求状况以及心理需求等因素，提供适宜的服务。他们的设施建造人性化，护理员态度友好，善于与老年人沟通、互动，充满热情，关爱老年人。其最具特色的是边缘化服务，即亲属可以直接参与到养老服务机构的服务中。亲属们来到养老服务机构，在专业工作人员的指导下，参与一些日常简单的服务，以此缓解老年人的孤独感，让老年人感受到被关怀的温暖。这样的人本化设置，使老年人进入机构后有很强的归属感，更愿意在养老服务机构安享晚年。

配套的高质量智能化无线传导技术的应用在英国养老护理服务中也是发展的主流方向，“打造高质量智能化生活”是英国生命信托基金会所发起的呼吁。多项现代技术手段将应用于老年公寓，配备全套电子芯片装置植入地板和家电中，使老年人日常生活处于远程监控状态：若老年人走出房屋或摔倒，地面安全传感器会立即通知医护人员或老年人家属；安在冰箱和厨房的传感器会对翻倒洒出的牛奶或是炉火上无人看管的锅发出警报。该模式被称为智慧养老服务，又被称为“互联网+”的养老服务模式。它主要适用于居家和社区的养老服务，重点服务对象包括三大类：

（1）以能够自我管理的老年人为主。针对生活能自理的空巢老年人、慢性病患者，除需要紧急救助、体征数据超标报警及安防服务外，通过自己的健康档案记录进行自我调整，定期由医生提供一份身体状况分析和建议，此类对象占总服务人口的 50%以上。

（2）体质较弱的空巢老年人、慢性病患者。除提供紧急救助、生理数据监测、安防服务外，必须要借助服务平台整合当地的生活、医疗资源来提供服务。如生活在社区，就可通过整合现有的社区生活及医疗服务中心提供配套服务。

（3）生活不能自理的空巢老年人、慢性病患者。这类老年人低于总服务人口的 20%，提供的主要服务包括：

1）紧急呼救。出现紧急情况，按下挂在身上的呼叫器，提供 24 h 紧急救助。

2）呼叫服务。可按智能终端呼叫服务中心，中心提供医疗咨询、居家生活等服务。

3）医疗监护。可远程监测心电、血压、血氧、血糖等信息。

4）异常通知。可设定医疗数据的正常值，异常时即刻通知医生。

5）数据查询。病历、各种体征数据可存储、查询、调用。

6）定时提醒。按预定时间提示服药、体检等。

7）短信通知。异常发生时，相关手机会收到提示短信。

8）居家安全。如发现烟雾、燃气泄漏等危险信息，自动报警。

9）多媒体通讯。可通过计算机、手机双向语音通话及视频功能进行健康指导与咨询。新技术降低线下服务的运行成本，通过现代化手段节省护理人力资源；同时，新技术还可以开发成护理服务评估、计划、执行、记录等多种信息化系统。

2. 德国严谨的养老护理模式

德国是欧洲老龄化程度最高的国家之一，据德国联邦统计局 2012 年调查数据显示，未来 50 年内，全德 60 岁以上老年人口将从 23%上升至 35.8%，需要护理的老年人口将从230万增至2030年的330万左右。在老年人口急剧增长的情况下，德国特别重视发展机构养老服务业，其核心和特色是走专业化护理的机构养老模式。德国养老服务机构包括老年病医院、老年精神病院、长期照护老人院、老人院等，均已实现公司化运营模式，不依靠政府的直接资助，政府在税率控制和直接资助入住老年人等方面提供支持，公司对于财务、融资、项目开发等有自己的独立性。

在德国，养老服务机构的护理需要对不同的老年人所需服务进行分级动态管理。每月评估一次，根据入住老年人身体机能状态和生活自理能力，制定出Ⅰ级、Ⅱ级、Ⅲ级和Ⅲ级以上的护理级别，所提供的护理服务内容将根据月评估结果进行调整。对于不同护理级别的具体要求、护理时间、老年人和护理员的比例搭配都有明确规定。护理时间中，0级≤45 min，1级45~120 min，2级121~240 min，3级≥240 min，而Ⅲ级以上将视老年人的具体情况安排更长时间的护理；护理员和老年人比例搭配中，0级为1∶7.74，1级为1∶4.01，2级为1∶2.5，3级为1∶1.97。这些护理服务的各项具体要求，需每半年修订一次。

德国养老服务机构建立了较为完善的养老护理员培训体系，机构工作人员必须经过专业培训，修完国家规定的课程。从事养老护理的人员分为执业护士和助理护士，执业护士需经过3年理论和实践的职业培训，助理护士也必须有相应的工作经验，在护理学校接受过三个月的老年护理教育和培训，取得上岗资格后，仍需要每年参加一定时间的进修。提供长期养老服务的机构中，至少有一半的护理员是执业护士，每天24 h都有执业护士在岗。

3. 美国私立化的养老护理模式

美国进入老龄化社会已70多年，在机构养老服务中经验丰富，养老服务机构离不开市场化，鼓励社会力量投身老年服务事业。美国养老服务类型包括营利性的私立养老服务机构、非营利性的私立养老服务机构、政府举办的养老服务机构等，其中私立养老服务机构所占比重最大。养老服务机构按老年人需要照顾的程度分为三类，第一类为普通老年照护机构，主要为不需要医疗服务及全天生活护理服务的老年人提供膳食住宿和一般照料等服务；第二类为中级老年护理机构，主要为没有严重疾病但需要全天监护和生活护理的老年人提供服务；第三类为专业老年护理机构，主要为需要全天医疗护理和生活护理照顾但不需住院治疗的老年人提供经常性医疗服务和全天生活护理服务等。这些社会养老服务机构的规划完全按照老年人的需求设计，除了基本的生活和护理外，还配备了各种娱乐休闲和生活设施，以供老年人安享晚年。需要照顾的老年人，可根据自己的身体状况和经济承受能力选择不同水平的服务。

自 20 世纪 70 年代起，美国建立的老年人全面照护服务是一个针对老年人的养老医疗护理服务模式，服务内容可以分为三大类：医疗性服务、康复性服务以及社会支持性服务。通过多学科成员互相合作的模式为社区老年人提供综合、全方位的护理服务，包括内科医师、护理实践医师、注册护士、助理护士、健康助理、社会工作者、生理康复治疗师、生活技能康复治疗师、语言康复治疗师、药剂师、营养师、牧师、司机、护送队及其他后勤人员等。在共同评估服务对象需求的基础上，制订个体看护计划，提供全方位的医疗、护理、康复以及情感支持和相关社会服务，工作机构包括成人日间健康中心、家庭护理访视和生活辅助护理中心。

（1）医疗性服务：包括基本医疗、专科治疗、住院治疗和护理院照护。

（2）康复性服务：包括物理治疗、娱乐治疗和心理治疗。日间照护中心有物理康复设备和娱乐康复设施，并有治疗师给予指导和治疗，部分老年人也可以在家庭访问中得到指导和治疗。康复性服务的目的是为了恢复和保持老年人的日常功能状态，包括躯体功能和认知能力，减少抑郁症发生等。

（3）社会支持性服务：一般由专业人员先考察家庭环境，改进可能增加意外的环境因素，如将台阶改为斜坡，在浴室中安放防滑椅子以及扶手等。交通运送服务是其中的一项重要内容，全面照护服务将提供去日间照护中心活动和医疗的交通运送服务，此外也可以预约专科服务以及其他服务的交通运送。比较特别的是，全面照护服务还会为老年人的家庭成员提供帮助，包括照护培训、临时看护、心理咨询等，帮助家属摆脱长期照顾老年人的抑郁，获得适当的休息。

4. 澳大利亚规范化的养老院模式

（1）养老院环境的营造。澳大利亚的养老院遍布每个社区，养老院环境优美，空气清新。护理员根据老年人的不同喜好协助装饰房间，注重营造家的氛围。老年人一般都喜欢在房间的四周摆放各种家庭照片，墙上挂一些装饰画。有的老年人房间有书柜，存有大量的图书；有的喜欢收藏 DVD；还有的带来自己做的工艺品。每个房间各有特色，反映出主人的爱好、文化背景的不同。

（2）活动安排。无聊、孤独、无助是困扰所有养老院的三大问题，对老年人的生活质量影响很大。针对这些情况，每个养老院有专职工作人员，制定月、周、日的活动安排，包括 Bingo 游戏、猜字谜、讲故事、看电影、打保龄球、传球等。每周有理发师来养老院为需要理发、烫发的老年人服务。针对老年人的宗教信仰，每周安排牧师到养老院来做祷告，满足老年人精神需求。在母亲节、圣诞节等重大节日，养老院会邀请老年人的家人来养老院聚餐、联欢；周末会有乐队来为老年人义演。老年人生日，养老院会准备蛋糕，安排生日聚会，有自理能力的老年人可参与生日的准备工作。

（3）护理员的构成。老年人由于组织器官退化，功能减退，又常患有多种疾病，所以几乎所有老年人每天都会口服药物。老年护理已经成为专业护理的主要组成部分。尽管养老院的经营机制不同，但具体的管理者一般都为注册护士。注册护士须在澳洲护士局注册，护理员须持有Ⅲ级以上的老年护理证。养老院 24 h 有注册护士在岗，并根据床位配备登记护士及护理员。以 40 多张床位的养老院为例，早班有一名注册护士、一名登记护士和 8 名护理员。

（4）护理质量的调控

1）病情观察。老年人一般都有自己的私人医生，医生每周常规来养老院一次。注册护士根据长期医嘱给药，并处理老年人的一切突发事件，如叫救护车，将老年人送往医院治疗。护理员主要负责老年人的生活护理，包括洗浴、翻身、穿衣、喂饭、协助老年人下床活动和交流。登记护士主要协助注册护士发药、更换敷料。

2）饮食控制。养老院有营养师评估老年人的吞咽能力、营养状况，制订饮食计划。老年人每月测量体重一次，如体重减轻超过一定的标准，则要查找原因，增加营养，例如增加蛋白粉、巧克力粉等高热量食物；如体重增长过快，则要控制老年人的饮食，避免过度肥胖。

3）活动状况。入院后，养老院配备的物理治疗师会对老年人进行评估，将活动能力列入护理计划中。护理员根据护理计划决定是一个人协助，还是两人协助；是需要站立升降机还是需要全身升降机。能走路的老年人尽量不用轮椅，能坐轮椅的老年人尽量不躺在床上，无活动能力的老年人需要使用全身升降机让其躺在大躺椅中，白天尽量待在公共活动室或户外。护理员需严格按照护理计划采取协助方式，否则则是违反操作规程。

4）交流顺畅。上岗前所有人员都必须完成安全搬运、用火安全、食品安全、基本急救、冲突处理、不能虐待老年人等方面的培训。工作人员上班后一见到老年人，都是面带笑容，向老年人问好。对没有语言能力的老年人，也会像对正常人一样打招呼。进行任何操作前，都要跟老年人解释清楚，避免老年人紧张。对语言行为异常的老年人，护理员及时向值班护士报告，并记录。护理员非常重视表扬，鼓励老年人，比如经常赞扬老年人“你今天真漂亮!”“你的衣服真好看!”等，老年人会非常开心。与老年人的沟通贯穿于晨间护理、洗澡、穿衣、喂饭、户外活动等各个环节，每一位护理员对老年人都非常尊重。

5. 荷兰完善的机构养老模式

（1）护理中心。荷兰老年护理中心没有显著的机构标志，没有围墙、是开放式的服务机构。为避免老年人产生离家的焦虑和孤独感，根据老年人的性格和喜好，护理中心布局考究，色彩鲜明平和，装饰别具匠心，意在营造温馨的居住环境。除了一应俱全的护理、康复设施，护理中心还模拟社区生活环境，开设超市、礼品店、理发店、咖啡馆等，不仅为中心的老年人服务，同时也面向社区开放，周围居民可以自由进出中心，便于机构内的老年人与社区居民保持正常交往，减少和避免老年人与社会隔离的现象。

（2）养老院。荷兰的养老院都配置了功能齐全、技术先进的各种设施设备，包括转移卧床老年人的护理提升车，帮助行动不便老年人洗澡的洗浴椅，方便下肢残疾人员活动的电动助行器等，满足老年人需要的同时，极大地减轻了工作人员的劳动量，提高了工作效率。此外，每周有牙科医生去养老院为老年人进行口腔保健，并定期为养老院的护理员进行知识培训，使他们的口腔护理知识和技能不断更新，更好地为老年人进行服务。

二、日本老年介护模式

日本从 1970 年逐渐进入老龄化社会，现已成为全球老龄化程度最高、最快、最严重的国家之一，老年人口已超过总人口数的 25%。针对这一现象，日本探索出多样化的机构养老模式，缓解了本国的养老压力，成为世界机构养老服务发展学习的榜样。

1. 护理服务分类

日本称护理为介护，是指对老年人或者病人进行照顾以帮助他们可以很好地正常生活。日本的养老服务机构种类繁多，服务分类详细，根据功能进行划分大致可分为：介护病房、特别养护老年人院和老年保健设施三大类。其服务可分为四种形式：

（1）日介护。入住的一般都是介护5级的老年人，综合状况比较差，护理难度非常大，这些老年人将在此度过余生。

（2）短期居住介护。为了减轻家属长期护理老年人的疲劳和负担，或家属短期外出，特别养护老人院等福利机构，可以接受部分需要介护级别较低的老年人短期居住，时间为1~2周，老年人在这里接受日常生活介护和功能训练等服务。

（3）日间服务（不留宿介护）。在老年保健设施或医院日间服务中心等处，提供入浴、饮食、接受功能训练等项目的介护服务，为独居且有一定自理能力的老年人提供介护。服务中心每天派专人上门接送，当天返回，不留宿。

（4）失智老年人的共同生活介护（失智老年人的集体宿舍）。将失智需要介护的老年人，安排住入为5~9人共同生活而设置的小型福利设施内，进行专人介护。

2. 护理服务特点

（1）人性化的环境。养老服务机构交通便利，周围有购物中心，空气清新，环境优美；出游的工作车也配备轮椅升降措施；楼内的电梯四周设有扶手，高度可调节，极大地方便了老年人的使用；楼道里面摆放由工作人员和老年人栽培的鲜花和植物小盆栽，进出路过，周围生机勃勃，清新怡人；墙壁上有大家一起完成的手工绘画、折纸、贴纸以及编织的可爱小动物、卡通人物等。

（2）住宿设计合理。有工作人员负责相对应的服务对象，门口配有相应的老年人姓名，房间足够明亮；每天都会有护理员进行清扫，对被褥床单进行换洗；浴室也分为自理老年人使用和失能老年人使用两种，充分满足护理对象的生活需求。

（3）餐饮的科学配置

1）老年人在愉快的气氛中进餐，享受美味的食物；餐厅采光良好，配有合适的食品器具，专人打扫照明设备和椅子、桌子，饮食盛放恰到好处。

2）每日均有多品种膳食供选择。

3）设有小型厨房，能提供热菜和冷菜。

4）提供饮食服务时，与服务对象的身体状况和进食速度相适应；有专人清洁餐具和其他用具；服务人员应在与服务对象交谈的同时，仔细照顾服务对象缓慢进食；每次协助进食的量应确保服务对象能一口吃完；在确认服务对象完成吞咽后，再进行下一次的进食协助。

5）注重膳食营养与健康，特别注意根据不同服务对象的需求为其提供不同的、合适的膳食；与营养师和医务人员确定调整服务对象患病时的膳食；在服务对象出现发热、牙痛等突发性的病症时，立即采取相应的照料措施；准备种类丰富的主食，如粥、面包、面食等。

6）对服务对象实施恰当的营养管理；配备专职营养师，依据服务对象的身体状况、疾病特点、咀嚼能力、吞咽能力等进行饮食营养管理。

（4）面对面的“灿烂微笑”模式。护理员亲切称服务对象“爷爷”“奶奶”，能耐心听取老年人的诉求；在提供帮助老年人进食、洗浴、更换衣物、修剪指甲、收拾排泄物等各种护理服务的时候，他们总是面带微笑，没有丝毫的倦怠；面对服务对象的自卑心理，设计各种重新帮助老年人找回自信的服务方案；用微笑、理解、善意与耐心辅导、鼓励老年人，维护老年人的尊严；让微笑服务与群体活动相结合，如组织老年人乘车去“花见”（赏花活动）等，帮助新来的服务对象尽快融入群体。

学习单元 2　国内养老护理服务模式

熟悉国内养老护理服务模式的种类及其特点

一、国内养老护理服务模式概述

随着社会老龄化程度的不断提高，全国各地的养老服务机构逐步兴起，要提升老年人护理品质，就必须为老年人提供连续的护理，不应停留在传统的疾病护理层面上，应该构筑无缝隙的老年人护理模式，包括饮食护理、系统护理、心理护理、生活护理、安全护理、临终护理等。

不同的护理服务模式在具体指导护理实践中的关注点略有差异，在具体指导养老护理服务实践中的策略也会略有不同。大致来说，护理服务模式常包括以下几种理论：

1. 自我照顾模式

该模式强调自理，护理就是关心人的自理需要。护理的目的是帮助个体维持、促进和恢复自理能力，以改善生活和健康状况，从疾病和损伤中康复，积极有效地应付、处理疾病和创伤对个体的冲击。该理论根据个体自理缺陷的程度给予完全补偿、部分补偿、支持和教育三种护理补偿系统。对老年人自我照顾能力进行评估，发现需求，并有针对性地制订照顾计划，决定实施服务中采取何种补偿性护理系统，给予老年人最经济有效的照顾方案和资源配置。

2. 生活活动模式

生活活动护理模式重点关注服务对象的基本生活活动，根据服务对象的年龄、境遇、生活环境、依赖或独立等不同特点提供不同的照护服务，包括维持安全环境、沟通、呼吸、饮食饮水、排泄、个人清洁和修饰、体温控制、工作和休闲娱乐、活动、睡眠、性需要和死亡等。该模式认为，护理的独特功能是帮助不论生病或健康的个体执行与健康相关或可恢复健康的活动。养老护理服务中通过对生活活动模式的描述，可以获取与基本生活活动支持相关的护理服务目标，即：

（1）老年人在生活活动中获得、维持或恢复最大的独立功能，当无法完成独立执行活动时，可适当依赖他人生活的内容和程度。

（2）促进老年人独立执行预防疾病、避免疾病的措施。

（3）提供舒适的护理措施促进老年人身心功能尽可能维持独立。

（4）提供其他资源，如医疗、康复等，尽可能保持老年人健康，提高老年人自理程度。

该模式也适用于指导养老护理服务中对老年人生活活动的评估，识别老年人及家属的期望，编制护理计划，并评价护理服务结果。

3. 中西医结合特色的养老护理模式

中西医结合特色老年公寓是在传统老年公寓的基础上，将中西医先进的护理理论和技术有机地结合在一起，以中医整体观念和辨证施护为原则，根据老年人不同体质和病情，从情志饮食和起居养生方面对公寓老年人制定科学的护理方案。老年公寓开展应用中医情志调护、中医食疗、艾灸、推拿、火罐、热敷、熏洗、浴足、八段锦、太极拳等中医护理方法为老年人服务，这些疗法既顺应了目前人们崇尚自然疗法、治未病和预防为主的健康理念，又行之有效、无毒副反应、经济适用，深受老年人的欢迎和好评。

二、上海等沿海发达地区养老护理服务模式

1. 上海新型养老服务模式

上海是全国第一个进入老龄化的城市，也是目前老龄化程度最高的特大型城市。据上海老龄科研中心的研究预测，预计 2020 年上海户籍老年人口总数将达到 540 万人，老龄化的快速发展给养老服务带来了巨大压力。上海一直着力探索符合城市特点的养老服务供给模式，初步形成以“9037”为基本架构的养老模式：即 90%家庭照顾，3%机构养老，7%社区居家养老。在老年服务模式中也不乏创新，如嵌入式养老服务机构——“长者照护之家”这一新型模式。嵌入式“长者照护之家”从功能上使“90”“3”“7”三个板块有机衔接，实现了养老服务体系内的分层与融合，无疑代表了上海未来养老服务体系创新的方向。

（1）该模式的特色

1）一是“嵌入型”即嵌入于社区，与社区环境融为一体，老年人在社区甚至在家就可享受养老服务。

2）二是规模小，投入门槛低。根据试点方案，床位规模在 10 张到 49 张单床，面积足够 18 m^2，总建筑面积达到 300 m^2 以上就可运作。

3）三是“运营专业化”，由专业的养老服务机构提供高质量的护理服务。

4）四是“功能多元化”，不仅有日间“托老”服务，而且提供 24 h 全天候服务，内容涵盖生活照护、康复护理和医疗卫生等多方面。

（2）该模式体现了政府在建设养老服务供给体系方面的理念创新

1）不仅满足老年人的基本养老服务需求，而且注重其情感方面的需求。此模式创新性地通过将养老服务机构“嵌入”老年人居住的社区，使老年人

在不离开熟悉的人际关系、社区环境背景下享受专业化的养老服务。

2）既满足老年人各种基本养老服务需求，又满足老年人家庭团聚的情感需求和保持原有社区关系的归属感，打通了老年人的生活圈和养老圈。

从上海的实践情况看，这种“以需定供”的模式较受老年人欢迎，而传统机构养老存在“中心城区”一床难求、郊区床位大量闲置现象。究其根源在于政府的供给理念陈旧，政府在郊区建养老服务机构增加供给时主要考虑的是郊区可利用土地多且成本低，增加养老床位比较容易，而没有考虑老年人是否有去郊区养老的需求意愿。其实质是“以供定需”的传统供给理念不受市场认可的一种反映。

（3）该模式养老服务方式的创新——即医养结合一体化服务。医养结合是当前养老服务中老年人最迫切的需求之一。根据上海市卫生和计划生育委员会的数据，沪上老年人总体患病率为 77.3%，60 岁以上生活不能自理的占 3.7%，其中 80 岁以上生活不能自理的占 13.1%。对这些老年人来说，养老和就医是同等重要的基本生活需求。而传统的养老服务中，医疗护理和生活护理是分离的。老年人常被迫疲于医院和养老服务机构之间，目前试点的“长者照护之家”开展医养结合一体化服务，具体实现形式主要有两种：

1）养老服务机构与社区医院签订合作协议，由社区医院派遣全科医生，定期为老年人提供医疗服务。

2）内设医疗机构，由全职的医生和护士全天候服务。如洋泾街道长者照护之家虽只有 30 张床位，但一般的康复、诊疗、开药、挂水等都可以在机构内进行，极大地方便了老年人。

2. 深圳养老“罗湖模式”

罗湖区计划以多种养老方式满足老年人多元化的医疗养老需求，打造中国养老的“罗湖模式”。

（1）以社康医疗养老中心为主：以家庭为核心，以社康医疗养老中心（具备养老功能的社区健康卫生服务中心）为依托，以上门服务和社区日托为主要形式，构建社区（居家）养老服务网络，让老年人在熟悉的生活环境中享受生活照料、医疗护理、家政服务等综合服务。

（2）以政府创办养老服务机构保底线：政府投资创办的养老服务机构着力保障特殊困难老年人（无劳动能力、无生活来源、无赡养人和抚养人或者其赡养人和抚养人确无赡养和抚养能力等）养老服务需求，确保区内人人享有基本养老服务。

（3）以社会创办养老服务机构为补充：鼓励社会资本进入养老行业，根据市场需求提供不同层次的养老服务。

（4）合理运用协作、托管、创建、内设等多种融合方式，使区内所有运营的养老服务机构全覆盖医疗服务——医养融合，提升养老功能。

"罗湖模式"成功运营后，将极大提高养老需求与供给的匹配度，老年人及其家人可根据老年人的自理能力、健康状况和主观意向等，选择心仪的医养融合养老方式安度晚年。

深圳罗湖还计划建立相关养老服务的地方标准，包括：医疗养老评估体系（健康程度、疾病状况、心理测评、营养状态等），真正了解老年人的需求，提高医疗养老供需匹配度；建立养老服务标准、行业价格标准、行业服务规范。罗湖区已正式出台机构养老护理服务标准规范，对养老护理员的基本条件、职业能力和等级进行详细规定，将每个步骤和操作技能进行具体化和程序化，在提高养老服务业的规范化、标准化水平方面迈出了重要的一步。此外，还针对医养融合养老模式的复杂性和特殊性，制定养老服务机构内设医疗机构的准入标准，以及内设医疗机构的设置标准和服务规范，从用地标准、医疗用品配置、医护人员配备、医疗项目设置和收费标准等方面规范养老服务机构内设医疗机构的发展。

3. 香港长者安居服务

长者安居服务是具有香港特色的机构养老。香港的长者安居服务也叫安老院。接受政府资助的安老院，通常医疗服务设施比较完善，服务质量比较好，且收费比较低廉，但规模有限，符合条件的老年人需要经过长时间的等待才能入住，并且，政府相关部门要对提出申请的老年人的实际情况进行评估，才能确定其所需要的护理，并以此为依据决定老年人入住哪种类型的安老院。根据1994 年香港制定的《安老院规例》，香港的安老院分为三种类型：一是"高度照顾安老院"，主要收养"体弱而且身体机能消失或减退，以至在日常起居方面需要专人照顾护理，但不需要高度专业的医疗或护理"的年满 60 岁的老年人；二是"中度照顾安老院"，主要收养有能力保持个人卫生，但在处理有关清洁、烹饪、洗衣、购物的家居工作及其他家务方面，有一定困难程度的年满

60 岁的老年人；三是“低度照顾安老院”，主要收养有能力保持个人卫生，也有能力处理有关清洁、烹饪、洗衣、购物的家居工作及其事务的年满 60 岁的老年人。申请入住安老院的老年人具体入住哪类安老院，由相关评估机构的评估结果来确定。香港也有一些社会力量兴办的安老院，政府一般不提供资助，而是自负盈亏。这种安老院大小不一，服务质量也参差不齐，且收费比较高，但老年人入住不需要轮候，或轮候时间会比较短。

本章思考题

1. 什么是人口老龄化？

2. 养老服务业的服务范围是什么？

3. 简要阐述我国养老服务机构的服务对象和服务特点。

4. 结合我国实际情况，谈一谈西方及日本养老护理中，有哪些值得借鉴学习的地方？

第2章 我国养老护理服务体系和管理

第1节 养老服务机构管理

学习目标

了解养老服务机构管理的概念及内容

熟悉养老服务机构内部组织机构及各职能部门的工作职责

掌握养老服务机构管理的主要模式

知识要求

一、养老服务机构管理的概念及内容

1. 养老服务机构管理的概念

养老服务机构管理主要指政府对养老服务机构的管理和养老服务机构内部的管理。政府对养老服务机构的管理多是从宏观层面，即从政策法规层面对养老服务机构建设、服务与经营进行管理，这种管理多为指导和监督；而养老服务机构内部管理则是从微观层面，根据老年人的需求，依据国家政策法规所进行的具体事务管理。两者相辅相成，缺一不可，共同目标是规范养老服务机构服务与经营，满足广大老年人集中养老的需求，促进养老服务事业的发展。

2. 养老服务机构管理的主要内容

养老服务机构管理的内容和范围大到政府对养老服务机构各项政策法规、规章制度落实的管理，小到养老服务机构的服务人员对入住老年人日常生活方方面面的照顾和管理，归纳起来可以分为政府对养老服务机构的外部管理和管理者对养老服务机构的内部管理。

（1）养老服务机构外部管理。政府对养老服务机构的管理称为外部管理。一般来说，公办养老服务机构所在乡镇人民政府（街道办事处）是养老服务机构的主办单位，负责对养老服务机构建设管理的组织实施和领导。养老服务机构所属民政部门主要领导为第一责任人，分管领导为第二责任人，负责养老服务机构工作的专职民政干部为第三责任人，养老服务机构院长为直接责任人。尽管民办养老服务机构的主办主体不是政府，但当地政府也负有规划、审批、监管等责任。具体而言，对养老服务机构的外部管理主要通过各级民政部门代表政府实施管理和指导，同时，各级计划、财政、税务、物价、建设、卫生、市政工程、电力、公安、国土资源、环境保护、劳动和社会保障等行政部门也应当按照各自职责，共同做好养老服务机构的规划、发展、保障和管理工作。

1）民政部门：作为养老服务行业主管部门，民政部门管理的内容相当广泛，几乎涉及养老服务机构工作的方方面面。

①养老服务机构的筹建、审批、验收、民非注册登记和发证。

②养老服务机构日常经营业务的指导、监督与管理。

③公办养老服务机构和乡镇敬老院的机构设置、院长任命与领导班子考核。

④公办养老服务机构的财务计划、专项建设资金的审核与运行监督。

⑤农村乡镇敬老院五保供养资金和运行经费审核、拨付、运行监督。

⑥养老服务机构的建设方针、发展目标和发展规划的审批。

⑦养老服务机构的年审、考核、评级和总结表彰。

⑧养老服务机构的纠纷调解、意外事故调查与处理。

2）消防部门：主要针对养老服务机构存在或潜在的消防安全问题进行技术指导和监督管理，并颁发消防安全许可证。

3）国土部门：主要负责养老服务机构新、改、扩建项目的土地审批、划拨管理。

4）建设部门：主要负责新、改、扩建项目的建筑设计、审批、施工、竣工验收管理。

5）工商部门：主要负责营利性养老服务机构的工商注册登记和经营监督

管理。

6）税务部门：主要负责财务监管与税务监督，营利性养老服务机构税务注册登记和征缴，非营利性养老服务机构的税收减免等工作。

7）劳动部门：主要对养老服务机构劳动用工进行执法监督。

8）其他部门：养老服务机构经营过程中，如果涉及污染排放、治理问题，则由环保部门负责；如果涉及社会治安、刑事犯罪问题，则由公安部门负责；如果涉及老年文体活动开展问题，则由体育和文化部门负责。

（2）养老服务机构内部管理。养老服务机构的主要任务是为老年人服务，加强尊老敬老工作，是每一个养老服务机构的立身之本，也是其出发点和落脚点，而科学的管理工作是实现为老服务和尊老敬老工作的基础。因此，养老服务机构的管理者必须明确管什么、如何管、应达到什么目标与要求等问题。养老服务机构的内部管理按照不同的分类标准有不同的管理类型。

1）按照生产服务要素进行分类——可分为对人、财、物的管理。

①对“人”的管理。养老服务机构对“人”的管理包括对员工的管理和对入住老年人的管理。

a. 对员工的管理。对养老服务机构员工管理的目标在于如何调动员工的积极性，增强责任意识，保证老年人居住安全，提高服务质量，这是养老服务机构管理的重点，也是养老服务机构赖以生存和发展的关键。员工管理应从三方面入手：第一，做好员工的选拔、岗前培训、聘用和继续教育，把握好员工“入口”关和继续教育关，不断提高员工素质和服务质量；第二，加强员工的职业道德教育；第三，加强员工考核管理，实现奖惩分明。

b. 对入住老年人的管理。对入住老年人管理的目标是确保老年人居住安全，预防和杜绝意外伤害事件发生。其具体内容包括老年人入住与出院管理、生活照料与护理管理、医疗服务管理、精神生活与入住安全管理。城市养老服务机构要向每一位新入住的老年人发放“入住须知”，农村敬老院要向每一位老年人发放“院民守则”，督促老年人遵守养老服务机构规章制度、爱护公物、厉行节约、团结友爱，同时提醒入住老年人该带什么、不该带什么、该做什么和不该做什么等。养老服务机构要为每一位入住老年人建立个人信息、健康档案或病历，使服务做到心中有数，更好地实施个性化服务。有条件的养老服务机构可以采用“养老服务机构信息化综合管理系统软件”，实行信息化管理。

②对“财”的管理。对“财”的管理是指对养老服务机构的财务和资金管理。养老服务机构财务管理包括财务计划、财务制度、资金分配、周转、成本核算和财务监督等管理。养老服务机构对财务和资金管理的目标是以有限的资金投入获取最佳的社会与经济效益。现阶段，在政府投入不足、优惠政策难以落到实处、老年人支付能力低以及资金筹措困难的情况下，为了发挥有限的资金效益，必须加强财务和资金的管理。

③对“物”的管理。养老服务机构对“物”的管理包括对机构内硬件设施的建设、改造、维修，设备、物品的采购、使用、维护和保管以及财产的管理。养老服务机构对“物”的管理目标是使所有设施、设备始终处于完好状态，物品采购、使用、管理始终处于规范有序状态，降低采购成本，保证设施的完好率，提高使用效率，保证养老服务机构各项工作正常进行。此外，为提高工作效率，还应重视养老服务信息化管理，这是实现养老服务机构现代化管理的基本条件。

2）按照子系统类型进行分类——可分为行政管理、业务管理和后勤保障管理。

①行政管理。养老服务机构行政管理包括组织机构管理、政策方针管理以及规章制度建设与管理。

a. 组织机构管理。养老服务机构的组织机构管理包括科室设置、岗位设置、人员配置、部门职能、岗位责任、人事聘用和档案管理等工作。好的、合理的组织机构是养老服务机构正常、高效运行的保障。所谓“好的”，就是把最适合的人放在适合的管理岗位，让他们人尽其才、各展其能。所谓“合理”，是指养老服务机构科室设置、人员配置合理，既不过多，也不过少。过多，会造成机构臃肿、人浮于事、职责不清、工作相互推诿和增加管理成本；过少，会影响机构的正常运营。养老服务机构的行政职能科室设置、人员配备等应当根据养老服务机构的实际工作需要，按照能级对应的原则进行统筹规划、合理设置和配置。

b. 政策方针管理。养老服务机构的领导者首先要研究、确定关系到养老服务机构生存与发展的政策方针性问题，如办院宗旨、服务定位、发展方向、发展目标与发展规划等，政策方针确定后，通过加强领导、深化改革、监督实施，才能使养老服务机构按照既定方针、目标向前发展。

c. 规章制度建设与管理。规章制度是员工的行为规范、工作准则，也是行政、业务管理的重要依据。规章制度建设与管理的目的是保证养老服务机构各项工作环环相扣、紧密衔接，工作正常有序。领导者应当亲自主持制定并颁发本机构各部门的岗位职责、服务标准、操作规程与流程以及管理工作制度等。

②业务管理。业务管理是主要针对养老服务机构所开展的各项业务活动而进行的有效管理，主要包括入出院管理、护理管理和医疗服务管理。

a. 入出院管理。入出院管理是养老服务机构管理正常运行的重要保障。做好入出院管理可以规范经营服务行为，化解矛盾与风险。入院管理包括接待咨询、登记预约、健康体检、家庭调访、入住审批、协议签订、试住等工作；出院管理包括出院手续办理等工作。

b. 护理管理。护理管理是养老服务机构管理工作的中心和核心内容，其主要目的是重视服务态度，提高服务水平与质量，满足老年人需求，确保老年人入住安全。护理管理包括健康评估、护理等级评定或变更、生活护理、心理护理、疾病护理、康复护理、老年人安全和文娱体育活动组织以及入住老年人健康和个人档案等管理。

c. 医疗服务管理。较大型的养老服务机构多附设医院或医务室，即使是小型养老服务机构也配备一至数名医务人员，以保证医疗服务需要。但是养老服务机构的医疗服务技术力量与设备、服务条件毕竟有限，尤其面对病情复杂多变、年老体弱的老年群体，开展医疗服务存在很大风险。为了规避这种风险，养老服务机构必须强化医疗服务管理，明确自己的医疗服务范围，在规定的范围内开展医疗服务，如发生重大、突发性疾病，应在进行现场急救的同时，直接拨打“120”急救电话，寻求外援帮助，并及时通知其亲属。没有救治能力与条件的情况下，一定要配合老年人亲属送往外院救治。此外，医疗服务管理还应做好医务人员执业资格管理，药品、处方管理和病历档案管理等工作。

③后勤保障管理。养老服务机构后勤保障管理涉及养老服务机构环境绿化、美化和卫生，房屋、水、电、煤气、采暖等设施的维修，食品采购、加工制作与服务，车辆的使用与维护，消防安全与保卫等工作的管理。一般后勤服

务人员可归行政职能部门进行管理，如司机、安全保卫人员可由院办公室管理；房屋及水、电、煤气设施维修和膳食工作人员可由总务科管理。后勤服务人员多的部门可成立相应的班组，实施班组管理。

3）按照服务对象进行分类——包括自理老年人与非自理老年人管理、健康老年人与患病或临终老年人管理以及国家供养对象（即城镇“三无”、农村“五保”老年人）与社会老年人（即托养、寄养老年人）的管理。在大多数情况下，服务对象的管理是按照老年人的生活自理能力、健康状况、年龄、经济承受能力实施分级、分类管理。多数公办养老服务机构将城镇“三无”、农村“五保”老年人与托养、寄养老年人实行分开管理。

4）按照建设与经营过程进行分类——包括养老服务机构的筹建申报、审批、注册登记和年度审核等管理。筹建申报、审批、注册登记以及年度审核管理是政府主管部门的管理职能，养老服务机构应按照上级要求认真做好材料和现场准备。经营管理既是养老服务机构重要的管理内容，也是政府主管部门或行业协会重点监督的内容。

3. 养老服务机构管理的目标与原则

明确了管理内容，还必须制定管理目标与原则，以便确定管理方法，实施有效管理。

（1）管理目标

1）追求社会效益。养老服务业是老年人社会福利事业的重要组成部分，也是社会主义精神文明的窗口，体现了党和政府对广大老年人的关心与关怀。因此，不断改善住养条件，提高服务质量，追求社会效益，让老年人满意、让子女放心，为政府和社会分忧是养老服务机构管理的最高目标。

2）重视经济效益。虽然大多数养老服务机构不以营利为目的，但其参与社会经济活动与市场竞争，同样存在着经济效益问题，特别是在政府投入不足、优惠政策难以落到实处、老年人支付能力低、市场竞争激烈的背景下，养老服务机构要生存、要发展，必须重视经济效益。没有一定的经济效益作保障，社会效益也是一句空话。追求社会效益、重视经济效益是任何一个养老服务机构管理的共同目标。在这个共同目标指导下，各养老服务机构应结合自身实际制定出具体的管理目标，如近期和远期的发展规模目标、质量管理或品牌战略目标、经营效益目标和人才战略目标等。养老服务机构管理目标设计、制定得越具体、越缜密，就越容易付诸实施和实现。

（2）管理原则

1）以人为本原则。"以人为本"是管理学中人本原理的核心，它是管理之本、发展之本。养老服务机构管理中的"以人为本"主要体现在三方面：第一，在规划设计、装修或改造过程中体现"以人为本"，充分考虑老年人的体能和心态变化，一切为了方便老年人居住与生活，为老年人营造一个温馨、舒适、安全、方便的居住环境；第二，在服务理念上体现"以人为本"，充分了解老年人的需求，理解老年人的心理与期望，对每一位老年人提供体贴入微的个性化服务；第三，在员工的管理上体现"以人为本"，员工是养老服务机构生存与发展的重要因素，管理者对员工既要严格要求，又要处处关心，切实解决员工工作上、生活上的困难，维护员工合法权益，激发员工努力工作的积极性。

2）安全第一原则。养老服务业是一个高风险行业，它面对的是体弱多病的老年人群体，稍有不慎或工作疏忽，就有可能酿成入住老年人意外伤害事故，引来纠纷，造成损失。因此，在养老服务机构管理中，安全管理是头等大事，应从制度上进行设防，意识上加以强化，把不安全因素消除在萌芽状态。

3）服务质量第一原则。质量是任何一个企业发展的生命线，养老服务机构也不例外。没有可靠的服务质量，难以吸引和留住老年人，养老服务机构的经营将面临困境，甚至无法生存。

4）依法管理原则。养老服务是一个政策性很强、管理严格、社会关注度高、十分敏感的工作，稍有偏离，将会遭到政府行政部门的批评、处罚和社会舆论的谴责，使养老服务机构处于十分被动、甚至难堪的局面。只有依法管理才能使养老服务机构健康发展，赢得政府的扶持和社会的支持。

二、养老服务机构内部组织设置

养老服务机构内部组织机构设置主要指养老服务机构内部行政、业务和后勤等职能部门的设置和人员配置。一个组织严密、人员精干的内部组织体系是高效运行、高质量服务和规避经营风险的保障，养老服务机构的决策者对此需要精心设计和规划。

1. 养老服务机构内部组织结构

（1）养老服务机构内部组织机构设置的原则。养老服务机构的服务主要涉及生活照料与护理、营养与膳食、疾病预防与保健、临床医疗与康复、休闲娱乐等服务内容，其内部组织机构设置应当根据养老服务机构的性质、规模、所开展服务项目等科学安排。在符合国家、行业与地方政策法规、管理规范的前提下，养老服务机构内部组织机构设置应遵循以下原则：符合国家政策法规、行业规范；满足实际工作需要；明确部门与岗位职责，精简、高效；调动员工工作的积极性、创造性。

（2）养老服务机构内部组织机构设置。养老服务机构内部组织机构应以明确部门管理职能为原则进行命名。同其他组织一样，养老服务机构内部也实行分级管理，较大型的养老服务机构，特别是公办养老服务机构，多实行“三层五级”管理模式，即分为决策层、管理层、操作层和院长级、科级、区主任级、班组级、员工级，由此形成了阶梯形的领导与被领导关系；中小型养老服务机构可以不拘泥于上述复杂的分级管理模式，其内部组织管理部门和人员配置应根据实际工作需要，本着精简、高效的原则灵活设置和配置，如在上海市，许多街道养老服务机构（150 张床位左右），一般只设一名院长，不设副院长，其属下配备一名院长助理或数名管理人员，分工明确，职责清晰，分别承担全院的行政、业务、后勤等管理工作，且养老服务机构内部管理井井有条，没有出现工作互相推诿、人浮于事的现象，值得借鉴。中小型养老服务机构更应强调管理人员一专多能，管理人员（包括院长）既是机构的管理者，也是具体任务的操作者和执行者，这一点在农村敬老院和民办小型养老服务机构表现得尤为突出。

2. 养老服务机构各职能部门的工作职责

部门职能规范主要明确各部门分工与任务、应履行的职责、承担的责任和享受的权限等，以避免各部门工作互相推诿。部门职能应根据各机构部门设置情况而定，一般可以划分为行政部门职能、后勤部门职能以及业务管理部门职能。每个部门职能一般由部门名称、上级部门、下级部门、主要职责以及主要任务等构成。

（1）行政部门职能。行政部门主要包括办公室、人事部门、财务部门等。

1）办公室职能：包括制定发布全院相关规章制度，协助院领导督促、检查各项制度的落实情况，牵头组织各种院务会、院长办公会议等各种会议，综合协调各部门、科室工作，负责公文收发、起草、管理，负责全院工作动态收集、审核及发布，负责机构网站日常管理，负责各级领导和参观来宾接待，做好来信来访、突发事件的协调处理等工作。

2）人事部门职能：包括组织架构设计、岗位描述、人力规划编制、考勤管理等工作，以及员工招聘、调配、教育培训，员工年度考核、评级、奖惩，员工劳动工资及待遇统计与管理，员工人事档案管理等工作。

3）财务部门职能：包括机构财务、资金和资产管理，财务预算，成本核算，报账及入住老年人收费及欠费催缴等工作。

（2）后勤部门职能。后勤部门负责全院设施设备维修与保养、物资采购与供应、食堂管理、园林绿化与保洁、安全卫生、车辆与消防管理等工作。

（3）业务管理部门职能。业务管理部门包括入出院管理部门、护理管理部门以及医务管理部门。

1）入出院管理部门职能：主要负责来访老年人和亲属接待，为老年人办理入出院手续，协调相关部门为初次入住老年人进行护理等级评估，协助处理入住老年人档案管理等工作。

2）护理管理部门职能：主要负责老年人的生活护理、康复护理、心理护理，护理员的基础培训、工作考核，意外伤害事故的处理等工作。

3）医务管理部门职能：主要负责提供与管理老年人临床医疗保健服务、医务人员的培训与考评、药品的管理、医疗事故的处理及转诊的协调等工作。

三、养老服务机构管理的主要模式

1. 金字塔层级管理模式

金字塔层级管理模式由科学管理之父雷德里克·温斯洛·泰罗创立。金字塔形组织结构是立体三角锥的逐层分级管理，等级森严，是一种在传统生产企业中最为常见的组织形式。计划经济时代创立的养老服务机构基本上都采用这种管理模式。在机构外部，养老服务机构的负责人由民政部门直接任命和考评；在机构内部，则由院长一把手负责，下设副院长，各级职能部门又分层管理。在生产力相对落后、信息相对闭塞的时代，这种模式不失为一种较好的组织形态，它结构简单、权责分明、组织稳定，并且决策迅速高效、一贯到底，能够按照政府和领导意志短时间内集中资源，机构内部容易协调一致，方便有实效。但在市场经济全球化和信息化发达的今天，金字塔形组织结构由于缺乏组织弹性、缺乏民主理念、过于依赖高层决策，再加上高层对外部环境的变化反应缓慢或不当而突显出刻板生硬、浪费资源、不能随机应变的机械弊端和管理缺陷。

2. 制度化管理

制度是用来规范组织机构和员工行为的一种手段，也是各种管理手段实施的基础。孟子曰："不以规矩，不能成方圆。"这个规矩，就是规章制度。大家共同遵守规章制度，才能使组织管理规范有序，工作井井有条，更容易实现组织共同奋斗的目标。此外，大家共同遵守规章制度，容易形成良好的习惯，由此逐渐形成组织机构文化，使制度化管理演化为文化管理。实行制度化管理首先要制定切实可行的规章制度。不切合实际、不合理、不科学的规章制度往往不能被员工认同、理解、接受和执行，使制度流于形式，成为一种摆设。制度属于法规范畴，实施制度化管理还应注意三个原则：一是有法必依；二是执法必严，违法必究；三是功过清晰，奖惩分明。

3. 标准化管理

标准化管理是在企业管理中，针对企业生产、经营、服务过程中的每一个环节、部门和岗位，以人为核心，制定科学、量化标准，并按标准进行管理。标准化管理可以使企业从上到下统一标准、统一思想、统一行动；可以提高产品质量和劳动效率，减少资源浪费；可以提高服务质量，树立企业形象；更重要的是标准化管理能使企业在连锁和兼并中，成功地进行"复制"或"克隆"，使企业的经营管理模式在扩张中不走样、不变味，使企业以最少的投入获得最大的经济效益。标准化管理不仅适用于企业，也适用于其他事业单位，特别适用于老年社会福利机构，需要用标准化的内容涵盖经营、服务与管理的各个环节。不仅各项服务、经营环节需要标准化，用人机制、机构设置、行政事务工作、监督、管理、评价也要标准化，员工在标准化框架下，各司其职，才能实现组织机构的奋斗目标。

4. 系统化管理

系统化管理是建立在系统论和控制论基础上的一种管理方法。它强调任何组织机构都是一个完整的系统，都应该按照系统学原理与方法进行统筹规划与管理，以保证组织机构近期和长远发展目标实现。系统化管理不仅应用于组织机构管理体系的建立，更多地应用于产品（服务也是一种产品）质量管理。

强调把组织机构各部门、各环节的生产、经营、服务活动严密地组织起来，规定它们在质量管理方面的职责、任务和权限，并建立统一协调这些活动的组织机构，在组织机构内形成一个完整的质量管理工作体系，这个体系就是国际标准化组织提出的“质量管理体系”。目前，包括中国在内的 150 多个国家和地区推广了 ISO 9000 质量管理体系认证，国内北京、上海、天津、江苏、浙江和广东等经济较发达地区的公办社会福利机构都推行 ISO 9000 质量管理体系认证，所产生的效果是积极和显著的。通过认证，帮助养老服务机构建立了一套完整的、被国际认可的质量管理体系，使其部门与岗位职责更加清晰，经营管理更加规范，服务质量得到全面提升；同时，也帮助养老服务机构打造品牌，树立良好的社会形象，从而利用非价格因素提高了机构在业内的竞争力。

5. 信息化管理

信息化管理是计算机技术、通信技术和管理科学在机构管理中的应用，是计算机技术对机构管理的影响、渗透以及相互结合的产物。目前，国内越来越多的养老服务机构采用“养老服务机构信息化管理系统”，既节约了时间、降低了成本，又提高了效力，而且还规范了养老服务机构经营、服务与管理行为，使养老服务机构服务上水平、管理上层次。“养老服务机构信息化管理系统”涵盖了养老服务机构业务管理、医护管理、药政管理、行政管理、总务管理、就餐管理、财务管理、院长决策和系统维护 9 大模块，几乎涉及养老服务机构工作的方方面面，是养老服务机构科学管理的重要工具和手段。

6. 岗位目标责任制管理

养老服务机构的岗位目标责任制管理模式是指把管理内容划分为若干个岗位，相关人员对应于相应岗位承担其具体任务、责任，完成相应工作目标的管理模式。岗位目标责任制管理强调的是民主管理思想，以自我控制为基础，以目标为核心。其一般的流程是：

（1）养老服务机构领导接到行业或主管部门下达的责任或目标；

（2）经过研究、协商将养老服务机构的总体目标分解到具体科室；

（3）由院长与科室负责人签订目标责任书；

（4）各科室负责人还可以把科室目标进一步分解到各养护区或班组，形成层层有目标、层层抓落实的目标体系。

这种模式能够提高养老服务机构管理绩效和充分调动相关人员的积极性。

第 2 节　养老服务机构组成元素和护理管理模式

学习目标

了解养老服务机构人员组成及职责
熟悉养老护理服务技术组成
了解养老服务机构护理管理模式

知识要求

一、养老服务机构组成元素

养老服务机构的组成元素主要包括人员组成及技术组成。

1. 人员组成及职责

（1）总护理长

1）在院长（总经理）的领导下，负责组织实施养老服务机构的护理管理工作。

2）负责组织养老服务机构的护理工作规划、年度工作计划和质量监测控制方案的制订、实施、检查和总结工作。

3）指导护理工作，定期进行护理查房，检查、指导日常生活护理、护理文书书写、消毒隔离、老年人物资保管等工作。

4）定期召开护理长会议，分析护理质量，总结经验，发现问题，提出整改措施。

5）掌握护理员的流动情况，根据入住老年人数量负责护理员的临时调配。

6）负责组织护理员的业务培训和技术考核。

7）运用国内外养老护理先进技术，组织开展新业务、新技术和养老护理科研。

8）检查、督促养老服务机构护理员履行职责、认真执行各项规章制度和护理操作常规，严防事故、差错的发生。

9）掌握养老服务机构护理员特别是护理长的思想、业务能力和工作表现，提出考核、晋升、奖惩、培养、使用意见。

（2）护理长

1）在总护理长的领导下，负责入住老年人的护理管理工作。

2）制订老年人入住区的护理工作计划，并实施、检查和总结。

3）掌握老年人入住区的护理工作情况，参加并指导危重老年人的抢救护理，检查指导护理计划的制订和实施，并督促护理员严格执行各项规章制度和技术操作规程，严防差错事故的发生。

4）组织老年人入住区的查房和护理会诊，参加案例讨论会。

5）积极开展责任制护理、百分制考评工作和以老年人为中心的整体护理，检查、指导护理记录的书写。

6）组织领导本区域护理员的业务学习、技术培训和考核工作。

7）负责本区域老年人物品和人员管理，合理安排人力资源；搞好房间消毒隔离，预防院内感染；负责急救物品管理制度的落实，确保急救设备的完好状态。

8）负责本区域护理员的思想政治工作，教育护理员加强责任心、遵守劳动纪律、改善服务态度。

9）组织并协调内外之间的工作。

10）督促检查护理员认真履行职责并进行质量评定。

11）定期召开座谈会，听取老年人对护理、饮食等方面的意见，不断改进工作。

（3）责任组长

1）在护理长领导下，带领、指导本组护理员完成本组老年人的各项护理工作。

2）协助护理长对责任组护理工作进行检查及督导。

3）运用护理程序开展工作，组织指导责任护理员实施日常生活护理，评估实施效果。

4）指导责任护理员完成生活不能自理老年人护理计划的制订与实施，协助组织急、危重老年人的抢救。

5）妥善安置新入住老年人，指导责任护理员及时完成新入住老年人的护理评估，并给予相应的处置。

6）做好护理记录，负责检查、审核、修订责任护理员的护理记录。

7）协助护理长做好护理质量改进，修改完善护理工作流程。

8）组织或主持护理查房、危重老年人的护理会诊以及护理个案讨论。

9）负责老年人的健康知识宣教，指导责任护理员实施，及时评估宣教效果。

10）参与老年人入住区的管理，确保老年人入住区的环境整洁、舒适、安静。

11）为老年人制定安全防护措施（如防坠床、防跌倒、约束等）。

（4）护理员

1）在护理长（班、组长）领导下和护士指导下进行工作，不断学习和更新老年人照护知识，积累工作经验。

2）根据老年人不同身体状况，按级别对老年人进行 24 h 护理，保证工作程序的到位。

3）树立全心全意为老年人服务的思想，在服务工作中做到热情、周到、耐心、细心，照顾好老年人的饮食起居，根据老年人身体状况和需求订餐。

4）承担老年人日常生活照料，包括生活起居、个人清洁卫生，如洗脸、漱口、刷牙、洗头、洗澡等，及时更换瘫痪老年人的尿布、垫片，按时翻身擦洗。

5）负责巡视老年人入住区，观察老年人有无不适及异常，保护老年人的安全，防止摔伤、烫伤、噎食、坠床等意外事故的发生。

6）及时解决老年人日常生活遇到的问题，给生活不能自理的老年人定时喂饭、喂水、送开水，了解饮食、如厕等情况；帮助卧床不起的老年人翻身，递送便器，预防压疮。

7）协助配餐员做好老年人房间内饮用水的供应及配膳工作。

8）负责老年人被褥、家具的管理，定期清洁和消毒老年人使用的脸盆、茶具、便器等物品，按时清点、送接老年人所洗衣物。

9）护送老年人外出检查、治疗和康复，及时报告危重老年人病情，并与其家属取得联系。

10）按照康复计划和要求，进行集体或个人的康复训练及娱乐活动，认真填写好 24 h 当班记录和特别护理记录，并做好交接班工作。

11）随时巡视房间，密切观察危重老年人的生命体征及病情变化，发现问题及时报告。

12）经常和老年人交谈，帮助老年人了解自己的疾病情况和为恢复健康所采取的各项措施，鼓励老年人发挥主观能动性战胜疾病，做好老年人的健康教育及指导工作。

13）为病故老年人擦澡穿衣，协助处理后事，做好去世老年人房间的物品消毒处理工作。

2. 技术组成

技术组成主要是指养老护理服务。护理服务是养老服务机构服务的主要内容之一，指为老年人提供促进身心健康的医疗照护活动，其目的是以照顾老年人日常生活起居为基础，用护理理念和护理技术辅助老年人尽量维持现有的生活能力和健康状况，最大限度地延长老年人自理自立生活的期限，尊重老年人的基本需求、心理需求以及自我实现的需求。老年人护理服务的内容包括基础护理、健康管理、健康教育、治疗护理、感染控制等。

（1）基础护理

1）生命体征的观察与护理

①体温。视老年人情况定期测量体温。体温异常老年人的护理要点为：密切观察病情，包括面色、脉搏、呼吸、血压及一些伴随症状，如有异常，立即与医生联系；体温在 39℃以上时进行物理降温，可用冷毛巾、冰袋在头部、大动脉处作局部冷敷，也可采用温水擦浴、酒精擦浴等方式；体温在 32～35℃为轻度体温下降，体温在 30～32℃为中度体温下降，体温低于 30℃为重度体温下降，严重体温下降可危及生命。对体温下降者要做好保暖，调节室温至 22～24℃，给予衣物、毛毯、棉被、热水袋等保暖。

②脉搏。正常脉率为 60～100 次/分，脉律均匀，间隔时间相等。脉搏异常老年人的护理为：加强观察脉搏的频率、节律、强弱及老年人自觉症状，观察有无药物引起的不良反应，发现异常及时报告医生；做好老年人心理护理，控制情绪激动，消除紧张恐惧心理，稳定情绪；注意休息与活动，避免剧烈活动，勿用力排便，戒烟限酒；在医嘱指导下做好相关疾病护理。

③呼吸。安静状态下呼吸频率为16~20次/分。呼吸异常老年人的护理要点为：评估老年人目前健康状况，观察有无咳嗽、咳痰、气急及胸痛等症状，帮助有效咳嗽，保持呼吸道通畅，发现异常及时报告医生；注意环境安静、空气清新，调节好室内的温度、湿度；根据病情合理安排休息与活动，剧烈、频繁的咳嗽需取合适的体位卧床休息；根据健康状况适当增加蛋白质与维生素摄入，给予充足的水分和热量；根据医嘱给予氧气吸入，半坐卧位，以改善呼吸困难情况。

④血压。正常成人安静状态下血压范围为：收缩压90~140 mmHg，舒张压为60~90 mmHg，脉压差为30~40 mmHg。血压异常老年人的护理要点为：要定部位、定时、按要求准确监测血压，叮嘱老年人遵医嘱用药，不可随意增减药量、停药或自行更换药物；平时合理饮食，减重、限盐、戒烟限酒，有规律锻炼，保持心情舒畅，避免大喜大悲。体位性低血压预防措施为：老年人从卧位、蹲位站立要慢，早晨起床先在床上活动半分钟，床上坐半分钟，床沿腿下垂坐半分钟，再慢慢站立。

2）饮食护理

①进食前护理。护理员应衣帽整洁，洗净双手，做好饮食选择，安排舒适的就餐环境，及时准确分发食物。

②进食时护理。护理员应观察老年人进食，需要时协助老年人进食，对不能自行进食的老年人，应耐心喂食。

③进食后护理。护理员应及时撤去餐具，清理食物残渣，整理床单位，协助老年人洗手、漱口，同时做好必要的记录。

④管饲护理。对不能经口进食的老年人需要管饲饮食，要求如下：管饲液应现用现配；管饲之前先测温度，管饲液的温度在38℃左右；根据医嘱选择、配制管饲液；保持老年人口腔清洁，定期更换胃管。

3）排泄护理

①尿量、尿液异常的护理。当老年人出现少尿、多尿、尿频，或尿急、尿痛、尿液颜色异常时，及时通知医生；鼓励老年人多饮水；遵医嘱用药。

②尿潴留的护理。嘱老年人放松，评估尿潴留的原因；采取诱导排尿措施。上述措施无效者，协助医护人员导尿，做好留置导尿的护理。

③尿失禁的护理。保持会阴部皮肤清洁干燥；鼓励老年人多饮水，预防泌

尿道感染；进行盆底肌肉功能锻炼，促进排尿功能恢复；做好心理护理，必要时引流尿液。

④便秘的护理。增加膳食纤维和水分的摄入；养成定时排便的习惯；提供适宜的排便环境；安置舒适的排便体位；腹部按摩促进排便；协助老年人使用通便剂；必要时遵医嘱用药或协助灌肠。

⑤腹泻的护理。观察排便的性质、次数、大便量；必要时留取标本送检；保护老年人肛周皮肤；观察脱水情况，及时补充水分和电解质；遵照医嘱用药。

⑥大便失禁的护理。保持皮肤清洁干燥，预防压疮；保持床褥、衣服清洁；维护老年人尊严，做好心理护理；做好饮食管理；帮助老年人重建控制排便的能力。

（2）健康管理和健康教育

1）健康管理。老年人健康管理是对与老年人生活方式相关的健康危险因素进行全面管理，提供科学的健康指导、健康生活方式干预，从而调动其自觉性和主动性，同时有效地利用有限的资源来最大限度地改善老年人的健康状态，达到预防疾病发生、提高生命质量、降低医疗费用的目的。养老服务机构中老年人健康管理的内容包括：

①老年人健康信息采集。在老年人入住养老服务机构时应对老年人的基本信息进行采集和登记，主要包括老年人的基本情况（如性别、年龄、学历、医保情况等）、目前健康状况与疾病的控制情况、目前用药情况、既往健康史、疾病家族史、生活方式（是否抽烟、喝酒等）、一般社会状况（家庭支持情况、社会交往状况）以及入院时所做的各项体检项目。

②健康档案建立与管理。入住老年人均需建立健康档案，将收集到的老年人资料建成一个档案，档案的建立应具有真实性、科学性、完整性、连续性及可用性。对某些不明确的地方可向家属求证后再登记，登记后不应随意修改。每位老年人的健康档案应由专人管理并定期更新。

③健康体检。每年为入住老年人提供规范的健康体检一次，以发现潜在的健康问题。健康体检主要包括体格检查（测量血压、体重和身高、皮肤检查、淋巴结检查、乳腺检查）、实验室检查（如抽血检查血脂、血糖、肿瘤指标）、超声检查（腹部B超、脑部CT、胸片等）等，除了一些常规体检项目外还应

针对老年人所患疾病情况进行重点检查。

④健康指导。告知老年人体检结果，帮助老年人分析存在的健康问题和健康危险因素，调动老年人维持自身健康的积极性，自觉采取有利于健康的行为和生活方式。

⑤健康干预。在医护人员的指导下，针对老年人情况进行健康干预。根据老年人患病和健康危险因素评估情况，有针对性地指导、帮助老年人参加体育活动和康复锻炼，采取合理的膳食方案；组织老年人参与机构内的各类活动，娱乐身心；督促患有慢性病的老年人遵医嘱按时服药，定期复查以控制疾病。

2）健康教育。健康教育是通过有计划、有组织、有系统的社会教育活动，使老年人自觉地采纳有益于健康的行为和生活方式，消除或减轻影响健康的危险因素，从而预防疾病，促进健康，提高生活质量。

①老年人健康教育的内容包括老年人运动、饮食指导，老年常见病发病危险因素及预防知识，老年人重要器官功能的常见退行性变化与防护，老年人常见意外损伤与自护，老年人常见慢性病的自我管理及老年人心理健康维护等。

②老年人健康教育的形式有个别辅导、集体讲座、实践、技能培训或应用图片、录像、宣传栏、图书资料等。老年人的健康教育应根据老年人的记忆特点，采用生动活泼、老年人共同参与的形式开展，以促进健康教育内化为老年人自身的意识和行为，同时也要注意发挥部分老年人的榜样作用，提高健康教育的效果。

③养老服务机构内老年人健康教育的要求：

a. 有计划地定期开展健康教育工作，每次健康教育活动有明确的计划目标和实施方案，健康教育计划存档。

b. 健康教育对象覆盖率达到80%以上。

c. 健康教育对象对教育内容的知晓率达到50%以上，并能促进健康行为的建立。

（3）治疗护理

1）老年人身心情况观察。身心情况观察包括生命体征的观察，如体温、脉搏、呼吸、血压、瞳孔、意识等；一般情况的观察，如饮食状况、表情和面容、姿势和体位、皮肤黏膜、心理反应等的变化。

2）老年人常见疾病的护理。常见疾病的护理包括高血压、糖尿病、冠心病、慢性阻塞性肺部疾病、急性脑血管疾病、骨关节疾病、老年性痴呆等疾病的日常照顾和护理。

3）协助老年人正确服用药物。应注意剂量正确、给药时间准确、给药途径正确，不得擅自给老年人服任何药品；给药时安排老年人处于便于吞咽的体位，避免误吸，给予足够的水送服，以帮助药物顺利进入消化道；使用鼻饲管的，应将药物碾碎后注入胃管。

4）协助老年人使用助行器具。助行器具是为身体有残障或因疾病及高龄行动不方便者提供保持身体平衡的措施，辅助老年人活动，保障老年人安全。老年人常见的助行器具有拐杖、手杖、步行器、轮椅和支架等。

5）协助老年人标本收集和送检。老年人由于疾病原因，经常需要进行标本检查，常见的有尿标本、大便标本、痰标本等。标本的收集和送检通常由护理员或护士协助完成。

6）协助老年人体位转移。老年人体位转移包括协助老年人移向床头、协助老年人翻身侧卧、协助老年人从床上转移至轮椅等。

（4）感染控制。老年人抵抗力下降，是感染高发人群，可因污染的空气、水、食物、餐具、物品或相互接触及不当的护理而导致呼吸道、消化道、皮肤、泌尿道等全身各组织系统的感染性疾病，因此必须做好机构内的感染预防与控制。

1）成立机构内感染管理组，负责机构内感染管理工作，有效预防与控制机构内感染，采取预防性措施，监测及控制传染病的发生和流行。

2）完善清洁卫生制度、消毒隔离制度、污物处理制度及感染管理报告制度，以及进行消毒效果的监测等。

3）严格进行清洁、消毒工作；规范执行洗手技术，遵守各项操作规范；严格进行消毒效果的监测；按要求处理机构内的污水、污物等。

4）加强对全体人员机构内感染的知识教育，自觉执行有关规章制度。一旦发现机构内有感染病例，应如实填写报表，查找感染源，及时送检，控制蔓延。

（5）临终护理。在老年人生命的最后阶段，护理员应给予临终关怀和照顾，以提高老年人的生命质量，维护其尊严，同时为临终老年人家属提供必要的支持和帮助。

1）死亡教育。根据老年人的年龄、性格、受教育程度开展死亡教育，从而协助老年人树立科学、健康的死亡观，正确面对死亡，同时也可以帮助其家属做好心理上的准备。

2）舒适护理。尽最大可能减轻临终老年人生理及心理上的不适，提高尚存的生命质量，使老年人能在温馨的环境中安然度过最后的时光。

①疼痛护理。临终老年人因疾病的影响多有疼痛等不适感，护理员应尽可能采取措施减轻老年人的疼痛。

a. 心理护理。稳定老年人情绪，并适当引导其转移注意力，从而减轻疼痛。

b. 药物止痛。选择合适的药物及剂量，达到控制疼痛的目的。

c. 其他方法。如音乐疗法、按摩、放松技术、外周神经阻断术等。

②加强营养。根据老年人的饮食习惯，创造条件增加其食欲，必要时可采用鼻饲或完全胃肠外营养，保证营养的供给。

③改善呼吸。保持呼吸道的通畅，给予吸氧。

④其他。加强皮肤护理、口腔护理等，提高老年人的舒适感。

3）家属支持。临终老年人的家属在心理上承受着巨大的压力，因此护理员应给予相应的帮助，如鼓励家属表达感情，释放心中的压力；在老年人去世后给予同情与安慰，帮助家属顺利度过哀伤期。

二、养老服务机构护理管理模式

养老服务机构护理管理有多种模式，较大型的养老服务机构实行在主管院长的领导下，由总护理长、护理长管理为主的两级护理管理模式；较小型的养老服务机构一般是以护理长管理为主的单级护理管理模式。护理管理还可以依据养老服务机构护理任务的比重，划分为以下三种模式：即临床护理管理模式、非临床护理管理模式、混合型护理管理模式。

1. 临床护理管理模式

采用此类管理模式的多是老年护理院、老年临终关怀机构以及其他养老服务机构中的老年护理病房和临终关怀病房，主要护理生活不能自理、长期患病卧床甚至临终的老年人，临床护理工作相对繁重。此类养老服务机构一般需取得卫生行政部门颁发的医疗服务资格，设有医院、病房，或本身就是医疗机构

（如康复医院、老年病医院等），一切护理活动都按照临床护理模式进行，其特点是医生配备相对较少，护士和护理员配备相对较多，采取科主任领导下的护士长负责制，一个科室或中心主任可以管一个或多个病房，每个病房配备一名护士长，护士长具体负责该病房老年人的临床护理、生活护理与病房管理工作。

2. 非临床护理管理模式

此类养老服务机构照料的多是生活尚能自理的老年人，或无须临床诊疗护理的老年人，如老年公寓、养老院和农村敬老院等，主要任务是照顾老年人的饮食起居，一般按住区、楼层组织护理工作。每个住区、楼层设一名护理长（或班组长、楼层长、楼栋长），其属下有若干护理员，以此开展养老护理工作。此类机构可以安排数名医务人员以满足老年突发疾病急救及入住老年人一般性医疗保健需求，较小的机构也可以不安排医务人员，委托附近的医疗机构，如社区保健站、社区医院、农村合作医疗机构承担养老服务机构的医疗服务。

3. 混合型护理管理模式

此类养务机构接收的托养老年人较为复杂，既有自理老年人，也有介助和介护老年人，一般按照入住老年人的生活自理能力和患病情况划分为不同的护理区域。自理老年人居住区采取非临床护理管理模式，生活不能自理、长期患病卧床、临终老年人采取临床护理管理模式。自理老年人患病或突发疾病、疾病发作可在养老服务机构附设的医院、门诊部进行诊治和救治，从而可以科学、合理地分配资源，保证养老服务机构安全、高效运行。

第 3 节　养老护理服务环境

了解养老护理服务的居室环境管理要求以及注意事项
了解养老护理服务的户外环境管理要求
了解养老护理服务辅助环境设置管理
熟悉养老服务机构感染管理的重要性
熟悉机构废物处理方法
掌握养老服务机构常用的消毒方法

一、养老护理服务主体环境设置管理

1. 居室环境管理要求

（1）居住地面注意防滑。为老年人装修卧室，应采用硬木地板或有弹性的塑胶地板，公共场所使用反光度低、花色素净、易于清洁的防滑地面砖。

（2）加强隔音避免嘈杂。老年人一般都有体质下降，或患有某些老年性疾病，有一大特点是好静。所以居住环境最基本的要求是门窗、墙壁的隔音效果要好，不要受到外界噪声影响。

（3）居室光线要明亮柔和。要让老年人能看清楚家具和物品，同时，也应当注意不要让一些表面光滑的物品受到一定角度光线照射时产生炫光，避免引起老年人刺眼、眩晕等不适。

（4）家具灵活要便于移动。为老年人准备的家具能随季节而变换位置，可以方便老年人冬季保温取暖，夏季散热通风。

（5）床的两侧都可以上下。老年人的睡床最好左右均不靠墙，这样既能方便老年人上下床，也能方便护理员照顾老年人和整理床铺。床的两侧要设置床档，避免行动不方便或躁动不安的老年人坠床。

（6）常用物品方便使用。在老年人经常活动的范围，适当设置储物柜及台面，根据老年人习惯摆放常用物品，如书报、零食、水果、水杯、电视遥控器等，以方便老年人拿取。

（7）床边设置移动餐桌。床边设置可以灵活移动的餐桌，以方便行动不便的老年人床边就餐。

（8）床头附近设置插座。在老年人床头设置电器插座，以方便必要时增强照明或使用医疗设备进行身体检查和医疗抢救。

（9）床周围设置呼叫器。呼叫器设在老年人手能触及的地方，以方便老年人求助呼叫。

（10）卫生间设浴凳和扶手。浴凳方便老年人采用淋浴的方式坐着洗澡，坐便器旁边设置水平和竖直的扶手，便于老年人起坐撑扶。

（11）公共场所设扶手和休息座椅。为了方便老年人在走廊活动，公共场所两侧要设置扶手，扶手高度以 80~90 cm 为好，同时每隔 20~30 m 设置休息座椅供老年人休息使用。

2. 居室环境注意事项

（1）避免选择方正见棱的家具。老年人腿脚不方便，为了避免磕碰，选择家具时避免方正见棱的，最好是边角圆滑的。

（2）居室色彩根据老年人特点选择。浅色家具显得轻巧明快；深色家具显得平稳庄重。老年人居室家具色彩要根据老年人特点做出选择。

（3）门厅设座方便老年人换鞋。老年人腿脚不便，体力不足，门厅内最好能有座位供老年人坐下换鞋，座位或者鞋柜旁边要有可供撑扶的台面，便于老年人起坐时撑扶。

（4）客厅沙发软硬高低适度。老年人使用的沙发不宜过软，过软会让身体陷进去，久坐造成腰疼，起身时不方便。同时，沙发高度也要注意，最好坐下后，老年人大腿与小腿间的夹角在 90° 左右，以利于老年人下肢的血液循环；背靠高度最好方便枕靠，使老年人即使久坐，颈部也不会感觉太累。

（5）茶几高度便于取物。老年人使用的茶几高度，要让老年人的腿脚能够舒展；使用台面物品时要方便安全，俯身取物时头部不要过低。

（6）餐桌大小便于使用。餐桌太大不利于老年人夹菜，太小放不开太多餐具，最好选择可放可收的折叠桌，平时将桌面收小，方便一位或两位老年人使用；人多时，拉伸桌面，添加备用椅子，即可与子女一起进餐。

（7）床铺高低软硬要适当。老年人居室最重要的家具是床，所以，老年人的床铺高低软硬要适当，便于老年人上下和睡卧，便于老年人卧床时自取床边的日用品，避免稍有不慎造成扭伤或摔伤。

（8）增加卫生间坐便器高度。老年人做下蹲和起立动作都很费力，老年人用的坐便器坐高要比常规坐便器增加 2~3 cm，既保证老年人处于坐姿时双脚着地避免血液循环不畅，又便于老年人如厕后起立。

（9）居室布置整洁和谐。整洁的居室布置令人心神愉悦，利于消除疲劳；床单、床罩、窗帘、门帘、枕套、沙发巾、桌布、壁挂、老照片等色彩的整体和谐，能给老年人增添生活乐趣，带来活力；适当种植一些绿色植物，既能净化室内空气，也令人赏心悦目；花前摆放一个躺椅或藤椅更为实用，效果也会更好。

3. 户外环境管理要求

户外环境对于维持老年人独立生活能力、让老年人参与更大范围的社交活动有着重要意义。因此，在户外环境设计中应考虑到老年人减退和丧失的机体能力，为老年人提供一个优美、安全的户外环境。由于有的老年人自尊感强，有强烈的自理要求，因此户外环境设计所要遵循的首要原则就是无障碍性，使老年人能够自由地在其间活动。此外，老年人对安全感也有比其他人更高的要求。

（1）供老年人社会交往使用的室外场所。室外社交场所设计应考虑的重要因素是安全保护和方便舒适，它的位置常在建筑物的出入口、步行道的交汇点和日常使用频繁的街区服务设施附近。

（2）供老年人健身锻炼的室外场所设计。锻炼身体是老年人室外活动的主要内容，活动场地和设备不仅要为体弱者提供方便和安全，还应使活动项目能有一定的激励作用。步行、晒太阳和观赏花草是老年人普遍爱好、合适和易行的活动。

（3）供老年人从室内观赏的室外环境。从室内观赏室外活动和自然景色最受老年人欢迎，室内外空间环境在视觉上和心理上的联系，有利于增强老年人的安全感和参与愿望。

（4）室外座椅的设计。老年人在室外活动时坐着的时候较多，因此座椅的设计十分重要。座椅考虑老年人坐下和站起来时的方便和安全，扶手和靠背应按老年人的特点制作。

（5）室外照明设计。室外照明要求提供更高的照明标准，以增加老年人的辨别能力。室外照明的重点区域一般在建筑物的出口，停车场以及有台阶、斜坡等地势变化的危险地段。

（6）道路。道路应避免漫长而笔直的步行路线，由于老年人视力及记忆力减退，方向判断力差，故步行通道的趋向及位置应易于辨别，可在道路转折和终点处安排吸引注意力的目标物。另外，还要注意道路与其他车辆分流。

（7）出入口。老人院之类的集居式老年人居住机构的建筑物出入口附近，是老年人喜欢聚集的地方，应具有“家门口”的特征。所以，对于出入口不要管理得太具庄严性及排斥性，要让老年人可以自在地在此聚集。

（8）边界。用围墙将老年人围成一个封闭的环境，不仅造成联络与视觉上的不便，而且易造成老年人群在感官和心理上的封闭感。为避免老年人的隔离封闭感，边界宜采用不隔绝视线的方式，如自然地形、植物、矮墙等，形成一个舒畅、开放、亲切的环境。

由于老年人生理功能的衰退及心理行为的变化，老年人使用空间的能力下降，正常人能够使用的环境可能会对老年人产生障碍，所以新一代的无障碍设计在针对老年人环境设计过程中所发挥的作用显得越来越重要。老年人的无障碍居住环境设计就是针对老年人的心理与生理特征而进行的人性化设计，它除了对使用功能、材料搭配、颜色组合等方面进行研究外，更重要的是对老年人生理及心理特殊性的把握。应以《老年人建筑设计规范》（JGJ 122—99）为标准，创造适宜的居住环境，提高老年人在最少的外在协助下自由行动、独立生活的能力。

二、养老护理服务辅助环境设置管理

1. 服务措施保障管理要求

（1）规章制度健全。规章制度建设的首要任务是制定规章制度。规章制度不是越多越好，关键在于质量，在于实用性和可操作性，真正发挥制度的应有作用。

1）制定原则。养老服务机构规章制度的制定一般应坚持以下几项原则：

①服务性。养老服务机构属于老年福利事业组织，为老年人服务是养老服务机构肩负的历史使命。养老服务机构的这种社会属性决定了它必须贯彻国家老年社会福利事业发展的方针政策，遵守政府法令、行业法规，坚持为老年人服务的办院宗旨，这是制定养老服务机构规章制度的出发点和基本原则，用制度保障将老年服务落到实处。

②规范性。制定规章制度的目的是使养老服务机构管理实现工作程序的规范化、岗位责任的法规化、管理方法的科学化。因此，规章制度的制定必须以有关政策、法律、法令为依据，为养老服务机构员工的工作和活动提供可以遵循的依据。

③指导性。规章制度不仅包括养老服务机构的部门职能、岗位职责和工作制度，还包括服务标准、操作规程、工作流程以及考核评价标准等，制度的描述语言、格式也有一定的规范。规章制度对相关人员的具体工作内容、如何开

展工作都有提示和指导，同时也明确规定相关人员违章后的处罚措施，以促进养老服务机构各项工作协调一致，全面提高服务质量。

④可操作性。规章制度必须具有可操作性，否则再好的制度也不能发挥其应有的作用。因此，规章制度条款必须责任明确、任务具体、条例清晰、描述准确、通俗易懂、一目了然、易于操作；反之，如果模棱两可、含糊不清，就会难以实施，丧失规章制度应有的作用。

⑤稳定性。规章制度是现实工作客观规律的反映。任何一项规章制度的实施都有认识、熟悉、适应和掌握的过程，应保持相对的稳定性。如果朝令夕改，频繁变动，即使非常合理的规章制度，也难以实施，甚至会造成管理上的混乱。规章制度也不是一成不变的，应随着客观情况的变化，进行调整、增减，经过实践证明的不合理和不完善的条款应按规定程序修订完善。

2）制定方法。规章制度的制定方法有很多，总体上可以采取以下方法：

①学习领会国家政策法规和行业规范是制定规章制度的指引。制定养老服务机构各项规章制度时，必须首先学习领会、熟悉掌握相关领域的政策法规，如员工管理制度，要符合《中华人民共和国劳动法》等相关劳动权益保障法规的精神；制定安全管理制度，应掌握《中华人民共和国消防法》《中华人民共和国食品安全法》等相关法规。只有充分学习理解相关法律法规，才能使制定出来的规章制度具有科学性、实用性和可操作性。

②总结工作中的有效经验。在经营与管理工作中，我们经常会对工作成效、经验做法、事故教训进行总结，这些对制定规章制度具有很好的参考作用，制定出的规章制度会符合实际，而且操作性也较强。

③充分调研，征求各方意见。制定规章制度必须充分进行调研，广泛听取各方意见，包括主管部门、专家和员工的意见，这样制定的规章制度总体会比较完善健全，更容易被员工理解和接受，落实执行起来也比较顺利。

④借鉴参考同类机构管理经验。“他山之石，可以攻玉”，要善于利用吸收其他同类机构的管理经验，这样可以节省时间，提高效率。同时，要结合自身机构的实际情况，适当借鉴，合理引用。

（2）部门职能明确。部门职能的主要目的是明确各部门的分工与任务、应履行的职责、承担的责任和享受的权限等，以避免各部门工作互相推诿。部门职能应根据各机构部门设置情况而定，一般可以划分为行政部门职能、后勤部门职能以及业务管理部门职能。每个部门职能一般由部门名称、上级部门、下级部门、主要职责以及主要任务等构成。

（3）岗位职责清晰。制定岗位职责的目的是明确各岗位的员工应当承担的工作任务、履行的职责和上下级的关系，使每一位员工知道该做什么、不该做什么，应当达到什么标准或要求，该对谁负责和该承担什么样的责任。岗位职责一般由岗位名称、上下级、本职工作、工作职责等部分构成。养老服务机构的主要岗位一般包括管理、技术以及工勤三大类。

（4）工作制度完善。养老服务机构应根据实际工作需要制定出相应工作制度、管理与服务规范，明确具体的工作目标、工作任务、工作方法、工作内容、工作程序等内容。工作制度一般包括以下五类：

1）行政类工作制度。行政类工作制度包括工作会议制度、人事管理工作制度、突发事件报告制度、行政查房制度、值班制度、接待来访工作制度、消防安全管理制度、食品安全管理制度等。

2）业务类工作制度。业务类工作制度包括老年人入住管理制度、健康评估制度、护理等级评估制度、交接班制度、转诊制度、药品代保管与代发放制度、财务工作管理制度、医疗服务管理制度、护理服务管理制度、其他服务质量管理制度等。

3）后勤服务类工作制度。后勤服务类工作制度包括物品采购、验收、储藏制度，车辆管理制度，维修管理制度，食堂服务管理制度等。

4）技术操作规程与标准。一般参照国家、行业或地方制定的操作规程，包括服务诊疗规范、临床护理规范、生活护理规范、康复护理规范、营养配餐规范、突发事件应急处理预案、临床医疗及护理、康复服务质量标准等。

5）考核、评价、奖惩制度。考核、评价、奖惩制度既可以参照行业标准，也可以根据自身情况进行制定，一般包括月度、季度、年度考核管理办法。

2. 医护设施管理要求

养老服务机构设施除应符合国家相关规定外，还应符合老年人的特殊需求。养老服务机构设施应包括基础设施、接待设施、服务设施和无障碍设施。

（1）基础设施。基础设施一般包括交通、水电、通信、环卫、消防和标识等设施。基础设施是构建一家养老服务机构的物质基础，必须满足养老服务与管理的基本需求。比如消防建设，应充分考虑老年人反应慢、行动不便等特点，可以在疏散路线和安全出口处设置火灾事故应急照明和灯光疏散指示标识，疏散指示标识选用大尺寸等。

（2）接待设施。接待设施是指保障老年人入住需求的基本设施，包括住宿、餐饮和文化娱乐等。如《老年人社会福利机构基本规范》（MZ008—2001）中，对老年人居室面积、配置家具等进行了详细的规定，还指明介助、介护老年人应在其床头配备紧急呼叫系统。

（3）服务设施。服务设施指与养老服务机构服务功能相关的设施，范围较接待设施广，除住宿、餐饮、文化娱乐以外，还包括健身、医疗、康复和教育等设施设备，提供促进健康养老、智慧养老和文化养老相关的照护服务。比如养老服务机构为长期卧床老年人配置电动气垫床，为偏瘫老年人提供康复训练器材与场地，为老年人心理健康建设心理咨询中心，配置心理健康测评仪、失眠治疗仪等。

（4）无障碍设施。无障碍设施是指方便残疾人、老年人等行动不便或有视力障碍者使用的安全设施。根据国家《养老设施建筑设计规范》(GB 50867—2013)、《无障碍设计规范》（GB 50763—2012）的规定，养老建筑内部及其周围的室外场地，包括主要出入口、通道、停车场，以及生活用房、公共活动用房和医疗保健用房等区域，应有无障碍设计。例如，不设台阶的无障碍通道，走廊的防摔扶手，卫生间的无障碍设施（如无障碍厕位、沐浴凳、安全抓杆等)，以及醒目的无障碍标识和盲文标识等。

三、养老服务机构感染管理

1. 清洁与消毒

（1）保持室内整洁，定时开窗通风（或利用通风设备进行通风)，室内物品陈设简洁，地面、窗台不得堆放杂物。

（2）保持地面、走廊、墙壁、门窗等清洁、无异味，地面应采用湿式清扫，床头桌、椅每日进行湿式擦拭，保持清洁，每周大扫除一次。抹布、拖把应分区专用，用后消毒、洗净、晾干。

（3）老年人床单、被褥保持清洁、平整、干燥，定期更换。

（4）护理员必须了解消毒剂的性能、作用、使用方法、影响消毒效果的因素，配制时注意有效浓度，并定期监测。

（5）各护理单元应设有流动水洗手设施，开关采用脚踏式、肘式或感应式。洗手用的肥皂应保持清洁、干燥或用液体皂，擦手毛巾最好专人专用，每天清洗消毒。

（6）护理员护理老年人前后和接触污染的物品后必须洗手。

（7）连续使用的氧气湿化瓶、雾化器等器材必须用毕消毒、清洗。

（8）老年人出院或死亡后，居室及室内物品必须做好终末消毒。疑有传染病的老年人，其用过的物品、被服、病室要严格进行消毒处理。

（9）严格管理废弃物，根据废弃物的种类实施不同的收集处理办法，老年人的一些引流袋、尿袋等一次性医疗用品按医用废弃物统一处理。

特别提示

老年人护理服务中常用的消毒方法

1. 环境表面消毒

环境表面消毒一般只需清洗、擦拭。地面进行湿式清扫或用消毒液湿拖、擦洗、喷洒，墙面可用含化学消毒剂的消毒液喷洒或擦拭，各类物品表面一般用清洁湿抹布或蘸取消毒液的抹布进行常规擦拭或应用紫外线灯照射消毒。紫外线灯用于物品消毒，有效距离为 25～60 cm，消毒时间为 20～30 min，注意将消毒物品摊开或挂起，使其表面直接受到照射。

2. 空气消毒

空气消毒可用紫外线灯照射、化学消毒剂熏蒸或喷雾消毒。

（1）紫外线灯照射消毒。每 10 m^2 安装 30 W 紫外线灯管一支，有效距离不超过 2 m，消毒时间为 30～60 min，从紫外线灯亮 5～7 min 后开始计消毒时间。紫外线照射时，人应离开房间，人无法离开时应戴防护镜、穿防护衣，以保护眼睛和皮肤。紫外线消毒的适宜温度为 20～40℃，湿度为 40%～60%。使用前用乙醇棉球轻轻擦拭灯管以除去灯管表面灰尘和污垢，保持灯管清洁。需定时检测灯管强度，照射强度不低于 70 μW/cm^2，以确保消毒效果。

(2) 臭氧灭菌灯消毒法。臭氧灭菌灯内装有臭氧发生管，通电后将空气中的氧气转换成高纯臭氧。臭氧对人有毒，空气消毒时人必须离开，待消毒结束后 20~30 min 方可进入。

(3) 食醋熏蒸。醋适量，加等量的水，放置于瓷或玻璃器皿中加热煮沸蒸发，密闭门窗 2 h 后开窗通风。

3. 被服类消毒

床垫、毛毯、棉被、衣服等物品可直接放在日光下暴晒 6 h，注意定时翻动，使物品各面均能受到日光照射；衣服、被套、床单等也可用化学消毒液浸泡法，棉质类物品也可煮沸消毒。

4. 餐具的消毒

(1) 煮沸消毒。煮沸是碗筷等食具最简便且可靠的消毒办法。餐具浸入水中，将碗、杯等直立放置而不应叠放，这样可使沸水充分接触碗筷的各个部位。水沸时计时，如中途加入物品，则在第二次水沸后重新计时，一般煮沸 5~10 min 即可达到消毒效果，如怀疑有肝炎病毒等传染性较强的微生物污染，煮沸时间应为 15~20 min。

(2) 远红外消毒柜消毒。远红外消毒柜采用干热消毒法，温度达 125℃，维持 15 min。此法消毒效果好，但对碗筷的损坏大。消毒后待冷却再打开箱门，以免烫伤及防止碗盘破裂。

(3) 化学消毒剂浸泡消毒法。不耐高温的餐具可采用此法。常用的消毒剂有含氯消毒剂（如含 500 mg/L 有效氯的施康）、浓度为 0.5%~1% 的过氧乙酸等，消毒时需将碗筷完全浸没，浸泡时间为 10~30 min，消毒后用清水冲洗干净。

5. 马桶消毒

马桶使用频繁，每次用后冲洗会产生大量气溶胶沉积于马桶表面上，尤其会污染马桶座垫圈，因此，彻底的清洁消毒是非常重要的。可用装有粉状含氯消毒剂的小布囊或消毒块挂在马桶冲洗缘，消毒剂随每次冲洗释放部分进入马桶，这样可大大减少马桶本身的污染。同时，每日应用洁厕灵等对坐便器、马桶座垫圈、马桶盖进行清洁刷洗。

2. 养老服务机构餐饮卫生管理

养老服务机构卫生管理均须严格执行《中华人民共和国食品安全法》和《餐饮业和集体用餐配送单位卫生规范》的规定。卫生管理包括建筑卫生管理、环境卫生管理、食品配置过程卫生管理和个人卫生管理。

（1）建筑卫生管理。建筑卫生管理主要包括三方面，即建筑位置、内部装饰和室内布局。

1）建筑位置。膳食部门的主要工作对象是养老服务机构的老年人，因此其位置应设在与老年人住宿联系方便、运送食品时不受气候干扰及不影响采购食品出入的区域，但又要防止厨房油烟影响老年人，还要远离污染源，以防止污染和交叉感染。建筑位置的选择归纳起来有以下三种处理方法：

①在离老年人房间不远处选一合适位置建一独立的建筑，地上或地下走廊与老年人住宿楼沟通。

②建筑设在大楼底层。这种建筑紧靠老年人住宿楼，联系方便，并可节省用地，缺点是通风较差，油烟影响老年人居住环境。在北方地区由于气候比较干燥，选用地下室的较多。

③建筑设在大楼顶部，紧靠老年人住宿房间，光线充足、通风良好、干扰因素较少，且易于管理，但需要解决垂直交通运输以及高层楼房的水、燃气等供应问题。

2）内部装饰。墙面用墙漆或各种面砖均可；地面可用磨石子、马赛克或防滑地砖铺置。为了方便清洁，要设置有盖地沟，并应略有坡度；屋顶用墙面漆并安装排烟气装置。

3）室内布局。应做到生熟食品分开，流水操作，符合食品卫生要求。膳食服务部门的建筑应设专用的交通通道和出入口，并设置洗涤、消毒、更衣、通风、冷藏、防蝇、防尘、防鼠、污水排放和废弃物存放等设施。操作间、厨房入口处必须设置洗手装置。

（2）环境卫生管理。应随时保持室内卫生，每日必须对操作台、各种物表及地面进行常规清洁，必要时应用消毒液进行消毒，有污染时应立即消毒。具体应做到：

1）加强厨房清洁卫生管理，非膳食科室工作人员不得进入厨房，随时关好纱门、纱窗，一切污秽杂物不得随地丢弃，保持地面清洁，用具应放置整齐，设有多个水池，应分别使用不同的水池来洗荤食品和洗蔬菜、淘米，洗拖布、倒污物亦应有专用水池。

2）制定严格的卫生工作制度，进行卫生工作分工，坚持每天一小扫、每周一大扫。

3）每月对膳食科室工作人员的手、物体表面、餐具以及凉菜间的空气等环境进行微生物监测，不得检出致病菌。

4）售餐前，应对售餐区和操作区进行紫外线消毒 40 min。

（3）食品配置过程卫生管理。保持饮食卫生的关键是要做好食品配置过程的卫生，它包括以下内容：

1）食品检验。检验食品卫生质量的一种简便有效的方法是感官鉴定。有条件的地方可以开展必要的实验室检查，一旦发现可能有化学污染的食品应送实验室检测。

2）厨房设备卫生。厨房里应当有防蝇、防尘、防鼠、洗涤、消毒、污水排放和存放垃圾的设备，操作间的布置应当适宜流水作业。生的、未经洗涤的食物应由一端送进，经过操作，制备成餐后，再由另一端发出；生食品、熟食品，半成品、成品，食品、杂物及药物，均应分开存放，避免交叉污染。

3）用具卫生。切配和装菜应当实行双盘制。切配用的盘、碗在原料下锅后立即撤掉，换上消毒后的盘、碗装菜。一般用具如砧板、锅、铲、橱柜等，可用肥皂或洗涤剂洗刷干净；盛放食物的器皿、切熟食用的刀具、砧板等，除洗干净外，还应消毒。餐具清洗消毒须严格执行“一洗、二清、三消毒、四保洁”的工作程序，可使用消毒液浸泡消毒；消毒后的餐具应立即放入消毒保洁柜内，防止灰尘、虫爬等造成污染。

（4）个人卫生管理。膳食科室工作人员必须搞好个人卫生，应勤洗手、洗澡，勤理发，勤剪指甲，勤洗衣服，勤洗被褥，勤换工作服。除此之外，工作人员还要做到以下几点：

1）身体健康，无传染病。所有工作人员要经过健康检查，证实无传染病后才能参加膳食科室工作，每年都进行健康体检，建立健康档案。

2）每年至少应当进行一次带菌检查。

3）应按期接种各种必要的预防疫苗，自觉培养良好的卫生习惯。

4）工作人员家属患有传染病时，要对该工作人员加强观察，并采取必要的预防和隔离措施。

5）服装应当清洁整齐，上班穿工作服，下班时要脱掉。

6）工作时应戴口罩。

1. 养老服务机构管理目标是什么？应遵循何种原则？
2. 简述养老护理员的职责。
3. 简述养老服务机构感染管理的重要性。

第 3 章 养老服务机构护理管理制度

第 1 节　养老服务机构护理员管理制度

学习单元 1　养老服务机构护理员的要求

了解养老护理员的素质要求
熟悉养老护理员的职业道德
掌握养老护理员的服务礼仪规范

一、养老护理员的素质要求

随着我国人口老龄化进程的快速发展，为满足老年人日益增长的养老需求，建立一支高素质、强技能的养老护理员队伍迫在眉睫。养老护理员的基本素质要求如下：

1. 热爱本职工作，忠于职守

正确认识养老护理工作的意义，正确对待自己的工作岗位，树立干一行爱一行、干一行钻一行的思想。人人应当看得起自己的工作，热爱自己的工作，树立职业的责任感和荣誉感。从事护理工作的每一个人，都要钻研一行、干好一行，不断学习、积累，练就过硬的技能，在工作中懂得如何去做，如何规范化去做，如何做得更好，不断提高服务质量，打造品牌，吸引更多的老年人入住养老服务机构，创造社会效益的同时，增加经济效益。

护理员在护理工作中要具备爱心、细心、耐心、热心、诚心。爱心是做好护理工作的基本条件之一，是理解和沟通的基础，也是温暖他人的源泉。在有爱心的基础上，还要工作细心，特别是面对失能失智老年人，护理员更需要细心观察他们的身体变化、情绪变化、饮食、睡眠、大小便情况等，及时发现病情，及时诊治，尽早为其减轻或解除病痛。另外，老年人有其特殊的生理和心理特点，护理员在工作中要有耐心，应理解并接受他们的行为方式，认真倾听他们的心声，与他们进行情感交流，并尽可能向他们提供帮助，满足他们的合理要求。对老年人要以诚相待，一视同仁，注意礼节，尊重他们的人格和自尊心，维护他们的隐私，对其合法权利要给予尊重和保护。

2. 注重责任意识，有始有终

养老护理员的责任是：尊老、敬老、以人为本、服务第一、爱岗敬业、遵纪守法、自律奉献。要加强责任意识，保障老年人合法权益，尽管有些老年人认知有障碍，但他们也同样享有合法权益。因此，开展护理工作必须要保证护理行为本身合法、合理、合情，牢记“没有老年人的不对，只有我们工作的不足”，时刻以这种观念来开展工作，来处理护理员和老年人、家属之间可能出现的矛盾。

护理员对护理工作要有强烈的责任感，对老年人要有充分的责任心。注重责任意识，重在有始有终，对老年人要有持久的爱心。只要有始有终，做到“爱心、细心、耐心、热心、诚心”，就会尽到责任心，就能做到让老年人安心、家属放心。

3. 注重程序意识，按章办事

注重程序意识，就是要做到程序化护理和规范化服务。护理工作要分解、细化工作流程，并制定每项工作的标准要求，即便只是照料老年人日常起居、清洁卫生、饮食、洗浴、大小便处理，甚至一块尿布、一根约束带的使用，都应该具备相应的工作流程。对何种级别的护理，对应提供哪些服务，都应有明确规定，实施护理时，实事求是、不折不扣，白天晚上一个样，有家属无家属在一个样。要按章办事，要求护理员绝不能带着个人情绪工作。

4. 注重全局意识，互帮共进

注重全局意识，首先要从自身每件小事、每句话做起，护理工作就像一支夕阳颂歌，哪个音符不对，这首歌就不动人、不完整；其次，注重全局意识，要服从工作安排，养老服务机构的护理工作是一个整体，家属认可的是机构的护理工作，而不是单个人的工作；最后，注重全局意识，要在工作上互帮互助，不要相互推诿，相互诋毁，也不要相互隐瞒。

5. 注重素质意识，德才兼备

老年护理已日趋走向产业化，国家也出台了相关标准，从现实来讲，养老护理已经成为一种职业技能，因此加强护理员自身素质是形势所向、实际所需。注重素质意识，首先要加强护理员自身法律道德素质，做到依法行事、无愧于心；其次要加强自身业务素质，实行业务培训，将业务培训深化，把护理做到规范化、标准化，学会不断总结、不断提高；最后，注重素质意识要努力提高护理员人际关系处理能力，能融洽地与老年人相处，与家属相处，与周围同事相处，懂得护理老年人要察言观色，与家属交流要善于理解言下之意、弦外之音。

6. 落实四字要求，即勤、实、灵、爱

（1）勤。手勤、脚勤，勤奋地开展工作，勤于用脑，勤于用心。

（2）实。诚实、自律，实实在在做事，堂堂正正做人，要甘于吃苦，无愧于心。

（3）灵。灵活、机动，善听弦外之音，善明言下之意，灵巧化解矛盾。

（4）爱。以呵护之心、敬爱之意开展工作，以慈母之爱、子女之爱对待老年人。

总之，养老服务机构中的护理员要热爱本职工作，注重责任意识、程序意识、全局意识、素质意识，以“勤、实、灵、爱”的态度开展工作，才能实现服务宗旨，为养老事业更好地服务。

二、养老护理员的职业道德

道德是一种社会意识形态，是以善恶为评价标准，通过舆论、传统习惯和内心信念来维系、调整人们行为规范的总和。

职业道德是从事一定职业的人们在职业活动中应该遵循的，依靠社会舆论、传统习惯和内心信念来维持的行为规范的总和。

养老护理员的职业道德是在一般社会道德的基础上，根据养老护理专业性质、任务，以及护理岗位对人类健康所承担的社会义务和责任，对养老护理员提出的职业道德标准。

1. 尊老爱老，以人为本

尊老爱老是中华民族的传统美德，养老护理员直接承担着照顾老年人的工作，肩负着养护老年人的社会责任；以人为本的优质服务，就是要以老年人为核心，在实际工作中设身处地为老年人着想，使老年人从养老护理员的工作中感受到全社会的尊敬与关怀。

2. 服务第一，爱岗敬业

养老护理员肩负着社会及老年人子女的重托，从事的是一项构建和谐社会的光荣工作，要牢固树立服务第一的思想观念，忠诚于这个专业，对老年人有爱心，做到与人为善，全心全意为老年人服务，时时处处想老年人所想。只有树立服务第一的思想，把它作为工作行为的指导，并落实到各项为老年人服务的实处，才能赢得老年人的信任和社会赞誉。爱岗敬业是服务第一意识的具体体现，也是养老护理员必备的重要素质之一，只有具备爱岗敬业的思想，才能在工作上努力钻研，刻苦学习与专业有关的知识和技能，只有掌握了知识和技能，才能使自己有能力做好养老服务工作。

3. 遵章守法，自律奉献

养老护理员要遵守国家法律、法规、法令，遵守社会公德、社会公约，同时，要认真执行和遵守养老服务机构的各项规章制度。养老服务工作中，常常需要护理员独立完成工作任务，因此更需要护理员自觉地用道德规范和规章制度来约束自己的行为，发挥护理员自律、奉献、爱岗敬业的精神，不怕苦，不怕累，追求崇高的人生价值。

三、养老护理员服务礼仪规范

养老护理员在岗期间，要做到语言文明、礼貌待人、举止端庄、言行规范。

1. 基本礼仪规范

（1）仪容仪态。着装应得体，力求洁净大方；为老年人服务时应穿工作服，工作服被污染要及时更换。

（2）行为举止。举止端庄，以轻稳为宜；工作时始终保持乐观的情绪，面带微笑。

（3）礼貌用语。富有情感，语言内容要严谨高尚；言语要清晰、温和，语调适中，礼貌称呼老年人。

（4）卫生要求

1）日常卫生。保持身体清洁。

2）头发卫生。干净，盘发。

3）面部卫生。淡妆。

4）双手卫生。饭前便后、清理便器后、整理老年人用品后及护理老年人后均要洗手；指甲每周剪一次，不留长指甲，不涂指甲油，甲下不存污垢。

5）其他卫生。内衣、经期等个人卫生要注意。

2. 语言礼仪规范

（1）语言规范基本要求

1）工作时间、学术交流、会议时，提倡使用普通话。

2）使用文明礼貌用语，耐心诚恳，语气柔和。

3）提出请求，“请”字在先；获得帮助，及时致谢；打扰别人，诚心道歉；首问负责，及时解答。

（2）与老年人沟通交流时的基本礼貌用语。基本礼貌用语包括“请”“您好”“谢谢”“对不起”“请原谅”“不客气”“谢谢合作”等。

（3）电话用语

1）您好！这里是××中心（院）××楼（室），请问您找谁？请稍等。

2）对不起，××(加上称谓）不在，我可以帮您转告吗？

3）对不起，××(加上称谓）有事外出了（或去哪里了），大概 11 点能回来，请您 11 点以后打来好吗？

4）对不起，现在是巡房和护理时间，如果不是太急的话，请您××点以后再打来好吗？

（4）入住接待用语

1）您好！欢迎您来我中心入住休养，我是养老护理员李××（可以叫我小李）。今后您有什么事可以找我。

2）我叫××，是您的养老护理员，负责您的生活护理，如果有服务不周的地方，请您随时提出来，我将及时弥补，希望我的服务能让您满意！

3）请您先测体重。

4）您被安排在××栋××层的××（房号），我带您过去。

5）您的主管护理员是××，他们很快就会来看您。

6）您有什么要求，请告诉我们，我们将尽量帮助您。

7）希望您在我中心入住期间，每天都有好心情！

（5）对老年人的称呼。称呼老年人时，语言要和蔼可亲。对老年人可尊称为：××大爷（大伯）、××大娘（大婶）、××师傅、××爷爷（奶奶）等。

（6）护理用语

1）晨间护理：“××（爷爷/奶奶等尊称）早上好，请问您昨晚睡得好吗？”“我们开始整理房间了，请配合一下，谢谢。”

2）晚间护理：“××（爷爷/奶奶等尊称）我来帮您洗脸洗脚（洗头、擦身等）”“祝您晚安！”

3）服药前：“××（爷爷/奶奶等尊称）请您服药，我为您倒开水。”

4）您如果有事，请按指示灯，我会随时来的。

5）护理处理完毕：“谢谢您的配合，有什么不舒服，请及时告诉我们。”

6）请您不要着急，我马上通知××来看您。

（7）赞赏语。当老年人配合护理工作时，应及时给予赞赏，如“真不错”“对极了”“非常好”等。

（8）管理用语

1）请协助我们保持房间环境卫生，谢谢！

2）老年人该休息了，请下次再来，好吗？

3）对不起，陪伴不能睡老年人的床，谢谢合作！

4）同志，对不起，为了您和老年人的健康，请不要在房间内吸烟，谢谢！

5）请您说话小声一点，可以吗？

6）为了保持房间安静，我们希望您只留一个陪伴，谢谢支持。

7）请不要随地扔纸屑、果皮，不要往窗外倒水。

8）请多提意见，我们将尽力解决。

9）请保管好自己的物品，谨防遗失。

（9）征询用语

1）您需要我帮助吗？

2）我能为您做什么吗？

3）这药用后您好些了吗？

4）晚上您想吃什么吗？

（10）推托语。当遇到不能满足老年人的个别要求或老年人要求不合理时，应说："这事我不太清楚，我去问主管护理或管理人员再告诉您好吗？"

（11）禁止用语

1）禁止使用让人感觉不尊重的命令或无称谓的语句，如：

①躺（坐）那儿，别磨磨蹭蹭的！

②嗨，××床！（不称呼姓名）

③把裤子脱了（把衣服撩起来）！

④起来啦，整理床了！

⑤没到××时间，都出去！

⑥在这儿签个字，快点！

⑦都停下来，我们要检查了！

⑧把证件（证明、资料）都拿出来，让我看看！

2）禁止使用侮辱人格、讽刺挖苦及可能让人羞涩的语句，如：

①有什么不好意思的，都这份儿上了！

②瞧着点儿，没长眼睛呀！

③这么大人，怎么什么都不懂！

④活该！

⑤没钱就别来住！

⑥干嘛起这名字！

⑦你这样的见多了，有什么了不起的！

⑧到这儿撒野来了！

3）禁止使用不耐烦、生硬的语句，如：

①你这人怎么事儿这么多，讨厌！

②没什么，死不了！

③嫌慢，你早干什么来着！

④这儿交班（开会、结账）呢，外面等着去！

⑤哪儿凉快哪儿歇着去！

⑥这是法律法规规定的，你懂不懂！

⑦材料不齐，回去补去！

⑧上面都写着呢，自己看去！

⑨查户口的，你管我姓什么！

4）禁止使用不负责任的推脱语句，如：

①不知道！

②这事别来找我，我不管！

③谁和你说的（谁答应你的），找谁去！

④快下班了，明天再说！

⑤我下班了，找别人去！

⑥没上班呢，等会儿再说！

⑦机器（仪器）坏了，谁也没辙！

⑧嫌这儿不好，到别处去！

⑨我就这态度，有意见，找头儿去！

⑩这地方写得不对，找××改去！

5）禁止使用含糊不清，增加疑虑的语句，如：

①好坏谁也不敢说，没准儿。

②你这事不太好办呀。

③也许不要紧（没关系）。

3. 行为礼仪规范

（1）遵守养老护理员职业道德规范，遵守规章制度，仪表端庄，行为文明，工作态度端正，清廉正直，接待老年人热情，接受意见虚心，解释工作耐心，护理工作细心，对老年人一视同仁，慎言亲密，敬业、爱业，钻研业务。

（2）着装。护理员工作时应穿工作服，戴口罩，佩胸牌；保持着装整洁，不得粘贴胶布、别大头针，衣帽不得翻在工作服之外；裙下摆及大脚裤不外露于工作服外；保持鞋面清洁，不得穿拖鞋或响底鞋，鞋跟不得过高；夏天不穿深色长袜，衣着颜色要协调。

（3）仪表仪容

1）微笑服务。提倡养老护理员淡妆上岗，精神饱满，情绪稳定、乐观。

2）保持头发整洁，戴工作帽时，长发应套在发网内或卷到头上，短发不能过肩，前发不能过多披散在前额，禁染彩色头发或挑染。

3）保持手洁净，不留长指甲，上班时间不佩戴耳环、戒指、手镯等。

（4）行为举止

1）养老护理员行为举止的基本要求

①工作期间必须举止端庄、谈吐文明、态度和蔼、姿态良好。

②保持良好的站、坐姿态

a. 站立时：挺胸、收腹、下颌内收，两眼平视，两腿靠拢，双手自然下垂或在体前交叉。

b. 坐立时：上身端正挺直，两肩放松，下颌内收，颈挺直，胸部挺起，使背部和大腿成一直角，双膝并拢；双手自然放在双膝上，或放在椅子扶手上；谈话时，可以侧坐，此时上身与脚同时向一侧，把双膝靠紧后收。

③工作环境中，不得袖手、背手和将手插在衣袋，不得嬉笑、打闹、搭肩或在岗吃东西。

④参加学习、集会，要按规定时间到会，遵守会场秩序，保持良好坐姿，不开小会，不随意讲话。

2）护理操作时的举止要求

①在房间巡视时，不靠、坐床，不吃老年人的东西，不与老年人或家属开玩笑。

②老年人离院要主动征求意见，并热情相送。

③护理时，需端盘或推护理车，按有关操作规范执行。

④尊重老年人知情权，但同时要注意保护性护理制度，不讲不利于老年人的话。

⑤护理时，不能只呼床号，而应呼叫床号和姓名。

⑥护理结束时，应帮助老年人整理衣物、拉下衣袖等，整理好床铺，收拾好用物。

4. 工作礼仪规范

（1）五心

1）接待老年人要热心。

2）护理工作要精心。

3）解释安抚要耐心。

4）老年人疾苦要关心。

5）巡房查看要细心。

（2）五及时

1）巡视房间要及时。

2）危急抢救要及时。

3）生活护理要及时。

4）护理记录要及时。

5）执行医嘱要及时。

相关链接

养老护理员的岗位职责

（1）面带笑容，仪表端庄，语言文明，护理举止得体。

（2）穿戴护理工作服上班，对老年人的护理均按护理流程进行，操作要规范到位。

（3）保持工作认真的态度，不怕脏，不怕累，不怕麻烦。

（4）照顾老年人要周到，对每位老年人的护理要充满爱心。

（5）工作期间不准离岗，老年人呼叫要及时回应，不得辱骂老年人，不得顶撞家属，不在工作时间干私活。

（6）保持老年人身体、衣服、床上用品及室内清洁整齐。

（7）护理员不允许收老年人和家属的红包及物品。

（8）对来访客人及老年人家属要热情接待，反映情况要客观实际。

（9）要勤俭节约，杜绝浪费水电气。

（10）不拿公共财物回家，如有损坏，应照价赔偿。

（11）不允许与老年人或同事钩心斗角、不团结。

学习单元2 养老服务机构护理员分级管理制度

了解养老护理员的工作职责
熟悉养老护理员的岗位标准
掌握初级、中级和高级养老护理员工作要求及职责

一、养老护理员的工作职责

为了更好地明确工作内容，使工作井然有序，提高工作效率和质量，使老年人得到周到、满意的服务，养老护理员需明确了解自己的岗位职责和完成工作任务的规范标准。

1. 岗位职责

（1）具备职业技能等级认证证书，在护理长领导和护理组长指导下进行工作。

（2）不断更新和学习老年人照护知识，积累工作经验，使专业技能不断提升。

（3）负责老年人生活照料，包括生活起居和个人卫生，如洗脸、漱口、洗头、洗澡等。

（4）负责巡视老年人入住区，观察老年人有无不适和异常，保护老年人安全，防止摔伤、烫伤等意外事故的发生。

（5）及时解决老年人日常生活问题，协助生活不能自理的老年人进食、饮水，协助如厕；帮助卧床老年人翻身，预防压疮，递送便器。

（6）协助配餐员做好老年人房间内饮用水供应和配膳工作。

（7）负责做好老年人被褥、家具的管理；定期清洁和消毒老年人脸盆、茶具、便器等用具。

（8）护送老年人外出检查、理疗和进行康复训练。

（9）按照康复技师的计划和要求，协助老年人进行集体或个人康复训练及参加娱乐活动。

（10）积极带动本护理区老年人参加娱乐活动，丰富老年人的日常生活。

（11）热爱本职工作，廉洁自律，事业心强，爱岗敬业，以院为家。

（12）尊重老年人，互尊互爱，团结协作，献计献策，使老年人度过幸福晚年。

2. 工作中需遵循的基本要求

（1）遵守院内一切规章制度，服从工作安排，做到不浓妆艳抹，衣着整洁。

（2）有爱心，把老年人当亲人，工作积极主动，不怕脏，吃苦耐劳，尽职尽责，随时掌握老年人的生活、身体、思想等情况；遇到突发情况，及时汇报。

（3）具备良好的素质和修养，对老年人和气，语言温和，态度热忱，不论何种原因不能与老年人争吵；做好老年人个人卫生工作，如经常为老年人洗澡、洗头，定期换晒衣被等，根据季节变化注意老年人衣服的增减。

（4）团结互助，同心协力搞好工作，不吵架、打架、骂人，同事之间相互尊重。

（5）做好工作记录；精心护理重病老年人，按时喂药；对瘫痪、卧床的老年人要经常翻身按摩；交班清晰，定期开展工作会议，交流工作经验，检查不足之处，提出改进办法。

相关链接

1. 护理员在养护工作中，应做到：

（1）四无：无压疮、无坠床、无烫伤、无跌伤。

（2）五关心：关心老年人的饮食、卫生、安全、睡眠、排泄。

（3）六洁：皮肤、口腔、脸、头发、指甲、会阴清洁。

（4）七知道：知道每位老年人的姓名、个人生活照料的重点、个人爱好、所患疾病情况、家庭情况、使用药品治疗情况、精神心理情况。

2. 老年人居室应做到室内清洁、整齐，空气新鲜、无异味。

3. 提供服务完成率应为100%，压疮发生率为0，老年人和监护人满意率在80%以上。

（6）上班时间不迟到、不早退，不擅自离岗；对因擅自离岗而造成的差错后果，应承担相应责任；有事须提前三天请假，如发生无故缺席，按制度扣分。

（7）经岗前体检、培训合格后，方可上岗。

（8）全体员工应齐心协力，尊重、爱护养老服务机构内每位入住老年人，共同把养老服务机构建成舒适的老年人乐园。

二、养老护理员的岗位标准

1. 日常生活照料

（1）更衣（穿、脱衣裤）。护理员应穿上清洁的工作服，洗净、擦干并温暖双手；先准备好干净的衣裤，做好对老年人的解释工作，关闭门窗，禁止长时间裸露老年人皮肤，室内温度保持在22～26℃。

（2）清洁口腔。协助老年人早晚刷牙，饭后漱口；对鼻饲等不能刷牙的老年人，要使用蘸水的棉棒擦拭口腔、牙齿，蘸水不可过湿，以免流入气管引起咳嗽，一个棉棒只能使用一次。

（3）义齿清洁。饭后或睡前取下义齿，用牙刷刷洗，冷水冲净后放在凉开水中浸泡，饭前或次日早晨再替老年人戴上，如暂时不用假牙可浸泡在清水中，每天换水一次。严禁将假牙放在热水或有酒精的液体中，防止其变形和腐蚀。

（4）为老年人梳理头发时，要用温水湿润头发后再小心梳理，时间在5～10 min内。

（5）洗头。水温40～45℃，关闭门窗，室温保持在24～26℃。洗头后要及时擦干头发，及时更换沾湿的床单、衣被，防止老年人着凉。

（6）清洁面部。水位不低于脸盆1/2处，不高于脸盆的2/3处，水温在42℃左右，关闭门窗，室温保持在22～26℃。

（7）足部清洁。水位不低于足盆1/2处，不高于足盆的2/3处，水温在42℃左右，室温保持在22～26℃。

（8）会阴部清洁。关闭门窗，注意保护老年人隐私，室温保持在22～26℃，水温42℃左右，采取措施防止衣被打湿。会阴部污染严重的，要涂上香皂仔细清洗；皮肤有皱褶的地方要翻开清洗；给男性老年人清洗时要抬起性器官，龟头部容易积存污垢，要认真清洗。

（9）淋浴。关闭门窗，铺好防滑垫，室温保持在24~26℃，水温先调节至40~45℃，水温稳定后方可让老年人洗浴；先询问老年人是否需要排泄，若有需要，先协助老年人排泄；协助老年人坐在椅子上，防止滑倒；用香皂或沐浴液擦洗身体后，按由上到下的顺序多次清洗，直至洗去全部污垢。如老年人出现不良症状，要立即停止洗浴。淋浴后先擦干老年人身体，擦好爽身粉后方可穿衣服，注意保暖，防止老年人着凉。必要时要让老年人在浴室停留一会儿，适应温度变化后才出浴室。洗澡之后要及时给老年人喂水，补充水分。

（10）擦浴。对不能淋浴的老年人，要按规定擦浴。关闭门窗，室温保持在24~26℃，水温40~45℃。注意保护好老年人隐私，每擦洗一次，均在其下面铺上浴巾，以免床单弄湿。及时更换或添加热水，保持水温，避免着凉。对皮肤异常的老年人，擦洗完毕可在骨突出处用浓度为50%的酒精做按摩，防止出现压疮。注意观察老年人情况，若出现面色苍白、发冷等，应立即停止擦洗，给予保暖。随时盖住已经擦洗和未擦洗的部位，注意不必要的暴露，防止受凉。

（11）修剪指（趾）甲。可在老年人沐浴后修剪指（趾）甲。老年人指（趾）甲较硬的，先用1/3盆温水浸泡5~10 min。注意不要剪得太深，同时剪掉倒刺，用指甲刀的挫面将指（趾）甲边缘挫平。修剪完成后，清理指（趾）甲屑，整理好床铺。

（12）整理床铺。应及时清扫床上渣屑，更换被套，保持床铺干净整洁。

（13）预防褥疮。卧床老年人应每2 h（必要时1 h）翻身一次，必要时加用海绵垫（外加护套）或橡皮圈（上铺中单或绵制物品）。按要求勤按摩，老年人褥疮情况严重的要报告护理长，采用气垫床。

2. 睡眠照料

（1）环境要求。将噪声降到最低，注意开关门窗的声音、脚步声和说话声；关灯，室内温度适宜（一般为22~26℃）。

（2）整理床铺。清除床上渣屑，保持床铺整洁、平整。

（3）睡前个人卫生。按要求协助老年人洗脸、洗下身、洗脚。

（4）注意事项。老年人睡前勿进食，避免睡前兴奋，少饮水，睡前先小便。

3. 饮食照料

（1）协助老年人进食

1）按规定的时间协助老年人进食。

2）老年人应饭量适度，不宜过饱或进食不足。应长期观察，确定老年人最佳进食量。老年人饭后忌喝茶、吃水果、运动、洗澡、马上睡觉。

3）喂食不宜过急，掌握每勺喂食量及速度。对吞咽困难老年人要按要求先把饭食打碎成糊状。打碎前先剔除骨头等硬物，盛入打碎机的饭食量不能超过打碎机刻度线，以免损坏打碎机。

4）卧床老年人要采用侧卧位（卧于健康侧）或半坐位（最好坐位）进食，以免发生呛咳、吸入性肺炎甚至窒息死亡。

5）对鼻饲和咀嚼困难老年人，饭食必须打碎，按流食饭菜的要求进行喂饭。床头摇起45°，为老年人戴上围裙。喂饭前，对鼻饲老年人必须先推注温水20 mL，喂完以后，再推注20～40 mL温水；对咀嚼困难老年人，必须先喂5～10小勺温水，再喂饭，饭后，再喂5～10小勺温水，可清理口腔内的食物残渣，同时起到对口腔护理的作用。

（2）协助老年人饮水

1）老年人每天饮水1 400～2 000 mL。每2 h喂水一次，每次150～200 mL。鼻饲老年人每2 h注入200 mL水。

2）偏瘫、卧床、吞咽困难老年人的饮水体位与进食体位相同。

4. 排泄照料

（1）长期观察并掌握老年人的排泄规律，避免弄脏衣裤、被褥等。对污染的衣物、被褥、物品等要及时更换，清理污物后分类放到洗衣房。

（2）老年人使用便器时，先在便器内放置少许清水，并保证便器安全、稳定、可靠。

（3）老年人排泄时要注意保护隐私，便后及时清理便器。注意房间换气，及时排除异味。便器不用时要放置少许清水，放回原处，用罩盖住，以免影响观感。

（4）便秘老年人在排便困难时要用开塞露、甘油栓或肥皂栓通便。

（5）对于小便失禁的老年人，男性老年人要按要求带尿套；女性老年人要勤坐便器。尿袋要勤清洗，及时更换破损的尿袋。

（6）对腹泻的老年人要高度重视，及时报告，必要时及时就医。腹泻老年人不但不能禁食，还应补充一些营养丰富且容易消化的食物；同时给老年人补充水分，多喝一些淡盐开水。腹泻会造成肛门周围溃烂，因此排便后要用温水冲洗，或用温毛巾擦拭，必要时要在肛门周围涂药膏。

5. 安全保护

（1）协助老年人正确使用拐杖，调节助行器高度（在使用者手腕处为宜）；经常检查拐杖的安全性及调节高度按钮是否锁紧，与地面接触的橡胶垫是否完好，及时更换破损的橡胶垫。

（2）对使用轮椅的老年人，要经常检查轮椅的安全性（部件是否松动、制动是否有效），保证轮椅能正常使用（加润滑油、轮胎打气等）；对坐轮椅的老年人要采用约束带约束，以免发生意外。

（3）护理员在推轮椅时要嘱咐老年人手扶轮椅扶手，尽量靠后；禁止用轮椅撞门或障碍物（骨质疏松老年人易受伤）；下坡超过15°时要倒车下坡，防止老年人栽倒；老年人上下轮椅要搀扶或注意保护。

（4）对意识不清、长期卧床且行为能力差的老年人，在睡觉时要采用床档，必要时还要采用约束带，防止老年人掉下床。

（5）在给老年人喂水、喂饭、洗澡、洗漱时要防止老年人烫伤，要严格按照规定执行。开水瓶要放在无安全隐患的地方；洗漱时先调好水温（不得超过30~40℃），严禁洗漱时将开水直接放置在老年人能接触到的地方。

（6）使用热水袋时水温不能超过50℃，且热水袋不能直接接触老年人皮肤，要用布套或毛巾套套住；使用烤灯等热疗器具时，应距皮肤45 cm，时间不超过15 min，时刻观察皮肤情况，且要做到人不离场。

（7）老年人要尽量避免使用电器，如必须使用时，护理员要反复告知使用注意事项，并经常检查电器是否完好。

（8）防止老年人跌倒。老年人衣裤长短合适，鞋子大小合适，鞋底防滑；护理员要协助老年人如厕，注意防滑；老年人起床要做到“三慢”，即醒后在床上静躺数分钟慢起床，坐起后停数分钟慢站起，站起后停数分钟慢行走。

6. 喂药

（1）严格按护理部发放的剂量，协助老年人按时、按次喂药，待老年人服下药后方可离开。

（2）对于需饭前或空腹服用的药，要提前30 min喂服；对于需饭后服用的药，要在饭后30 min喂服。

（3）固体药品要用温开水送服；禁止用茶水、饮料送服；粉剂药品先用水融化后摇匀再服用；水剂药品要严格按剂量服用；止咳糖浆在服用后不要立即喂水。

（4）喂药的体位与喂饭的体位相同，防止老年人呛咳。

7. 其他

（1）完成新入住老年人物品登记工作和已登记过的物品带离本院时的登记工作。

（2）保管好老年人的用品、衣物等，谁丢失谁赔偿。对贵重物品应报告主管，由家属带回或在总院办理保管手续。

（3）及时解决老年人提出的问题，制止、调解老年人之间发生的矛盾。

（4）熟知老年人护理级别及服务内容和方式，并能熟知每个老年人的各种物品（如碗筷、衣物）及存放地点；不能物品混用；家属带来的食品，要交由护理长统一保管、发放。

（5）护理员要熟知老年人护理等级、口服药物、过敏史及身体状况等基本情况；负责整理老年人衣柜、床头柜，保持老年人一切物品干净整洁；适时给老年人理发、剃须、修剪指（趾）甲；保持老年人身体、衣服干净整洁无异味；经常检查轮椅、拐杖、气垫床等使用情况，及时修理更换，保证能正常使用。

（6）护理员要按要求做好护理记录，护理记录须真实、完整、清晰，不得涂改、撕毁。

（7）做好对危重老年人、重症老年人及异常老年人的重点记录（如糖尿病、高血压、发烧、褥疮、精神障碍及红、肿、烂、伤等）。

（8）护理员交接班准时、清楚，对需要重点照料的入住老年人要做床头交接。

（9）除医生、家属特殊嘱咐外，由护理长接待家属和来访人员的来访、咨询。

三、初级、中级和高级养老护理员工作要求及职责

本书中主要阐述初级、中级和高级养老护理员的工作要求及职责。初级、中级和高级的技能要求依次递进，高级别包括低级别的要求。

1. 初级养老护理员的工作要求及职责

（1）工作要求

1）能完成老年人晨、晚间照料；能帮助老年人清洁口腔、修剪指（趾）甲；能为老年人洗头、洗澡，以及进行床上沐浴和整理仪表仪容；能为老年人更衣，更换床单，清洁物品，整理老年人衣物、被服和鞋等个人物品；能预防褥疮。

2）能帮助老年人正常睡眠；能分析造成非正常睡眠的一般原因并予以解决。

3）能协助老年人进食和饮水；能为进食困难的老年人喂食、给水。

4）能协助老年人正常如厕；能采集大、小便常规标本；能对呕吐、腹泻、大小便失禁等情况的老年人进行护理照料。

5）能协助老年人正确使用轮椅、拐杖等助行器；能对老年人进行扶抱搬移；能正确使用其他保护器具；能预防老年人走失、摔伤、烫伤、互伤、噎食、触电及火灾等意外事故。

6）能在医嘱下、职责允许范围内保管常用药物，协助老年人口服给药和皮肤黏膜的局部用药。

7）能测量、记录老年人的液体出入量；能观察老年人的皮肤、头发和指（趾）甲的变化；能对不舒适老年人进行观察。

8）能用常规消毒方法对便器等常用物品进行消毒；能进行简单隔离。

9）能正确使用热水袋、冰袋。

10）能读懂一般的护理文件；能做简单的护理记录。

11）能协助解决老年人临终的身体需求问题；能完成尸体料理及终末消毒。

（2）具体职责

1）早晨督促老年人漱口、洗脸、洗手、梳头；晚上督促老年人洗脸、洗手、洗脚、洗会阴部。

2）督促老年人定期剪指（趾）甲，理发剃须，更换衣裤。

3）安排老年人洗澡，每周一至二次。夏季气候炎热时，安排老年人每日洗澡，并督促、帮助老年人每日擦席。

4）为老年人整理床铺、翻晒被褥。

5）每月清洗床上用品（床单、枕套、枕巾、被套）一次，保持床单位清洁。

6）鼓励老年人到食堂用餐。

7）组织老年人参加院内的各种康复活动。

2. 中级养老护理员的工作要求及职责

（1）工作要求

1）能为特殊老年人清洁口腔；能为老年人灭头虱；能照料有压疮的老年人。

2）能照料有睡眠障碍的老年人；能分析造成非正常睡眠的原因并予以解决。

3）能协助医护人员完成治疗饮食的喂食；能配合医护人员为压疮老年人换药；能配合医护人员完成吸入法给药；能协助医护人员完成鼻饲管等管饲喂食。

4）能测量老年人的体温、脉搏、呼吸、血压；能对老年人呕吐物、排泄物进行观察；能协助医护人员完成各种给药后的观察。

5）能观察濒临死亡老年人的症状、体征。

6）能用常用的物理消毒方法、化学消毒方法进行消毒；能进行传染病的隔离。

7）能为老年人进行温水擦浴和湿热敷。

8）能正确书写护理记录；能对老年人特殊护理进行记录；能对护理文件进行保管。

9）能对外伤出血、烫伤、噎食、摔伤等意外进行初步的应急处理和及时报告。

10）能配合医护人员完成对老年人高血压病、冠心病、中风、帕金森病、糖尿病、退行性关节炎、痛风、便秘、阿尔茨海默症等常见病的护理。

11）能配合医护人员帮助老年人进行肢体被动运动；能配合医护人员开展常用作业疗法；能指导老年人使用各类健身器材。

12）能组织老年人开展小型闲暇活动，较好地进行沟通与协调。

13）能对老年人的情绪变化进行观察，能较好地与老年人进行心理沟通；能对老年人人际交往中存在的不和谐现象与矛盾进行分析和协调。

14）能协助解决临终老年人的心理与社会需求。

（2）具体职责

1）早晨帮助老年人漱口、洗脸、洗手、梳头；晚上帮助老年人洗脸、洗手、洗脚、洗会阴部。

2）帮助老年人定期剪指（趾）甲，理发剃须。

3）帮助老年人洗澡或擦身，每周一至二次。夏季气候炎热时，每日为老年人洗澡或擦身，并帮助老年人每日擦席。

4）为老年人整理床铺、翻晒被褥。

5）每半个月清洗床上用品（床单、枕套、枕巾、被套）一次，保持床单清洁，必要时及时更换。

6）每周洗涤老年人内衣一次（夏季每日洗），每周洗涤外衣一次。

7）搀扶行走不便的老年人上厕所，防止其摔伤。

8）鼓励并帮助老年人到食堂用餐。

9）餐具和茶杯严格消毒，老年人的毛巾、面盆做到经常清洗，便器用后及时倾倒并定时消毒。

10）组织老年人参加院内的各种康复活动。

3. 高级养老护理员的工作要求及职责

（1）工作要求

1）能进行胸外心脏按压和人工呼吸；发生意外后，能进行简单的止血、包扎、固定和搬运。

2）能协助医护人员观察与护理昏迷、危重症老年人。

3）能对老年人常见病、多发病和传染病进行咨询与预防指导；能对老年人的生活习惯进行健康指导。

4）能对老年人的一般康复效果进行测评；能完成群体、个体康复计划的实施。

5）能组织老年人开展各类兴趣活动；能参与组织较大型的文体娱乐活动。

6）能对老年人开展健康教育活动。

7）能对老年人忧虑、恐惧、焦虑等不良情绪进行疏导；能与老年人进行情感交流并予以心理支持。

8）能对初级养老护理员进行基础培训。

9）能对初级、中级养老护理员的实践操作给予指导。

（2）具体职责

1）早晨为老年人漱口、洗脸、洗手、梳头；晚上为老年人洗脸、洗手、洗脚、洗会阴部。

2）经常为老年人洗头，剪指（趾）甲，理发剃须。

3）老年人口腔护理清洁无异味，皮肤护理无压疮。

4）为老年人洗澡或擦身，每周一至二次。夏季气候炎热时，每日为老年人洗澡或擦身，并为老年人每日擦席。

5）为老年人整理床铺、翻晒被褥。

6）每周清洗床上用品（床单、枕套、枕巾、被套）一次，必要时及时更换。被褥、气垫、被单保持清洁、平整、干燥柔软。

7）每周洗涤老年人内衣一次（夏季每日洗），每周洗涤外衣一次，必要时及时更换。

8）搀扶行走不便的老年人如厕，防止其摔伤。

9）视天气情况，每天带老年人到户外活动或接受光照 1~2 h。

10）饭菜、茶水供应到老年人床边，按时喂饭、喂水、喂药。

11）餐具和茶杯严格消毒，老年人的毛巾、面盆做到经常清洗，便器用后及时倾倒并定时消毒。

12）对失智老年人根据情况定时巡视，防止随意外出或发生意外。

13）对易发生坠床、掉下座椅等意外的老年人，应提供床栏、座椅加绳托等保护器具，确保安全。

14）为老年人开展针对性个体康复活动。

第 2 节　养老护理服务管理制度

学习单元 1　养老护理员管理制度

了解养老护理员的招聘制度
熟悉养老护理员的绩效考核方式
掌握养老护理员的交接班制度及细则

一、养老护理员聘用和管理制度

为了更好地提升养老服务机构服务质量及社会竞争力，需要进一步规范养老护理员管理制度，充分发挥人力资源管理的作用，形成择优录取、奖罚分明、合理晋升的聘用和管理制度。

1. 聘用制（合同制）

养老护理员的招聘采用聘用制（合同制），即聘用单位与受聘人员确立聘用关系，明确双方权利和义务的一种协议制度。

（1）养老服务机构的人力资源部（科）（以下称“人力资源部（科）”）每年年末根据编制情况及职能或业务部门书面用人需求，制订次年养老护理员的招聘计划并报机构领导同意和上级审批后组织招聘新的养老护理员；人力资源部（科）根据已批准的人力资源计划和毕业生指标通知相关用人部门，由用人部门对新进养老护理员进行笔试、面试，并写出书面意见报人力资源部（科）备案；人力资源部（科）负责对新进养老护理员的人事档案、任职资格等情况进行审核并安排体检，择优录用，以保证新进人员的基本综合素质符合用人部门的要求。

（2）新进的养老护理员应符合相应岗位的学历、专业技术等要求，其年龄限制由机构负责办公会决定。

（3）人力资源部（科）根据养老服务机构的法律法规和规章制度对新进养老护理员进行岗前的岗位职责和业务技能等方面的教育。

（4）根据省、市、自治区劳动政策的有关规定，经甲乙双方平等协商，自愿签订合同，并共同遵守合同所列条款，新进养老护理员签署“聘用合同”，“聘用合同”一式两份，一份交由本人保管，一份交人力资源部（科）备案，用人单位员工人事档案永久保存。

（5）员工劳动合同期限三个月以上不满一年的，试用期不超过一个月；劳动合同期限一年以上不满三年的，试用期不超过两个月；三年以上固定期限和无固定期限的劳动合同，试用期不超过六个月。

（6）如员工要求解除“聘用合同”，应提前三十日向所在部门领导提交书面申请，领导签署意见后报人力资源部（科），由人力资源部（科）按规定审核后提出书面意见并上报，经机构负责办公会同意后，办理相关手续并解除合同。

（7）合同双方因履行合同发生争议的，应协商解决；协商无效的，当事人可向上级行政主管部门申请调解和处理或者向人事争议仲裁委员会申请仲裁，仲裁结果对争议双方具有约束力。

（8）人力资源部（科）负责组织实施养老护理员绩效考核工作并将相关资料及时归档，并将员工的年度考核结果作为员工合同续聘、解聘、终止以及调整岗位、职务升降、工资待遇和奖惩的重要依据。

养老服务机构聘用合同样例

甲方（用人单位）：××养老院

乙方（受聘人员）：

性别：　　　　出生年月：　　　　民族：　　　　文化程度：

居民身份证码：　　　　家庭住址：　　　　电话：

根据国家法律和有关政策，经甲、乙双方平等协商，自愿签订本合同：

一、聘用合同期限

本合同有效期××年，其中试用期××个月，合同到期续签，须提前××天。

二、工作性质和劳动报酬

1. 乙方同意按甲方养老院工作需要，在××岗位工作，完成养老院该岗位承担的各项工作任务。

2. 乙方在聘用期间基本工资为月×× 元（小写：××元），奖金见甲方的奖金发放制度。

三、甲方的权利和义务

1. 甲方的权利

（1）依照国家有关规定和甲方规章制度对乙方行使管理、考核和奖惩权。

（2）合同期间因工作需要，甲方有权调整乙方的工作岗位。

（3）具有下列情形之一的，甲方可以随时通知乙方解除劳动合同，不受提前三十天通知的限制：

1）在试用期内发现乙方不符合聘用条件的。

2）乙方在病、事、延长产假、医疗期及脱产学习期间本人或为他人及亲友从事各种生产经营服务活动的。

3）乙方严重违反甲方工作责任制或甲方规章制度的。

4）乙方严重失职，营私舞弊，对甲方利益造成重大损害的。

5）乙方被依法追究刑事责任的。

6）不胜任现职工作，又不接受其他安排的。

（4）具有下列情形之一的，甲方可以解除聘用合同，但应当提前三十天以书面形式通知乙方：

1）乙方患病或非因工负伤，在规定的医疗期满后，不能从事原工作也不能从事甲方另行安排的工作的。

2）乙方不能胜任工作，经过培训或调整工作岗位，仍不能胜任工作的。

3）聘用合同订立时所依据的客观情况发生重大变化，致使原聘用合同无法履行，经当事人协商不能就变更聘用合同达成协议的。

4）甲方生产经营状况发生严重困难，确需裁减人员的。

（5）乙方受聘期间，因违法、违纪或其他不当行为，给甲方造成损失的，甲方有权要求乙方承担相应的赔偿责任。

2. 甲方的义务

（1）遵守国家法律、法规、政策，尊重员工主人翁地位，创造有利于员工发挥积极性和创造性的工作环境。

（2）负责对乙方进行政治思想、职业道德、遵纪守法和规章制度教育与培训。

四、乙方的权利和义务

1. 乙方的权利

（1）在合同期间乙方享有参与养老院民主管理，获得政治荣誉和物质鼓励的权利。

（2）因疾病治疗需要，有申请延长医疗期的权利。

（3）有下列情形之一的，乙方可以随时通知甲方解除聘用合同：

1）在试用期内。

2）甲方以暴力、威胁或者非法限制人身自由的手段强迫乙方工作的。

3）甲方未按聘用合同约定支付劳动报酬或者提供工作条件的。

2. 乙方的义务

（1）必须按时、按质、按量地完成约定的工作任务或工作指标，并接受甲方的考核。

（2）自觉保护甲方的形象和利益，不得实施有损甲方形象和利益的言行。

（3）必须以甲方工作人员名义开展业务，并服从甲方统一管理。

（4）乙方因其他事由单方提前解除劳动合同，应提前××日以书面形式通知甲方，并承担相应法律责任。

五、违约责任

本合同一经签订，双方必须严格执行，如遇违约时，违约方应承担违约责任，支付给对方违约金××元（小写：××元）；给对方造成损失的，应根据后果及责任大小予以赔偿。

（略）

2. 绩效考评

绩效考核是深化优质养老护理服务的关键环节之一，是一种实现多劳多得、优绩优酬的良性分配机制。实行绩效考核制度可以激发养老护理员的工作积极性和主动性，提高养老护理员的业务素质和职业价值感，从而保障养老护理质量和安全。它的优势主要体现在以下方面：

（1）实行按劳取酬，激发养老护理员的工作动力。结合工作特点，进一步细化、量化体现工作量的考核项目，与个人绩效挂钩，体现多劳多得，可充分调动养老护理员的工作积极性。在工作能力与岗位业务要求相符合的条件下，护理员应积极主动承担工作任务，扭转一线工作干多干少一个样的局面。

（2）实行按岗设酬，体现养老护理员个人业务能力。打破了以往完全按照职称进行绩效工资分配的方式，即按不同岗位工作性质设置分配系数，使岗位和薪酬紧密结合，实施按能力上岗，建立养老护理员业务发展平台，使护理员个人业务能力和职业价值得到充分体现，促进护理员业务层级管理和队伍的整体发展。

（3）实行优绩优酬，强化养老护理员工作自我约束力。将绩效分配与工作质量和效果挂钩，体现优绩优效，使护理员工作更加尽心尽力，质量意识、责任意识增强，自觉履行各项职责，扎实落实核心制度和各项规范，以降低护理缺陷、差错等不良事件发生率，提升服务质量。

(4) 实行绩效考核与个人发展相结合，形成长效管理机制。通过将绩效考核结果纳入个人考核档案管理，并与岗位聘任、年度个人评优、进修学习以及晋升晋级等挂钩的办法，使个人的发展与平时的工作业绩直接相关，形成个人和护理队伍的长效管理机制，从职业发展上体现干好干坏不一样。

(5) 实施奖优罚劣，增强护理团队的活力。绩效考核方案不仅是对养老护理员实施工效挂钩的考核办法，还能增强员工自身的危机感，使其能在工作中主动查找不足，积极改进，主动学习，业务水平的提高成为个人的自觉行为，从而使得护理团队充满活力。

(6) 实施管理者绩效考核，激励养老管理人员不断创新。总结提炼不断创新管理举措，落实多种模式的责任制，开展特色护理项目，使护理员之间形成良好的竞争氛围，从而不断提升养老服务机构的管理水平。

养老护理员绩效考核指标设置可参考表3—1。

表3—1 养老护理员绩效考核指标样例

考核类别	序号	考核指标	考核内容	考核时间	得分	备注
清洁卫生	1	老年人身体清洁	(1) 按规定为老年人修剪、清洁指甲，清洁头发、口腔，洗脚，洗澡，清洗随身衣物，保持轮椅干净无异味等，达不到标准，每次扣1~2分 (2) 老年人身体有异味每次扣2分			
	2	及时清除房间异味	(1) 符合“三大承诺”之无异味，发现房间异味根据情况，轻微扣1分，中度扣3分，重度扣5分 (2) 如发现老年人正在如厕，3 h后复查 (3) 保证老年人房间卫生干净整洁，门、窗、墙、设备、家具、用品等无灰尘、污渍等，每发现一项扣1~2分			
	3	预防与防护老年人压疮	(1) 要求“七勤”到位，皮肤完好，无红肿热麻现象出现 (2) 若未按时（至少2 h）为老年人变换体位、翻身或无记录，每发现或缺一次扣1分 (3) 若老年人受压部位出现暗红色，扣5分 (4) 若老年人受压部位出现水疱，扣10分			

续表

考核类别	序号	考核指标	考核内容	考核时间	得分	备注
安全防护	4	保证老年人安全	（1）根据《摔伤防治工作指导手册》，安全工作无落实到位的每一项扣 2 分 （2）老年人出现走失、摔伤、烫伤、互伤、触电、火灾等意外事故，每发生一项扣 10 分			
给药	5	按医嘱保管及喂药	（1）老年人新增药品，未告知医疗康复部医生，每次扣 2 分 （2）未正确保管老年人药品，导致药品丢失、霉变、药量不足而未告知等，每次扣 1 分 （3）未按医嘱喂药，出现吃错药及药量错误，每次扣 5 分			
交接班管理	6	严格交接班规范及护理记录	（1）客观、完整、准确填写护理记录，交接班清楚，做到接班护理员能清楚了解上一班老年人的变化 （2）未按要求填写护理记录或交接不清楚的，每次扣交班人 2 分 （3）交接晨会内容，未告知下一班次晨会内容一次扣 2 分			
物资管理	7	合理使用物资	（1）因护理员个人原因导致房间固定资产破坏、丢失，照价赔偿，每发生一次扣 2 分 （2）合理使用低值易耗品，避免物资及水电浪费，如长明灯、长流水，每发现一次扣 1 分			
考勤管理	8	积极准时参加会议培训	（1）积极按时参加会议和培训，无故迟到、早退的，每次扣 1 分 （2）违反会场纪律的每次扣 1 分 （3）无故不参加的每次扣 2 分 （4）无故空岗、漏岗一次扣 2 分			
亲情服务	9	参考《亲情服务手册》	（1）使用公共服务禁语 （2）上班串岗闲聊、长时间通话 （3）公共场所、房间大声喧哗吵闹 （4）穿高跟鞋、拖鞋 （5）仪容仪表不整洁，穿透、露、短服饰 （6）工作不在状态，反应迟钝不及时 每发现一处扣 1 分			

续表

考核类别	序号	考核指标	考核内容	考核时间	得分	备注
投诉表扬	10	老年人或老年人家属对护理员的表扬或投诉	(1) 养老院对护理员以书面形式表扬或奖励一次加5分 (2) 部门对护理员书面表扬或奖励一次加2分 (3) 养老院对护理员以书面形式批评一次扣5分 (4) 部门对护理员书面批评一次扣2分			
主管考核	11	日常管理调配房间及外派、加班	(1) 对于领导安排的护理员房间调动、外派、加班积极配合者一次加3分 (2) 对于领导安排的护理员房间调动、外派不配合且影响正常护理照料者一次扣10分			

考核人： 被考核人：

注：1. 考核人每月对当班护理员进行至少两次考核打分。

2. 考核计算为百分制，即在100分基础上加减分数。

二、养老护理员交接班制度

1. 交接班制度的原则及注意事项

(1) 交接班制度的原则。交接班中要求做到三交、三接、三清。

1) 三交：书面交班、口头交班、床边交班。

2) 三接：老年人情况交接、治疗护理交接、抢救器械使用交接。

3) 三清：口头讲清、书面写清、床边看清。

(2) 注意事项

1) 交班者在交班前完成本班的各项工作并做好记录。

2) 交接班必须按时。接班者发现问题应立即询问；接班时所发现问题应由交班者负责，接班后发生的问题由接班者负责。

3) 交接双方共同巡视老年人。注意查看老年人的情况有无变化以及护理单元是否达到管理要求；有特殊情况者如情绪、行为异常和未请假外出应采取相应的措施，必要时向院部汇报；除向接班护理员口头交班外还应做好记录。

2. 养老护理员的交接班制度细则

（1）目的。保证养老护理工作的连续性，预防事故发生。

（2）范围。休养老年人中需要交接班的各护理单元。

（3）权责。护理部制定，护理长监督，护理员执行。

（4）内容

1）值班

①护理员实行三班制轮流值班：白班为 8:00—16:00，前夜为 16:00—次日 1:30，后夜为 1:30—8:00。

②值班人员履行各班职责，护理老年人。

2）晨会前准备

①接班者 7：45 之前换好工作服准备交接。

②对规定交接的特殊药品、常备药品、常备器械、高危药品交接，应当面清点并签字。

③阅读交接班报告和护理记录板。

④值班者在交班前除完成本班工作外，需整理好口服药车、护理车、护理台，保持处置室、养老护理站物品摆放整齐，并为下一班做好准备。

3）晨会

①每天 8:00—8:15 为晨会时间。

②晨会集体交接班，全体护理员参加。

③由夜班护理员详细报告出、入院老年人情况，失能、失智老年人状况、护理等级，休养老年人病情变化，特殊检查休养老年人的准备工作及注意事项。

④相关负责人根据报告作必要的总结，布置当天的工作。

4）交班方法

①书面交班。每班书写护理记录单，进行交班。

②口头交班。自理老年人及情况稳定的休养老年人一般可以采取口头交班。

③床边交班。与接班者共同巡视病房，重点交接失能、失智老年人及特殊心理状况老年人。

学习单元 2　老年人入出院管理及其他服务制度

了解老年人入出院制度及流程
熟悉与老年人及其家属沟通的制度
掌握与老年人及其家属沟通的技巧

一、老年人入出院制度

1. 入院流程管理

（1）入院基本流程（见图 3—1）

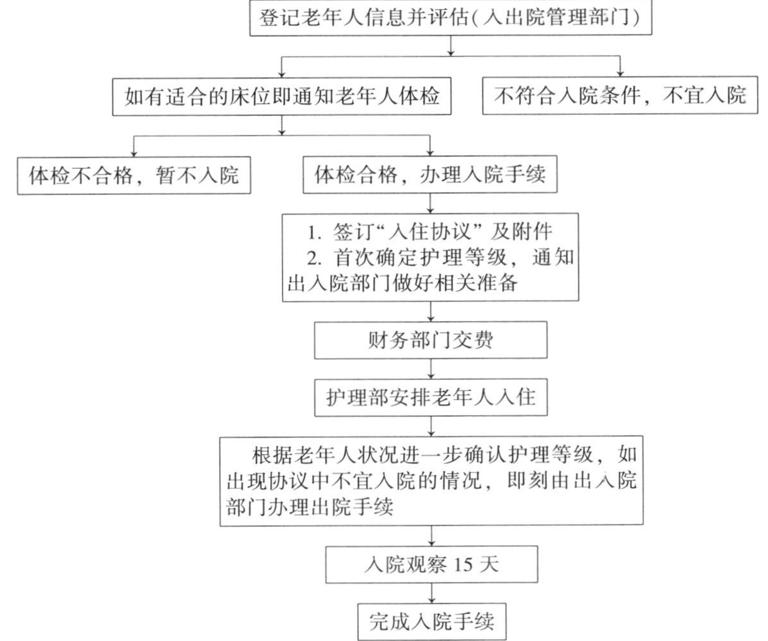

● 图 3—1　养老院入院流程图

（2）注意事项

1）养老服务机构可按条件接纳由“老年护理评估组织”评估后符合入住条件的老年人。

2）老年人入住可携带近期体检报告，由入院评估组人员对老年人进行全面评估，向老年人及委托人详细了解老年人的身体状况和病史，详细了解老年人的生活习惯，包括衣、食、住、行、爱好、交友等方面的情况，根据老年人的生活自理能力、疾病情况及护理需求，确定护理级别，并向老年人及委托人告知其护理的内容、风险预防和双方责任，随老年人身心状况的改变调整护理级别。

（3）入院老年人携带必要的日常生活用品。自理老年人自我管理，不能自理的老年人由护理员逐项检查记录，建立“老年人存物登记本”，收存与取物双方签字，以备查证，严防违禁物品带入居室。

（4）护理员向老年人和委托人介绍养老服务机构环境、规章制度，老年人及委托人在告知书上签字，贵重物品请委托人带回，并请老年人与委托人共同签字，特殊情况由护理员、组长签字保存。

（5）老年人出院要征得委托人和院方同意，老年人和委托人签字，办好规定手续。

2. 出院流程管理（见图3—2）

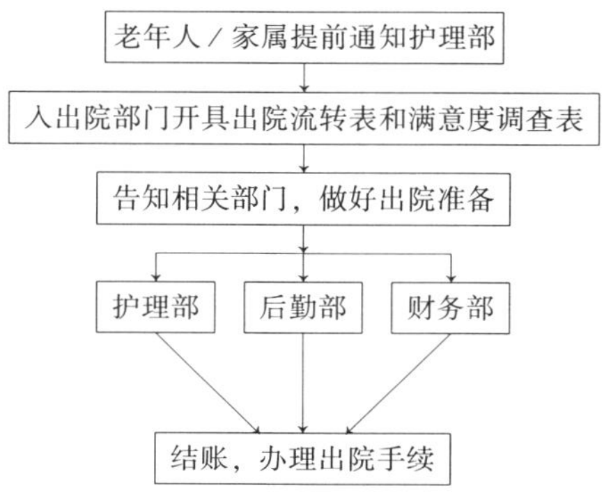

● 图3—2　养老院出院流程图

二、与老年人沟通的制度

1. 沟通的概念与要素

（1）沟通的定义。沟通是一个过程，能使沟通双方互相了解，透过传达及接收资料讯息，给予及接受对方的指示，互相教导、互相学习。沟通是一个双向的过程。沟通不局限于利用语言、手势、动作来表达事实、感觉和意念。

（2）沟通的三个要素

1）要有明确的沟通目标。

2）达成共同的协议。

3）沟通信息、思想和情感。

（3）沟通的目的

1）沟通重在信息的传递与理解。

2）分享信息，传递思想，交流意见，表达态度，表达愿望。

3）通过沟通影响别人，影响自己，调节别人，也调节自己。

2. 影响与老年人沟通的因素

（1）生理因素。老年人由于脑组织软化，大脑对情绪、情感的控制力弱，加之听力、视力的衰退，可能导致老年人情绪变化向两方面发展：一方面对外界事物反应慢、不敏感，表情冷淡，处事冷漠；另一方面可能出现情绪变化快、变化幅度大、易激动，有时情绪不能自控等现象。

（2）社会因素。离休、退休、丧偶、经济问题等都会造成老年人情绪变化，这些问题对老年人的影响常常是深刻而持久的，不但会对情绪产生持久而深刻的影响，甚至还会使部分老年人出现性格上的变化或扭曲。

（3）社会交往与周围环境。老年人由于离、退休及家庭成员的变化，人际交往相对减少，孤独感会对老年人的情绪产生不同程度的影响，加剧烦恼和恐惧。此时，如果老年人得不到社会的支持，不能及时排解心理上的压力，就会加剧各种情绪的恶化；如果社会对老年人的支持力度较大，并经常开展适于老年人参加的活动，会使老年人消除烦恼、解除孤独、减少恐惧，扩大人际交往面，情绪也会逐渐稳定下来并变得愉快。

（4）疾病因素。患病导致老年人的生活自理能力受到限制，常使老年人情绪沮丧。不少社会学家在调查中发现，很多老年人对“死”的问题，可能并不惧怕，而更多的是惧怕生病和长时间卧床不起，这样会给老年人增加负疚感，认为是在拖累别人。当然，如果病情较重，或患有不可治愈的疾病时，伴随而来的死亡恐惧会加剧，也会使老年人情绪低落，甚至绝望。

3. 与老年人沟通的技巧

护理员在与老年人沟通时应注意以下技巧：

（1）同新入院老年人的沟通交流技巧。新入院老年人的心理表现为焦虑、恐惧与疑惑。老年人刚刚入院，面对陌生的住院环境、陌生的人群以及对疾病的担心，这时，护理员应该首先主动接近老年人及家属，安排新入院老年人及家属住到合适的床位，热情地介绍养老院情况、入院须知、入住环境、楼层管理员、护理员等，同时询问老年人及家属的需求，尽可能满足其合理需求，并解答老年人疑问，陪同并指导其做各种辅助检查，使老年人入院后安心放心。

（2）尊重老年人，建立平等关系。只有尊重老年人的权利、人权，维护老年人的权益，进行平等、真诚的交谈才能有效地实施护理。如：老年人特别喜欢受人尊重，护理员在工作中可以根据不同的性别、职业、文化程度等给予老年人一个恰当的称呼，使老年人心情愉快，自尊心得到满足。

（3）耐心倾听，真诚交流。入住老年人的心理、精神会发生各种各样的变化，如脾气暴躁、记忆力差、反应迟钝等，很容易对护理员产生依赖、信赖和敬畏的心理变化，因此在与老年人交流中力求亲切大方，以热情友善的目光正视老年人及家属，耐心倾听他们的心声，切不可粗暴、打断或表现出不耐烦的情绪，用真诚的行动与细致、周到的护理去换取其信任，使他们愿意与护理员接近、沟通，为进一步治疗、护理奠定良好的基础。

（4）言谈举止要适宜。面带微笑是进行沟通的第一步。老年人来到养老院，在接待的过程中，护理员言谈举止要适度，要面带微笑，言语要尊重，注意吐词要清楚。在与老年人交谈时，应把注意力集中在对方身上，可使老年人感到亲切；相反，如果在交谈时，护理员注意力不集中，表现出匆忙的态度，可使老年人感到不被尊重和重视，将会影响护养之间的沟通。

（5）正确使用语言，掌握语言艺术。与老年人沟通时，必须注意讲话的方式和态度，要用建议和商量的语气，不要用命令和强迫的语气。老年人往往考虑问题较多，渴望对各项治疗操作有更多的了解。在回答与老年人病情有关的问题时，在不影响保护性医疗的情况下，适当给予通俗的解释，使老年人能正确认识自身的疾病。在进行各项护理操作过程中应指导老年人如何配合，并用安慰性的语言，转移其注意力，减轻不适。操作后询问老年人的感觉及交代必要注意事项等，使每次护理操作成为护养沟通的一种特殊形式。

（6）把握沟通的时机。护理员与老年人接触的时间最长，彼此间身心感受也最多。因此，护理员要把握每次与老年人接触的时间，随时随地进行沟通，护理员可以在床头交接班、晨间护理、入院宣教、打针、发药、基础护理时融洽沟通的气氛，注意坚持不懈、主动积极地与老年人沟通。

（7）良好的护理道德修养及操作技术。护理员应加强职业道德修养，树立良好的公众形象，对老年人充满爱心、耐心和诚心。良好的技术是维系沟通效果的纽带，作为一名合格的专业护理员应注意自身的技术培养，不断提高技术水平。娴熟的技术是建立良好养老服务关系的重要环节，并与语言交流是相辅相成的。当护理技术尚存缺陷时，完善的沟通和优良的服务态度是弥补缺陷的重要手段，娴熟的技术又可增强老年人对护理员的信任和自身的安全感。

4. 与老年人沟通的注意事项

护理员在与老年人沟通时应注意以下事项：

（1）态度诚恳自然，保持适度的幽默感。护理员态度要和蔼可亲，平易近人，脸上常带微笑，让老年人能感到亲切。

（2）有效控制情绪，并注意与老年人交流时的面部表情与身体语言。不要让老年人抬起头或远距离跟自己说话，那样老年人会感觉护理员是高高在上和难以亲近的，应该近距离弯下腰去与老年人交谈，老年人才会觉得与护理员平等和觉得护理员重视他。

（3）说话要简短得体，尽量使用全名，并鼓励老年人畅所欲言。

（4）认真聆听，进一步了解老年人，而不是为回答问题而聆听。护理员的眼睛要注视对方眼睛，视线不要游走不定，让老年人觉得护理员不关注他，也可以摸着对方的手与其交谈。

（5）表现出有充裕的时间和耐心，老年人未完全表达时勿答复。老年人一般都比较唠叨，一件小事可以说很久，护理员不要表现出任何的不耐烦，要耐心地去倾听老年人的话。

（6）未弄清真实答案时，不可轻易回答老年人提出的疑问。

（7）与老年人交流时，可配合非语言交流方式或实物，更利于老年人理解。护理员说话的速度要相对慢些，语调要适中，有些老年人听力减弱，则须大声点，但还要看对方表情和反应，去判断对方需求。

（8）要了解老年人的脾气、喜好，可以事先打听或在日后的相互接触中慢慢了解。

（9）要选择老年人喜爱的话题，如家乡、亲人、年轻时的事、电视节目等，避免提及老年人不喜欢的话题，也可以先多介绍一下自己，让老年人信任自己后再展开别的话题。

（10）人都渴望自己被肯定，老年人就像小朋友一样，喜欢表扬、夸奖。所以，要真诚、慷慨地多赞美他们，老年人心情愉快了，谈话的气氛就会活跃很多。

（11）具备良好的应变能力。如果老年人情绪有变时，尽量不要劝说，先用手轻拍对方的手或肩膀作安慰，稳定其情绪，然后尽快更换话题。

三、与家属沟通联络的制度

1. 与家属沟通的原则

护理员在与家属沟通时应注意以下原则：

（1）尊重平等。尊重就是尊重老年人及其家属。包括尊重他们的人格和情感。只有在相互尊重的基础上，养老服务关系双方才能进行友好的沟通。而平等，一是养老服务关系双方之间是平等的，因为护理员和老年人及其家属作为人，本身就是平等的，只是社会分工的不同；二是对老年人及其家属一视同仁，在护理员眼中应只有老年人及其家属，没有地位高低之分，没有贫富之分，只有这样才能进行友好的沟通。

（2）守法遵德。养老服务关系是一种法律关系，是在老年人及其家属入院时就自动建立的一种特殊法律关系。因此在进行养老服务关系沟通时，护理员必须严格遵守相应法律、法规，严格恪守职业道德。护理员既要用好法律、法规赋予的权利，又要履行好法律、法规规定的责任和义务。只有在此基础上，以真诚、细致、关爱对待老年人，才能赢得老年人及其家属的尊重和信任，才能在沟通中处于主动地位，进行友好的沟通。

（3）真诚换位。真诚是养老服务关系沟通得以延续和深化的保证。护理员只有抱着真诚的态度，才能使老年人及其家属放心，才能与老年人及其家属进行推心置腹的沟通。在与老年人及其家属沟通时，护理员要有明确的可知性和预见性，才能使老年人及其家属放心。这就要求护理员必须提高自身综合素质，懂得换位思考，多站在老年人及其家属的角度考虑问题，这样才能使沟通达到应有的效果。

（4）适当距离。沟通时，双方的距离要适当，太近或太远都不好。护理员可根据老年人及其家属年龄、性别的不同，选择合适的沟通距离。

（5）适度克制。语言、态度和举止以及体态语言是沟通交流的各种形式。一句亲切的问候能使老年人及其家属如沐春风，而一句不经意的“恶语”会使老年人及其家属如临冰窟。护理员的态度和举止，在老年人及其家属眼里可能会有特定的含义，如老年人及其家属可能会把护理员的笑脸理解成友好或病情好转的信息，可能会因护理员眉头紧皱联想到老年人病情是否恶化。因此护理员必须把握好自己的情绪，避免因不恰当的情感流露传递给老年人及其家属错误的信号。同时，运用体态语言时要适度，要符合场合，切忌感情冲动，动作夸张。夸张的动作、不良的语言不仅有损护理员的形象，还会严重伤害老年人及其家属的感情。护理员要懂得克制自己，不要把自己的情绪带到工作中来，在沟通遇到困难时，也要注意克制自己，用冷处理避免矛盾激化。当老年人或其亲属情绪激动时，护理员要以温和的态度保持沉默，可以让老年人及其家属有一个调整情绪和整理思绪的时间，但沉默时间不宜过长，以免陷入僵持而无法继续交流。

（6）留有余地。护理员在与老年人及其家属交代病情时，讲话一定要有分寸，要留有余地，特别对疑难病危重病患者更要慎重，说话不能太绝对，尤其不能讲一定就是什么和保证能治好之类的话，避免造成纠纷，给治疗带来负面影响。

2. 与家属沟通的注意事项

护理员在与家属沟通时应注意以下事项：

（1）建立良好的第一印象。第一印象是彼此联系的起点，护理员端庄的仪表、亲切的微笑、娴熟的操作，会让人感到你是一名严肃认真、工作严谨、有责任心的护理员。热情的接待、礼貌的问候，会给人留下一个美好的印象。

（2）得当的第一句话能为成功交流奠定基础。第一句话是交流的开始，语言是否恰当直接影响交流能否顺利进行。护理员可以通过对老年人及其家属的关心、同情，改善气氛，拉近与家属的距离。

（3）分析家属的心理特征

1）急躁易怒型。该类型表现为心情烦躁，缺乏耐心，易激惹、易激动。

由于老年人护理内容繁复，家属陪同过程中等待时间过长等，会使家属急躁易怒。护理员要善于察言观色，以关心、同情、亲切的态度，耐心听取对方的意见和感受，不要轻易否定其看法，帮助他们分析老年人的状况，正确对待客观存在的因素，引导和启发对方以积极的心态与老年人的疾病做斗争。

2）依赖型。此类家属特别重视护理员的嘱托和要求，愿意聆听有关老年人护养的一切信息，此时是与家属交流的最佳时机，护理员应抓住对方关心老年人的特点，理解他们的心情。护理员要针对家属提出的问题，认真解答，演示操作过程，严格遵守操作程序，以丰富的知识、精湛的技术、周到的服务来消除对方顾虑，取得家属的信任。

学习单元3　护理文书书写与管理

掌握养老服务机构常用护理文书的书写

了解护理文书的保管要求和注意事项

一、养老服务机构常用护理文书的书写

1. 基本要求

1）护理文书书写应当客观、真实、准确、及时、完整。

2）护理文书书写应当使用蓝黑墨水，记录者须签全名。实习、进修与未取得相关证书的护理员书写的护理文书，应当经过本机构指定的护理员即时审阅，其修改意见及签名用红色墨水笔书写。

3）护理文书书写应当文字工整、字迹清晰、表述准确，标点符号应使用正确。

4）书写过程中出现错字时，应当用双横线画在错字上（记录者本人用蓝黑水笔画双横线，修改者用红色墨水笔画双横线），然后更正，不得采取刮、粘、涂、贴等方法掩盖或抹去原来的字迹。

5）护理文书书写一律使用阿拉伯数字书写日期和时间，采用24 h制记录。

6）护理员需要填写或书写的护理文书包括：体温单、医嘱单和危重老年人护理记录等。

2. 几种常用护理文书的书写

（1）体温单

1）体温单为表格式，内容包括楣栏各项及老年人入院日期、入住天数、体温、脉搏、呼吸、血压、大便次数、出入液量、体重、药物过敏记录等。

2）用蓝黑墨水笔填写楣栏中的姓名、入院日期、房号、入住天数。每页体温单的第一天及跨月份的第一天需写月、日，其余只填日。

3）新入院老年人每天测量体温、脉搏、呼吸2次（7 AM，3 PM），连续3天。体温正常的老年人每天测量体温、脉搏、呼吸1次（3 PM）。体温达到37.5℃及以上的老年人每日测体温、脉搏、呼吸3次（7 AM，3 PM，7 PM）；体温达到38.5℃及以上者，每4 h测体温、脉搏、呼吸1次（至少每日5次，若11 PM体温在38.5℃以下，3 AM可以不测），至体温降至38.5℃以下连续3天者每日测体温、脉搏、呼吸3次，恢复正常3天后改为每日1次。体温达到38.5℃及以上者须行物理或药物降温。

4）体温、脉搏、呼吸图的绘制

①体温曲线的绘制

a. 用蓝笔将所测体温绘于体温单上。口温用“●”表示，腋温用“×”表示，肛温用“○”表示，两次体温之间用蓝线相连。

b. 物理降温或药物降温半小时后，所测的体温画在物理降温前的同一纵格内，以红“0”表示，并用红虚线相连，下一次体温应与降温前体温相连。降温后，若体温不降或上升者，可不绘制降温体温，在护理记录中做相应的记录。

c. 体温不升，低于35℃者，在35℃线处画记体温标记。

d. 老年人由于诊疗活动而外出、拒测等原因未测体温时，在34℃线以下相应时间栏内用蓝黑墨水笔纵向填写“外出”“拒测”等字样，前后两次体温曲线断开不相连，每天最多写2次外出（7 AM，3 PM）。

②脉搏、心率曲线的绘制

a. 脉搏用红“●”表示，两次脉搏之间用红线相连。

b. 如脉搏与体温重叠，则先画体温，再将脉搏用红圈画于其外。

c. 脉搏短绌的老年人，其心率用红“○”表示，两次心率之间也用红直线相连，在心率与脉搏曲线之间用红斜线填满。

d. 使用心脏起搏器的老年人，心率应以“Ⓗ”表示，相邻心率用红线相连。

e. 心率大于 180 次/分的老年人，其心率绘制于 180 次/分处。

③呼吸曲线的绘制

a. 呼吸用蓝“0”表示，两次呼吸之间用蓝直线相连。

b. 使用呼吸机的老年人，呼吸应以“Ⓡ”表示，相邻两次呼吸用蓝线相连。

c. 如呼吸与体温重叠，则先画体温，再将呼吸用蓝圈画于其外。

5）在体温单绘制图以下栏内用蓝黑墨水笔记录大便次数、出入液量、血压、体重、药物过敏名称等。项目栏已注明计量单位名称的，只需填数字，不必写单位。

6）大便次数均于下午测体温时询问，结果记入当天的大便栏内。大便失禁或人造肛门者用“*”表示，灌肠用“E”表示；灌肠后排便一次用“1/E”表示。导尿以“C”表示：如保留导尿，需记尿量，画斜线表示，“C”为分母，尿量为分子。例如：24 h 内保留导尿共 1 500 mL，则表示为“1 500/C”。记出量时在尿量下的空格内写上“其他（mL）”，将除尿量外的出量数字记录于对应栏内。

7）新入院老年人的首次血压、体重常规记录在体温单相应栏内。老年人每周均需测量体重，记录于当天相应格内；长期卧床老年人，应以“卧床”表示。

8）药物过敏栏。填写过敏反应的药物名称（填写于做过敏试验的相应日期栏内），并于每次更换体温单时转写。

（2）医嘱单

1）医嘱是医疗活动中由医师下达的医学指令。医嘱单分为长期医嘱单和临时医嘱单。

①长期医嘱单内容包括老年人姓名、科别、住院病例号、页码、起始日期和时间、长期医嘱内容、停止日期和时间、医师签名、执行时间、执行护理员签名。

②临时医嘱单包括医嘱时间、临时医嘱内容、医师签名、执行时间、执行护理员签名等。

2）医嘱的执行应准确无误，并在有效时间内完成。医嘱须经两人核对并签名。

3）一般情况下，护理员不得执行口头医嘱。医师因抢救急危老年人需要下达口头医嘱时，护理员需复诵一遍，复诵无误后执行；抢救结束后，医师应即刻据实补记。

（3）危重老年人护理记录

1）病重（病危）老年人护理记录是指护理员根据医嘱和病情对病重（病危）老年人入住期间护理过程的客观记录。

2）依据卫生部《综合医院分级护理指导原则（试行）》，医护人员根据休养人员病情和生活自理能力确定的特级护理休养人员均须记录危重休养人员护理记录，一级护理中的病重休养人员亦须记录。

3）记录要求。老年人病情变化时需随时记录。病危老年人每班至少记录1次，特级护理老年人每小时至少记录一次，病重老年人至少2天记录一次。记录时间应当具体到分钟，记录完毕后护理员签名。

4）记录内容。应记录体温、脉搏、呼吸、血压等病情变化、护理措施和效果、护理员签名等。出入液量根据病情和医嘱记录。体温记录根据体温记录要求。

5）记出入量的内容及要求

①入量包括每日饮水、食物中的含水量、TEN（胃肠内营养）、输入液量、输血等。为准确记录口服入液量，应使用可计量的容器测录。固体食物须记录其数量，再折算含水量予以记录。

②出量指老年人的大、小便量，呕吐量，咯血量，痰量，胃肠减压、腹腔抽出液及各种引流量等。对尿失禁的老年人应设法导尿予以记录；自行排尿者，记录每次尿量，或根据病情需要将24 h尿量集中于一个容器内测量记录。

③记录格式。出入液量具体内容记入“项目”栏内，如药物不超过5 mL也记入项目栏内，具体的量用数值表示，记入“量”的栏内。

④出入量统计。每日需小计、总计各一次。白班于下班之前小记出入量（画一蓝横线，小结日间出入量），夜班于次日晨7 AM总结24 h出入量

（用蓝笔画一条横线下总结，再画一条蓝横线），并同时转记到体温单上。

6）病情观察及处理。包括老年人的病情变化、药物反应、皮肤、饮食、睡眠、排泄、呕吐、咯血、异常化验结果等方面的异常情况，针对异常情况采取的措施以及处理后老年人的状况。

二、护理文书的保管要求和注意事项

（1）护理文书应按规定放置，记录或使用后必须放回原处。

（2）注意保持护理文书的清洁、整齐、完整，防止破损、污染、拆散、丢失，收到处置单、报告单等应及时进行粘贴。

（3）按规定，老年人及其家属有权复印体温单、医嘱单、护理记录单。

（4）护理文书应妥善保存。入住期间由护理部负责保管，老年人出院或死亡后，护理员将其整理好交档案室，并按规定的保存期限保管。

第3节　养老服务机构护理安全管理制度

学习单元1　养老护理安全

了解护理安全的定义
熟悉护理安全的基本原则
掌握护理安全的内容及各项制度
掌握护理安全的影响因素和意义

一、护理安全的概念

安全这个词，对于每个人来说并不陌生，但它在每个人的眼中、每个行业

中界定的程度并不一样。各级领导及部门机构都要把安全放在首位，大到国家，小到个人。安全可概括为：没有危险、不受威胁、不出事故。安全是人的基本需要，同时也是护理工作的基本要求，护理安全应该受到每位护理员的高度重视。

1. 护理安全的定义

护理安全是指在实施护理的过程中，老年人不发生法律和法定的规章制度允许范围以外的心理、机体结构或功能上的损害、障碍、缺陷、残废和死亡等情况。

2. 护理安全的基本原则

护理安全中，老年人安全是养老服务机构护理工作永恒的主旋律。在护理过程中不发生允许范围与限度外的不良因素的影响和损害。护理安全必须防患于未然，早发现、早干预，避免亡羊补牢式的安全管理。安全管理应该贯彻预防为主的理念，因此对护理工作中不安全的因素要及时进行识别、评估并采取措施，以杜绝一切事故的发生。保障护理安全，要坚持预防为主的原则，抓好安全管理关键环节，强化职业安全教育，增强法律意识，强化专业培训和护理安全管理制度，依据行业标准、制度的操作规程，改善防护设备，创造安全工作环境，各部门建筑设置科学合理，加强护患沟通，做好健康教育，提高护理的安全性和有效性。

二、护理安全的内容

1. 护理安全的主要内容及难点

（1）人的安全。护理安全的主要内容由护理员安全与老年人安全共同构成，二者相互作用、相互影响。前者安全的主要内容为：良好的工作环境，安全设备、防护措施齐全，人力资源配备合理，无精神职业压力等。后者常见的安全风险为：用药错误、跌倒、坠床、压疮、误吸、烫伤、医源获得性感染、沟通交流障碍等。

（2）仪器、设备及环境的安全

1）各种电器设备

①应由专人负责，定期检查性能、电线及插头，确保正常及安全使用。

②将插头拔出后严禁放在有水的地方，要放在干燥稳妥处保存。

③在使用插头前要检查插头是否潮湿，一旦入水则不能使用，应通知电工处理。

④使用部分电子仪器及无线遥控监护仪时，禁止使用无线电话。

⑤所有电器应先关机，后断电源。

⑥电器使用后根据电器的材质和说明书选择消毒和清洁方式。

2）微波炉

①微波炉应在通风、干燥、无腐蚀性气体的环境中使用。

②炉顶不能放置任何物品。

③不使用金属器皿，应使用陶瓷、耐热塑料器皿。

④密封的瓶装或袋装食物必须开口后才能放在炉内加热，否则气体膨胀会发生爆裂。

⑤烹调少量食物时要多加观察，防止过热起火，切勿煮带壳鸡蛋，否则压力会使鸡蛋爆炸。

⑥炉内出现任何异常，立即切断电源。

⑦护理员应加强使用指导及安全管理。

3）氧气系统

①泄漏。经常检查氧气阀有无漏气，发现漏气及时通知维修人员进行处理。

②助燃。禁止任何人在病区内吸烟及使用打火机，需要用明火时应关闭氧气。

4）体温计

①使用前检查有无裂痕，摆放要轻，向老年人讲清注意事项。

②避免玻璃刺伤。体弱、躁动、昏迷、精神异常的老年人不宜测量口温，在测腋温时护理员应守在床旁，及时收回。

③预防水银中毒。如老年人需测口温，应向老年人讲明注意事项。

5）血压计

①使用血压计时放置稳妥处，禁止碰撞造成水银泄漏。

②测血压前将水银柱开关打开，用后及时关闭。

③使用时避免水银柱打得过高。

④如有水银泄漏，要及时回收或请专业人员处理。

6）呼叫器

①指导老年人正确使用。

②定期检查插口是否松动或脱出。

③固定放置于合适位置，呼叫器连线不能绕在床栏上。

④定期检查，发现失灵及时维修。

7）地面湿滑

①保持地面干爽，发现水渍、污渍及时擦净。

②地面湿滑时提醒老年人注意，及时放置“小心地滑”的指示牌。

8）病床

①防坠床。床档固定好，床轮锁好，将床降至低位。

②防翻倒。升或降床时，要将两旁及床底硬物移开，以免倾斜，造成老年人坠床或翻床。

9）床档

①防夹伤。升降床档时，注意检查老年人体位，避免夹伤。

②防松动。注意安全检查，如有松动立即维修。

③防跌倒。拉好床档后检查是否固定，指导老年人正确坐卧姿势。

10）轮椅、平车

①老年人上下轮椅时护理员要将刹车固定，防止滑动。

②下坡时避免失控，老年人在坡上方，护理员在坡下方，并叮嘱老年人抓紧扶手，保证老年人安全。

③避免轮椅前倾，必要时用躯体固定带固定老年人，防止老年人摔倒。

④老年人上下平车或在平车上翻身时，护理员要将平车固定稳妥，防止滑动。

⑤使用平车时应拉上两侧护栏，避免坠车摔伤。

⑥推平车上下坡时，老年人头部应位于高处，减轻老年人不适。

⑦推动轮椅或平车时避开障碍物，注意安全。

⑧告知老年人和家属使用轮椅或平车的注意事项。

⑨定期检查、保养。

（3）护理安全的难点。老年人来到养老服务机构是希望通过接受专业护理服务改善健康生活状况，安享晚年。但由于护理服务复杂的各种技术、各种措施和人为因素，导致护理失误和不良事件发生的风险在所难免，规避这些不安全风险的有效措施就是严格执行各项规章制度。为了减少护理不安全的发生，防患于未然，需建立健全及不断完善各项安全管理制度，以提高护理质量。

1）护理安全管理制度

①严格执行各项规章制度及操作规程，确保护理工作的正常进行，护理部定期检查考核。

②严格执行查对制度，坚持班班查对，每日小查对，每周大查对。

③内服、外用药品分开放置，瓶签清晰。

④各种抢救器材保持清洁、性能良好；急救药品符合规定，用后及时补充，专人管理；物品标识清晰，保存符合要求，确保在有效期内。

⑤供应室各种物品经检验合格后方可发放。

⑥对于有异常心理状况的老年人要加强监护及交接班，防止意外事故的发生。

⑦严禁老年人使用非养老服务机构配置的各种电炉、电磁炉、电饭锅等电器，确保用电安全。

⑧制定并落实突发事件的应急处理预案和危重老年人抢救应急预案。

2）护理安全教育制度

①各类护理员每年必须接受护理安全相关内容的教育及培训，从思想上重视护理安全。

②护理长要重视安全管理工作的落实，对新业务、新技术的开展必须遵守相关的准入制度，并在护理员中进行广泛培训后方可实施。

③各级管理者应深入了解一线护理员的工作状态，及时发现、消除护理工作中的安全隐患；对违反护理工作要求、操作规程的现象及行为，要及时进行教育及纠正，情节严重者从重处理。

④护理管理部门要及时将护理工作中存在的质量安全问题进行反馈，督促整改，并追踪改进效果；定期进行护理缺陷分析，通过案例进行安全教育。

⑤各级管理者对护理工作环境及护理用具深入考察及论证，从老年人安全角度出发，为不断完善环境建设、更新护理用具提出建议，为老年人提供安全的生活环境和休养环境。

3）身份确认制度

①为了护理安全，入住养老服务机构的每位老年人必须如实填写身份信息。

②老年人在进行标本采集、给药、发放特殊饮食时，护理员必须严格执行查对制度，至少同时使用 2 种老年人身份确认的方法。

③常用确认老年人身份的方法有以下几种：

a. 执行查对制度（房间号、姓名、登记资料等）。

b. 胸牌识别。

c. 老年人家属及陪护亲友识别。

d. 身份证识别。

4）给药制度

①护理员必须严格根据医嘱给药，不得擅自更改，对有疑问的医嘱，应了解清楚后方可给药，避免盲目执行。

②了解老年人病情及治疗目的，熟悉各种常用药物的性能、用法、用量及副作用，向老年人进行药物知识的介绍。

③严格执行“三查八对”制度。“三查”即：操作前、操作中、操作后查。“八对”即：核对床号、姓名、药名、浓度、剂量、用法、时间、有效期。

④安全正确用药。服药到口并合理掌握给药时间、方法，注射药物要做到现配现用。

⑤如发现给药错误及药物不良反应，应及时报告，积极采取补救措施，向老年人做好解释工作，并填写《护理不良事件报告表》（见表 3—2）上报护理部。

表 3—2　护理不良事件上报表

生活区：　　上报时间：　　上报人：　　职务：　　联系电话：

事件基本情况： 发生时间：　年　月　日　时　分；具体班次：□白班　□夜班　□交接班时段； 发生地点：□房间　□娱乐室　□健身房　□会议室　□餐厅　□卫生间　□室外　□转运途中　□其他； 事件类型：□查对错误　□用药错误　□医嘱处理错误　□实习生单独操作错误　□文书书写错误　□院内压疮　□坠床　□跌倒　□走失　□自杀　□导管脱落/拔出　□咽入异物　□针刺伤　□外伤/烫伤　□烧伤（□火　□电）　□火灾　□失窃　□投诉　□媒体曝光　□其他。

续表

老年人基本情况： 姓名：　　性别：□男　□女　　年龄：　　　房间号：　　　入住时间：　年　月　日 入住评估情况：
事件当事人基本情况： 姓名：　　年龄：　　工作岗位：　　职称：　　工作年限：　　联系电话： 人员类别：□在编　□人事代理　□招聘　□志愿者
事件过程及处理情况：
事件对病人损害程度： □死亡　□植物人　□抢救中　□伤残　□轻度功能障碍　□无影响　□不明　□其他
事件原因分析： 1. 近端原因（当事人可能的因素）： 2. 系统原因（制度、流程、人力配置、培训力度、环境等）：
整改措施、建议（科室讨论后填写）： 护理长签名： 年　月　日
院质控委员意见与定性： 意见： 不良事件定性：□护理缺陷　□护理差错（□一般差错　□严重差错）　□护理事故（□一级　□二级　□三级） 质控委员签名： 年　月　日

备注：1. 在以上项目合适的□内打"√"；2. 此表一式两份，由当事人填写后经护理长核实签名后，通过 OA 系统全院通报，护理部存档。

5）护理不良事件报告制度

①护理员在工作中必须严格遵守医疗卫生管理法律、行政法规、部门规

章、诊疗护理规范及职业道德。

②各护理单元应建立护理不良事件登记本，定期对护理安全情况进行分析研讨，防止护理不良事件的发生。不良事件是指因诊疗活动而非疾病本身造成的损害，包括诊疗的失误及相关设施、设备引起的损害等，主要包括给药错误、跌倒、压疮、导管滑脱、走失、误吸或窒息、烫伤以及其他与老年人安全相关、非正常的意外事件等。

③发生护理不良事件后，要立即报告，积极采取相应处理措施，尽量减少或消除其造成的不良后果。

④当事人应将有关的记录、标本、化验结果及造成缺陷、事故的药品、器械妥善保管，不得擅自涂改、销毁。

6）老年人意外伤害预防与报告制度

①老年人意外伤害主要包括自杀、走失、烫伤及意外受伤等。

②护理员应认真评估老年人意识状态、生活自理能力、合作程度、心理状态，确定老年人是否存在意外伤害的危险。

③对精神异常、抑郁、烦躁及有自杀倾向的老年人，了解老年人是否正在接受药物治疗，进行 24 h 护理陪伴，提醒家属老年人可能存在自杀隐患。

④对存在意外伤害危险的老年人要提高警惕，加强沟通，及时制定防范措施，做好护理记录。

⑤加强巡视，多关心老年人，了解老年人的心理状态，重点交接班。

⑥如果老年人发生意外伤害，应按以下内容进行：

a. 立即通知医生，呼叫 120 或 110，迅速采取急救措施挽救患者生命，并保护现场。

b. 值班护理员要立即报告护理长。护理长及时了解情况、发生经过、老年人状况及后果，填写“不良事件上报表”。发生严重意外事件要及时电话报告院领导。

c. 护理长要组织科室人员认真讨论，不断改进护理工作。

⑦发生老年人意外伤害而有意隐瞒不报，事后发现将按情节轻重给予严肃处理。

⑧护理部定期进行分析预警，制定防范措施，不断改进护理工作。

7）防范导管滑脱管理制度

①各种导管均应妥善固定，连接处连接紧密，固定带松紧适宜。

②向老年人及家属说明留置导管的目的和重要性，指导老年人保护导管的方法，防止意外脱出。

③全面评估老年人本着预防为主的原则，重点评估老年人是否存在导管滑脱危险因素，对意识不清、躁动的老年人，可酌情给予约束措施。

④老年人在活动或护理员为老年人翻身、移动时，活动幅度不宜过大，避免导管受牵拉。

⑤按要求进行巡视，严格交接班，检查导管位置、深度、固定方法及引流情况。

⑥各类导管一旦脱出，应及时汇报，协助采取必要补救措施。当事人立即向护理长汇报，并将发生经过、老年人状况及后果及时按规定填写《护理不良事件上报表》。

⑦护理长要组织护理员认真讨论，提高认识，不断改进工作。

⑧发生导管滑脱后，有意隐瞒不报，一经发现严肃处理。

8）应用保护性约束管理制度

①保护性约束是指在护理过程中，护理员针对老年人病情的特殊情况对其紧急实施的一种强制性的最大限度限制其行为活动的医护保护措施。

②为老年人实施保护性约束前，必须进行充分评估，严格掌握保护性约束的指征，如有创通气，各类插管、引流管，精神、意识障碍，不配合等情况时。

③对清醒老年人需实施保护性约束时，应向老年人告知约束的必要性，取得老年人的配合。

④对昏迷或精神障碍老年人，先向家属告知必要性，取得家属的理解和配合后实施约束，防止坠床，保证老年人安全。

⑤为老年人实施保护性约束时，应注意严格做好约束处皮肤的护理，防止不必要的损伤。

⑥对昏迷或精神障碍老年人，若家属不同意保护性约束则需要签字，护理员须加强巡视。

9）护理告知制度

①老年人有权了解有关护理措施、护理信息，也有权接受和拒绝护理。

②护理员应实施入院后各阶段护理告知义务，及时评价效果并记录签名。

③护理员在实施护理操作前，应与老年人及家属保持良好沟通，增进信任。

④进行侵入性护理操作，如置胃管、尿管前应告知老年人或家属该操作的目的、操作过程、潜在危险等，老年人或家属理解并签署书面同意后，方可进行操作。

⑤护理员应使用老年人或家属能够理解的语言和方式说明相关护理信息，对老年人的反馈意见予以确认，必要时做好记录。

⑥对老年人进行安全告知，如热水袋的安全使用，电插座的使用规定，防火安全，防盗安全，防跌倒警示，提醒其保管好自己的贵重物品等。

⑦应用保护性约束时，必须严格掌握指征，告知老年人或家属约束的目的，取得配合，认真做好护理记录。

⑧因病情不宜翻身或家属坚决拒绝搬动老年人时，应告知老年人及家属其后果，并请家属签字，护理员认真做好护理记录。

⑨无论何种原因导致操作失败时，应礼貌道歉，取得老年人谅解。

⑩及时解答老年人及家属提出的各种质疑或询问，如本人无法解答时，可向护理长请教。

2. 护理安全的影响因素和意义

随着老龄化社会的进程，人们对养老护理服务的需求日益增强，同时对医疗护理的要求越来越高，面对先进医疗护理技术的迅速发展和养老服务机构的不断增多，老年人护理安全日益受到关注。影响护理安全的因素有很多，如老年人因素、护理员素质因素、机构管理因素、设备物质因素、环境因素、技术因素等。护理安全是护理工作的重点，没有安全的护理，会使老年人的生命暴露在危险中，这对老年人、对养老服务机构、对护理员均是不利的，会降低养老服务机构在社会的信任度，所以护理安全隐患的预防及管理是护理工作的首要任务。正确认识和积极防范护理安全隐患，尽可能减少护理安全所造成的损害，对于维护老年人权益，更好地开展护理工作有着重要的意义。

（1）护理安全的影响因素

1）老年人因素

①老年人法律意识和保护意识增强。随着人们的法律意识增强，法律法规

的健全和完善，社会舆论导向和媒体的恶意炒作，人们对养老服务机构的信任程度逐步下降。

②老年人对医疗、护理水平期望过高。随着社会经济的发展和生活水平的提高，人们对自身健康的要求及护理服务的需要也日趋增高，并日趋多样化。由于老年人身体功能老化，受疾病影响，心理承受能力较差，易产生焦虑、恐惧、抑郁、心烦意乱等心理现象，不信任养老服务机构和护理员，怀疑护理错误，拒绝配合，导致人为的不安全因素。

③费用方面。老年人经济承受能力普遍不高，医疗、护理收费项目种类繁多，个别养老服务机构收费不规范等，易造成误解，使老年人产生不满情绪，从而引发矛盾。

④老年人自身素质。部分老年人受教育状况和文化素养等因素限制，对疾病缺乏正确认识，对护理员不信任，导致出言不逊等不尊重护理员的行为。此外，老年人语言沟通能力和社会因素，都是导致护理安全隐患的因素之一。

2）护理员因素

①护理员法律意识、自我保护意识淡薄和护理文件书写不规范。目前，在养老护理岗位一线的工作人员，大多文化水平有限，在实施护理工作时，一般只关注老年人健康问题，往往忽视潜在的法律问题。提高护理员的法律意识，学习有关法律规定，明确职责，既是保护自己，也有益于他人。在实行举证责任倒置的今天，护理员自我保护意识淡薄，未充分意识到护理文件未及时书写或书写不规范、护理记录不相符或记录不完整将会留下重大安全隐患。护理员在护理工作中的记录应遵循科学性、真实性、及时性、完整性的原则，严格要求规范书写，使护理文书做到客观、真实、正确、及时、完整，防范护理记录不规范而引起纠纷。

②服务态度差，沟通不畅。护理员忙于烦琐的护理工作，忽略老年人心理感受，态度生硬，解答问题语言不耐烦或不予解答，只是为工作而工作。甚至有护理员因自身工作压力与老年人及家属发生冲突；没有足够的时间与老年人及家属进行有效沟通或沟通技巧匮乏，导致老年人误解、反感。正常护理活动的开展需要老年人的配合和支持，护理员在护理活动中应尊重老年人、理解老年人、同情老年人，因人施护。在沟通过程中应讲究语言的艺术性和技巧性，对老年人提出的疑问，用通俗易懂的专业知识，结合老年人的情况，向老年人

解答；遇到老年人及家属对护理工作有意见分歧时，应心平气和地解释安慰、体贴关心，理解老年人，提高老年人和家属对护理员的信任，从而杜绝护理纠纷。

③缺乏扎实的专业知识、专业技术。目前，护理员存在业务知识缺乏，专业技能不扎实且滞后，护理员工作经验不足，技术水平低下或不熟练，缺乏预见性护理程序的能力，协作能力不强，专业知识更新过慢，护理新技术、新项目未组织学习和培训等问题。在执行护理操作中，可能违反护理操作规程，对老年人的安全构成威胁。因此，应鼓励护理员参加继续再教育，定期组织业务学习会，不断拓宽知识面，更新观念；定期组织对护理操作技能进行培训，让每位护理员均能正确、熟练、规范地完成护理操作，从根本上防止因操作不熟练或失误而发生的护理差错，保证护理安全的落实。

④护理员自身因素、缺乏工作责任心。目前，养老护理员存在文化素质普遍不高，责任心不强，做事马虎的问题。绝大多数的护理安全问题均源自于责任心不强：如在护理操作中违反操作流程或简化操作流程，抱着侥幸心理不重视安全问题、低估危险的严重程度等。因此，应加强护理员基本功训练，使操作规范化、标准化、程序化。安全工作是一项长期的、坚持不懈的工作。

3）管理层因素

①管理制度不完善。制度不健全，执行力度不够，管理措施不到位是养老服务机构目前存在的问题。有的养老服务机构没有编制护理安全质量管理文件，没有建立规范化安全管理平台；有的虽然建立了一系列规章制度，但没有健全的管理组织进行监督，导致规章制度形同虚设。应建立健全管理制度、操作规程和质量考核标准，严格执行各项规章制度和技术操作，实行目标管理责任制，对各级护理员严格要求，定期与不定期督促检查各项规章制度和操作规程的落实情况，把好环节质量关，确保护理安全。

②对护理员教育培训不重视。有的养老服务机构仅注重护理员工作完成情况，为机构创造经济价值，而忽视护理员的在职培训提高，对护理员的业务培训不到位，职业道德教育薄弱，管理监督不得力。当前养老事业发展对护理员的素质和数量要求逐日增高，如果不能及时根据专业技术发展情况进行调整，找不到有效途径提高人员素质，这些因素对护理安全的影响将越来

越显著。

③护理人力资源配置不合理。护理员待遇偏低，与老年人的医疗护理需求不成正比，护理工作平凡琐碎，护理人力资源缺乏，加上工作负荷增大，工作任务繁重，无法顾及老年人情绪和心理反应，服务不到位，老年人不满意。护理员容易产生身心疲劳综合征，表现为注意力不集中，认知行为变慢，工作质量下降，产生差错的概率增加，护理纠纷增加。合理配备护患比例，管理层应该根据护理员的才能、资历，分配工作，新老搭配，提供良好的工作环境，防止因疲劳过度或操作环境不良造成差错事故的发生。

4）物质因素

①个别养老服务机构仪器设备不全、陈旧、性能不佳甚至故障，新进仪器设备使用操作不熟悉等因素，均会影响护理技术的正常实施，在危机时刻甚至影响抢救。护理员要加强对设备的管理，使设备状态良好，创造一个安全有保障的工作环境。

②药品质量、有效期及名称不清也是造成不安全的因素。药品管理安全应设专人负责，药品分类放置、失效期先后放置，贵重药、麻醉药、剧毒药专人负责。包装相似的药品用多规格标识注明，防止差错。药瓶应有明显标签，标记不清的药品禁止使用，新药组织学习后再用。给药应做到：正确的药物、正确的剂量、正确的途径、正确的时间、给予正确的患者。

5）环境因素

①基础设施配备及布局。养老服务机构的基础设施、病区物品配备和布局不当也存在着不安全因素。养老服务机构应在细节上考虑到老年人的安全保护。居室内光线充足，活动空间宽松，过道宽敞无杂物，地面平坦不设门槛便于老年人通行。过道走廊、厕所浴室等地设置安全扶手，便于老年人手扶。地面应给予防护处理，避免使用瓷砖地面以致跌伤，可用木质防滑地板。为防止意识不清和高龄体弱老年人发生跌倒、坠床应合理使用护栏、床档。陈旧的护理设施要更新，损坏的物品要及时修理等。养老服务机构应完善基础设施，创造有安全保障的工作环境，树立安全第一的观念。

②环境污染。环境污染所致的不安全因素，常见于消毒隔离不严格等引起的院内感染。应加强院内感染管理，提倡使用一次性医疗用品，根据护理用品的性能选用正确的消毒方法。同时，要加强院内感染监控，最大限度地降低养

老服务机构院内感染率。

③危险物品管理。氧气、高压蒸汽锅炉等物品存在潜在不安全因素，需要严格该类物品的管理及使用，排除一切危害安全的不良因素。

（2）护理安全的意义。老年人安全至关重要，不能回避。安全工作不能疏忽大意，安全思想不容松懈，安全教育不要错过，安全制度不宜空谈，安全检查不能马虎，安全责任不敢推脱。做好护理安全工作有利于提高护理工作质量，有利于创造和谐的养老环境，有利于护理员和老年人安全，有利于养老服务机构社会效益和经济效益双丰收。

学习单元2　养老服务机构中常见的护理安全问题及处理

了解养老服务机构中常见的护理安全问题
熟悉跌倒、压疮、噎食的预防措施
掌握护理安全问题的处理程序

一、养老服务机构中常见的护理安全问题

1. 老年人跌倒

（1）跌倒的概念。跌倒是指在预知或不预知的情况下，个体突然倒在地上或更低的平面上的现象。跌倒是老年人日常生活中最常见的安全问题。跌倒易导致软组织损伤、骨折、关节脱位、意识障碍等，甚至导致老年人死亡，严重影响老年人的身心健康。跌倒后产生的恐惧心理限制了老年人的活动能力，使其活动范围受限，降低了老年人的生活质量。因此积极评估老年人跌倒状况，分析危险因素，制定护理措施，才能有效防止跌倒发生。

（2）跌倒的原因。引起老年人跌倒的原因很多，可以分为内因和外因两个方面。内因包括：生理性老化（如视力减退、下肢功能不良、步态平衡不良）、疾病（如心血管疾病）、药物因素（如降压药、镇定药）等。外因包括：

危险的环境因素（如地面湿滑、凹凸不平）、不合理的居室布局、对环境不熟悉、鞋袜不合适等。

（3）跌倒的防范

1）做好入住老年人的风险评估工作，根据 Morse 跌倒评估量表（见表 3—3）评分，对老年人进行评估，实施不同的跌倒防范措施。

表 3—3　Morse 跌倒评估量表

问题	结果		
曾跌倒(3 月内)/视觉障碍	没有＝0	有＝25	
超过一个医学诊断	没有＝0	有＝15	
使用助行器具	没有需要＝0 完全卧床＝0 护士扶持＝0	丁形拐杖/手杖＝15 学步车＝15	扶家具行走＝30
静脉输液/置管/使用药物治疗	没有＝0	有＝20	
步态、移动	正常＝0 卧床＝0 轮椅代步＝0	位性低血压＝10	乏力/≥65 岁/身体失调及不平衡＝20
精神状态	了解自己的能力＝0	忘记自己受限制/意识障碍/躁动不安/沟通障碍/睡眠障碍＝15	

2）为老年人提供安全的环境。如地面材料防滑、干燥，房间走廊安装横向扶手，床边使用护栏。房间内布局合理，光线充足，避免灯光直射，夜灯电源容易触及等。

3）加强安全宣教。高危老年人除采取上述护理措施外，需告知其下床活动必须有人陪护并换防滑鞋，避免睡前大量饮水，常用物品固定放置，以及使用床栏等。

4）在养老服务机构公共区域粘贴预防跌倒、坠床的宣传画，警示老年人及家属在入住期间增强预防跌倒、坠床的意识。

5）为老年人提供合适的辅助器械，如轮椅、扶手、助行器等，使老年人能在行走活动时保持身体平衡，以预防跌倒。

6）老年人入住期间，护理员尽最大努力满足老年人需求，减少导致老年人跌倒的安全隐患。

7）老年人入住期间，认真做好老年人活动指导，避免跌倒的发生。

8）努力提高护理员对跌倒、坠床风险的干预意识和能力，使每位护理员建立起安全防范理念，主动服务意识。加强夜间巡视，增加薄弱时段的人力，加强病情观察与监控，主动为老年人使用护栏。

9）注重多与老年人进行良好的沟通和交流，了解老年人的心理状况，对老年人进行有效的心理辅导，使老年人消除对入住养老服务机构发生跌倒、坠床的焦虑和恐惧心理。

10）当老年人发生跌倒或坠床时，要积极做好老年人跌倒或坠床的应急处理，使老年人的受伤程度降到最低。

11）跌倒或坠床发生后，按其性质与情节，分别组织有关人员进行讨论，以提高认识，吸取教训，制定防范措施，改进工作，并根据性质，提出处理意见。

（4）老年人跌倒与坠床伤情认定制度与程序。当老年人不慎发生跌倒或坠床后，护理员需要及时评估老年人受伤程度，确定伤情，以便给予及时有效的处理。

1）评估受伤程度。按以下标准评估老年人受伤情况，确认受伤程度：

①评估生命体征。

②评估伤害严重度（见表3—4）。

表3—4 事件伤害严重度分级

0级	无伤害
1级	擦伤、蹭伤、较小的需要缝合的伤口
2级	骨折、头外伤、颅内出血等
3级	死亡

2）处理程序与措施

①评估为0级

a. 观察肢体活动及皮肤受损情况。

b. 安慰老年人，搀扶老年人回到房间休息。

c. 随时观察老年人，发现老年人异常情况立即报告。

②评估为 1 级或 2 级

a. 通知值班医生对老年人进行检查，必要时拨打 120，送入医院。

b. 监测生命体征，密切观察病情。

c. 通知护理长。

d. 通知老年人的护理员。

e. 找到导致老年人跌倒的直接因素以及间接的内外在因素。

f. 记录发生过程、时间、地点。

g. 重新应用 Morse 跌倒量表对老年人进行评估。

h. 重新选择防范措施并实施。

③评估为 3 级

a. 拨打 120，就地实施 CPR 抢救。

b. 记录抢救时间。

c. 通知家属。

d. 上报院领导。

e. 做好善后工作。

2. 老年人噎食

（1）噎食的概念。噎食是指在进食过程中食物堵塞咽喉或卡在食道的第一狭窄处，甚至误入气道导致窒息甚至死亡，是老年人猝死的常见原因之一。阻塞气管的食物常见有肉类、芋头、地瓜、汤圆、包子、花生、瓜子、豆子等。

（2）噎食原因

1）老年人咀嚼功能不良，在吞咽未充分咀嚼的大块食物，如馒头、蛋糕等物时，常常会发生噎食。

2）在饮酒过量时，容易失去自控能力。

3）老年人食管病变多，弹性下降，进食时易造成食管痉挛。

4）老年人容易情绪激动，诱发食道痉挛；进食时谈话、说笑，注意力不集中，也有因为不慎使义齿脱落或其他异物坠入呼吸道而导致气道阻塞。

5）老年人脑血管疾病发生病变率高，咽反射迟钝，易造成吞咽功能不协调发生噎食。

（3）噎食发生的特征

1）进食时突然不能说话并出现窒息痛苦表情。

2）通常用手按住颈部或胸前，并用手指口腔。

3）如有部分气道阻塞，可出现剧烈的咳嗽，咳嗽间歇有哮鸣音。

（4）噎食的临床表现

1）轻者面色深紫，双眼直瞪，口中有食物，不能说话、呼吸和咳嗽，呼吸困难，有的表现为用拇指和其他手指捏住自己的颈部。

2）严重时可意识消失、呼之不应、小便失禁、昏迷、呼吸停止、脉搏微弱、血压下降，甚至死亡。

（5）噎食的急救措施

1）及时识别。首先应排除心脏病发作的可能，评估判断为呼吸道梗阻时要及时采取紧急救护措施。一旦发现噎食，立即停止进食，争分夺秒进行抢救，同时呼叫他人共同组织施救，评估老年人意识及生命体征。噎食窒息抢救关键点是：能否及时识别诊断，能否分秒必争，能否就地抢救。抢救得当，50%的老年人可以脱离危险。

2）急救步骤

①打开呼吸道。即清除口咽部异物：用筷子、牙刷、压舌板等物分开口腔，清除口内积食。对于清醒的老年人用上述物品刺激咽部催吐，同时轻拍老年人背部（见图3—3），协助吐出食物；对于不清醒或催吐无效的老年人，要立即用食、中二指伸向其口腔深部，将食物掏出，越快越好。

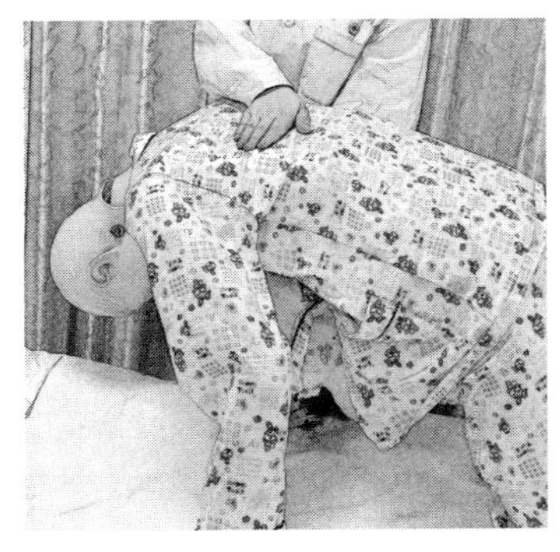

俯卧位

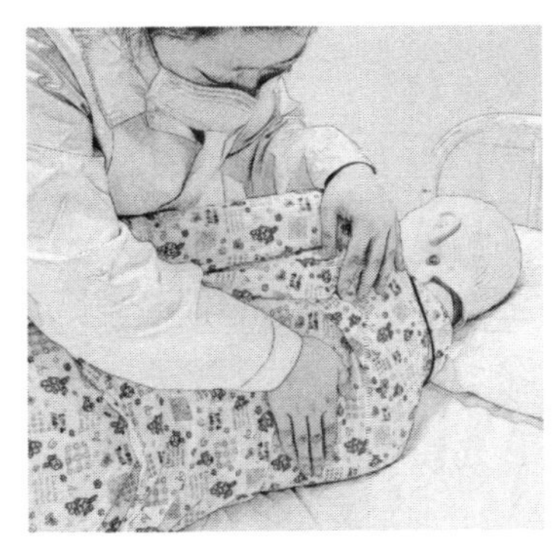

侧卧位

● 图3—3　击背法

②如老年人意识清楚，但不能说话或咳嗽，也没有呼吸运动时，观察老年

人面色，不要急于拍打老年人背部。可以采用海姆利克救助法进行急救，具体操作如下（见图 3—4）：站在窒息老年人身后，用手臂环抱老年人腰部，找到脐和剑突部位；左手握拳，再用右手包住左拳，至于老年人脐和剑突之间；用左手拇指紧压其腹部迅速向上向内推压，拳头推进肋缘下，朝肩胛骨向上推压持续此动作直到老年人气道通畅。

立位胸部冲击

立位腹部冲击

● 图 3—4　*海姆利克救助法——清醒者*

③如果老年人意识丧失，则需要让老年人平躺在硬板上，使老年人头部后仰，抬起下颌，以便开通气道。然后采用海姆利克救助法进行急救，具体操作如下：一手放在老年人前额，一手两指放在下颌处，使下颌向前，使舌向外移出气道。手压在前额上，使头向后倾斜，在口腔内寻找阻塞气道的异物。若能找到，将其取出，若看不到异物，用两指在口内搜寻，将看不到的异物取出。横跨在老年人髋部，面对其上身一手紧扣，另一手放在手背上，将掌面放在老年人的腹部，双手置于老年人的脐和剑突之间向上推压（见图 3—5）。移动头部，用双手指清除口腔内异物，然后捏住老年人鼻子，同时向口内吹气，帮助通气，重复上述动作直至气道通畅，一旦实现气道畅通，立刻检查脉搏，若没有脉搏继续进行心肺复苏。

④上述步骤，可简单归纳成如下急救口诀：

一观：注意观察老年人生命体征。

二喊：呼唤老年人，了解是否存在自主意识；呼唤其他人来帮助。

三掏：从老年人口腔取异物，尽可能保持老年人呼吸道通畅。

四拍：尽快让老年人低头弯腰拍其背部，促使异物排出。

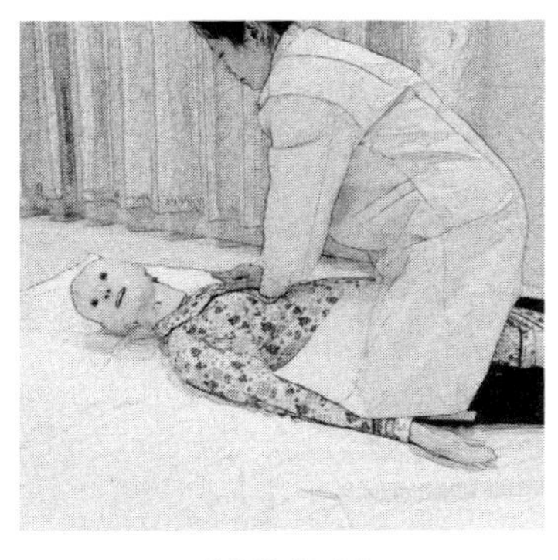

卧位胸部冲击

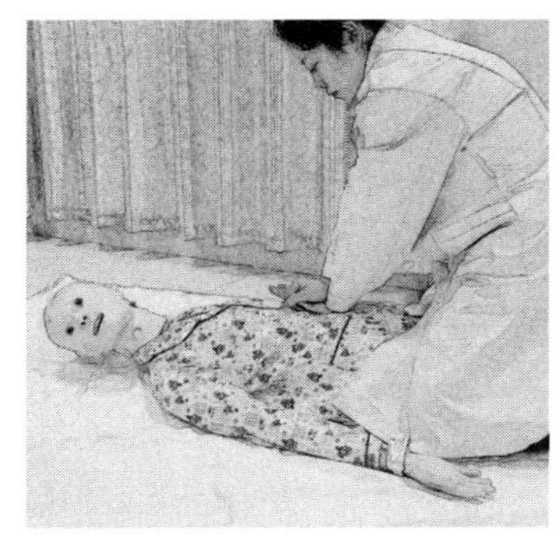

卧位腹部冲击

● 图 3—5　*海姆利克救助法——昏迷者*

五挤：根据情况，挤压胸部、腹部冲击救护。

六吸：必要时吸痰、吸氧。

（6）噎食窒息的预防

1）重点老年人重点看护，进食时应保持安静，不宜讲话，进食速度不宜过快，出现呛咳应立即停止进食。

2）加强饮食护理，对吞咽困难者应专人守护进食或喂食；对抢食、暴饮暴食的老年人安排专人看护；喂食 30 min 内不应吸痰、翻身。

3）对家属带来的食品统一管理。

4）吞咽反应迟钝的老年人餐食应以松软食物为主，必要时给予流质、半流质饮食。

（7）噎食的心理护理。当噎食发生后，要及时稳定老年人情绪，安慰老年人，以缓解其紧张情绪，引导老年人接受由于吞咽障碍导致进食困难的现实，并告知老年人可以通过有效预防措施防止噎食的发生，以消除老年人焦虑、紧张、恐惧的心理。

3. 老年人压疮

（1）压疮的概念。压疮是指局部组织长时间受压、血液循环障碍引起局部持续缺血、缺氧、营养不良，导致软组织损伤，如溃烂和坏死。引起压疮最根本、最重要的因素是压力，故目前倾向于将压疮改称为“压力性溃疡或压力性伤口”。

（2）压疮的好发部位

1）压疮多发生于受压和缺乏脂肪组织保护、无肌肉包裹或肌层较薄的骨隆突处，并与卧位有密切关系。

2）仰卧位时：好发于枕骨粗隆、肩胛部、肘部、脊椎体隆突处、骶尾部及足跟处，尤其好发于骶尾部。

3）侧卧位时：好发于耳郭、肩峰、肋骨、肘部、髋部、膝关节的内外侧及内外踝处。

4）俯卧位时：好发于面颊、耳郭、肩峰、女性乳房、男性生殖器、髂嵴、膝部和足尖等处。

5）坐位时：好发于坐骨结节、肩胛骨、足跟等处。

（3）压疮好发的高危人群。体弱或肥胖的老年人；瘦弱、营养不良、贫血及糖尿病的老年人；昏迷、瘫痪、感觉丧失、长期卧床的老年人；活动不自如（如使用石膏、绷带、夹板或牵引器固定）、强迫体位的老年人；水肿、发热、疼痛的老年人；使用镇静剂的老年人；大小便失禁的老年人。

（4）压疮发生的危险因素。意识状态改变或感觉障碍、皮肤潮湿、体温升高、活动受限、营养不良或水肿等。

（5）压疮分期及临床表现

1）Ⅰ期压疮：皮肤完整、发红，与周围皮肤界限清楚，压之不褪色，伴疼痛、皮温变化，常局限于骨隆突处。

2）Ⅱ期压疮：部分表皮缺损，皮肤表浅溃疡、基底红、无结痂，也可为完整性或破溃的充血性水疱。

3）Ⅲ期压疮：全层皮肤缺失，除了骨肌腱或肌肉尚未暴露外，可见皮下组织，有坏死组织脱落，但坏死组织的深度不太明确，可能有潜行和窦道。

4）Ⅳ期压疮：全层皮肤缺失，伴骨、肌腱或肌肉外露，局部可出现坏死组织脱落或焦痂，通常有潜行和窦道。

5）可疑深部组织损伤：皮肤完整，但由于压力或剪切力造成皮下软组织损伤，皮肤颜色改变，呈紫色或褐红色，或出现充血性水疱，可伴疼痛、硬块；肤色较深部位，深部组织损伤难以检出，须在完成清创后方能准确分期。

6）不可分期压疮：全层皮肤缺失，但溃疡基底部覆有腐痂和（或）痂皮，须在腐痂或痂皮充分去除后方能确定真正的深度和分期。

（6）压疮的处理。对处于压疮危险的老年人应采取有效的预防策略，包括：分析危险因素，降低压力，防止再次受压，评估营养状态，纠正皮肤不良状态，控制疼痛，避免过度的卧床休息和长期的坐位，保持皮肤的完整性。

1）Ⅰ期压疮：加强防护措施，定期温水擦浴，防止再次受压，使之不再继续发展，除去致病原因，增加翻身次数，避免摩擦、潮湿和排泄物刺激，改善局部血液循环，加强营养摄入以增强机体抵抗力。可用水胶体或泡沫敷料外敷，加强交接班。

2）Ⅱ期压疮：保护皮肤，避免感染。除继续加强上述措施外，有水泡时，未破的小水泡要减少摩擦，防止破裂感染，使其自行吸收；大水泡（直径≥5 mm）可在无菌操作下用注射器抽出泡内液体，然后涂以溃疡粉，用泡沫敷料或水胶体敷料覆盖。

3）Ⅲ期压疮：尽量保持局部清洁、干燥，减少渗出，以外科无菌换药法处理疮面。对坏死组织可用一些去腐生肌的药物或水凝胶敷料清创，并结合外科清创，创面新鲜后处理同Ⅱ期压疮。

4）Ⅳ期压疮：应清洁疮面，去除坏死组织，保持引流通畅，促进愈合。若已形成黑痂，则使用水凝胶+泡沫敷料或水胶体敷料；若有黄色腐肉，使用去腐生肌的药物或水凝胶敷料+泡沫敷料；已形成窦道（潜行）者，渗出液多者用藻酸盐填充条，渗出液少者用溃疡糊+泡沫敷料。感染创面可酌情用银离子敷料抗感染。

5）可疑深部组织损伤和不可分期压疮：先进行清创，然后根据各期特点采取相应治疗措施，同时采取减压措施，防止再次受压。

（7）压疮的护理规范

1）压疮的预防

①积极评估是预防压疮的关键。评估是否为高危人群，是否存在危险因素以及易患部位，并做好记录。

②定时翻身。一般每 2 h 翻身一次，必要时每 30 min 翻身一次，并建立翻身卡。翻身、变换体位时避免拖、拉、推等动作。

③采用软枕或其他设施垫于骨突处，保护骨隆突处和支持身体空隙处。对易发生压疮的老年人，可使用气垫床、水垫等降低老年人发生压疮的可能。

④对使用石膏、绷带、夹板或牵引器固定的老年人，要正确固定，随时观察局部及末梢循环状况，认真听取老年人反馈，并及时做出调整。

⑤保护老年人皮肤的清洁干燥，保持床单清洁、干燥、平整、无碎屑。及时清理老年人大小便，对易出汗和大小便失禁的老年人，应及时处理。

⑥促进肢体血液循环，减少压疮的发生，老年人变换体位后，对受压部位进行按摩能起到预防压疮的作用，对于受压后出现反应性充血的皮肤组织则不主张按摩。

⑦严格床旁交接班制度。

2）健康教育

①向老年人及家属强调压疮预防的重要性，告知老年人及家属压疮发生、发展的预防知识和护理措施。

②指导老年人自我护理，采取有效的预防措施，如经常改变体位、定时翻身、经常自行检查皮肤状况、保持身体和床褥的清洁卫生等。

③合理膳食营养有利于改进老年人营养状况，促进创面愈合。对易出现或已出现压疮的老年人，应指导老年人进食高蛋白、高热量、高维生素饮食。

④避免局部皮肤刺激。内衣应柔软、透气，保持清洁干燥；床单整洁平整、无皱折、无碎屑；对大小便失禁者、呕吐或出汗多者应及时擦洗干净，更换衣服和床单；使用尿片者，必须保持尿片清洁、干燥，及时更换。

⑤使用便器时，应选择无破损便器，必要时在便器边缘垫上软纸或布垫，以防擦伤皮肤；翻身时，动作轻柔，避免擦伤皮肤。

⑥加强心理护理疏导，鼓励老年人树立信心，勤翻身。

二、护理安全问题的处理原则

发生护理安全问题时，需采取紧急应变程序及措施，将损害降到最低。应加强领导，落实安全防范措施，加强隐患排查，预防安全事故发生，加强养老服务机构安全设施建设和人员培训，保证老年人生命安全，严格遵守安全管理制度，坚持安全第一、预防为主。每一位护理工作者应当严于防范，将安全隐患消灭在萌芽中，在护理工作中承担起法律责任，有效地保护老年人的生命健康和安全，不容丝毫犹豫和延误。

护理安全问题的处理原则如下：

1. 及时报告

凡发生护理安全问题，应先采取确认措施，保持镇静，设法维持好现场秩序。立即按照应急预案执行，确保护理服务安全有效。查看现场，倾听、重视老年人主诉，安抚老年人，及时与家属沟通。严格执行上报制度，及时做好记录工作。

2. 及时补救

对护理安全问题应采取积极有效的补救措施，将问题及对老年人造成的后果降到最低。如噎食发生时，应立即停止喂食，做出正确判断并及时实施抢救、对症处理，立即报告护理长。

3. 调查分析

发生护理安全问题、事故及差错时，应立即组织有关人员到现场了解情况，及时进行调查，核对事实，封存有关原始材料，并对当事人及有关人员进行询问、调查，及时明确差错性质及等级，总结原因，帮助工作持续改进，护理长应在一周内组织护理员对发生的护理安全问题的原因及性质进行认真分析、讨论，提出处理意见和改进措施，并形成文字材料上报。

4. 按规定处理

对出现护理问题引起护理事故及差错的处理，应以事实为依据，客观、实事求是地公正处理，护理事故的鉴定由医学组织专家鉴定。对发生护理事故及差错的当事人，可根据发生差错的情节严重程度酌情给予口头批评、书面检讨等，情节严重者可给予处分、经济处罚。

5. 经验教训

护理事故及差错的处理不是目的，关键在于吸取教训，将防范重点放在预防同类问题上。可以召开有关会议，对事故及差错原因与性质进行分析讨论，找出事故发生的原因及教训，改进护理工作。

6. 建立健全登记、统计制度

建立各级差错事故记录本，护理部应当制定专人负责护理事故及差错登记、统计，详细记录差错事故发生的原因、性质、当事人态度、处理结果及改进措施。

三、护理安全问题的处理程序及注意事项

1. 护理安全问题的处理程序

（1）用药错误应急程序（见图 3—6）

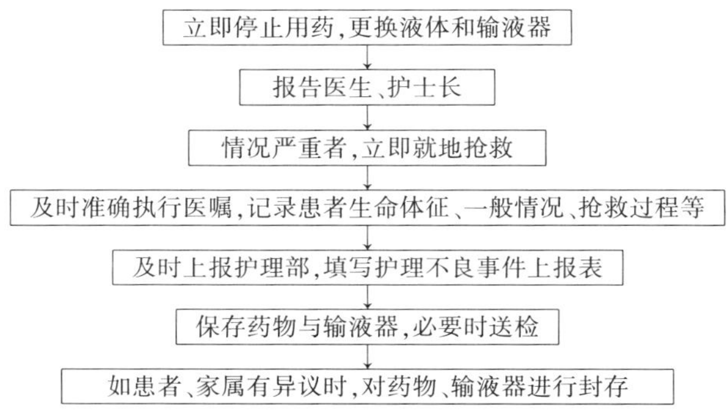

● 图 3—6　用药错误应急程序

（2）药物过敏反应时的应急程序（见图 3—7）

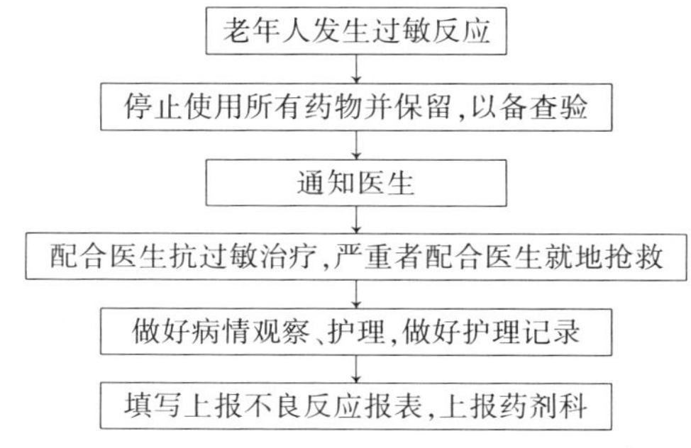

● 图 3—7　药物过敏反应时的应急程序

（3）过敏性休克的应急程序（见图 3—8）

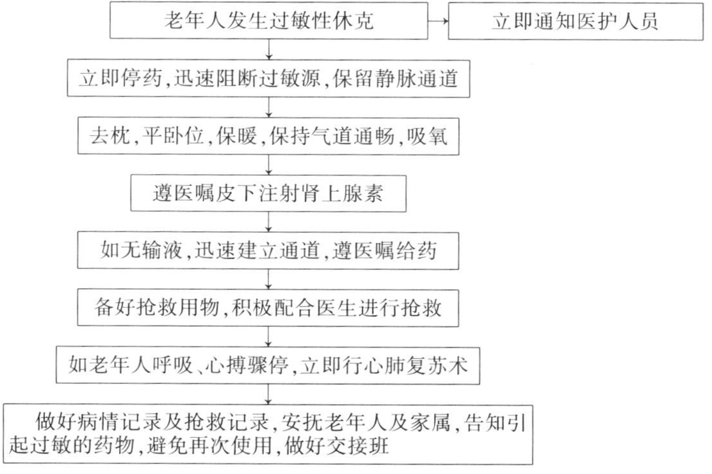

● 图 3—8　过敏性休克的应急程序

(4) 呼吸、心搏骤停的抢救程序 (见图 3—9)

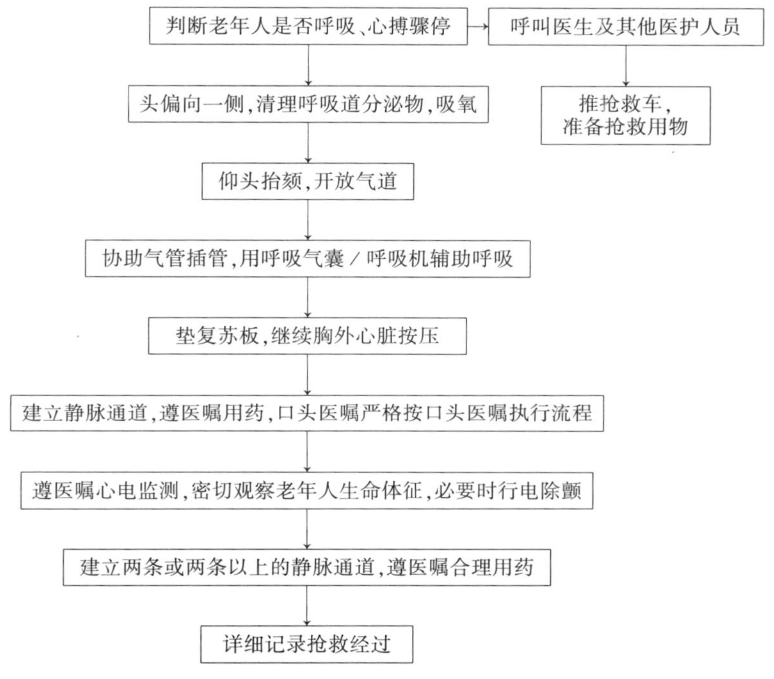

● 图 3—9　呼吸、心搏骤停的抢救程序

(5) 猝死的应急程序 (见图 3—10)

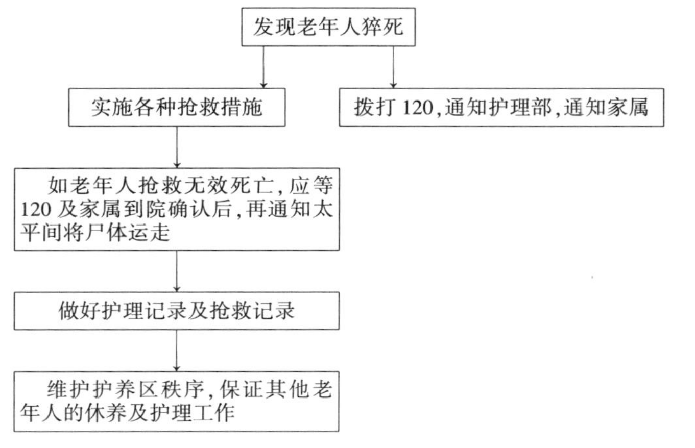

● 图 3—10　猝死的应急程序

(6) 老年人跌倒/坠床后的应急程序 (见图 3—11)

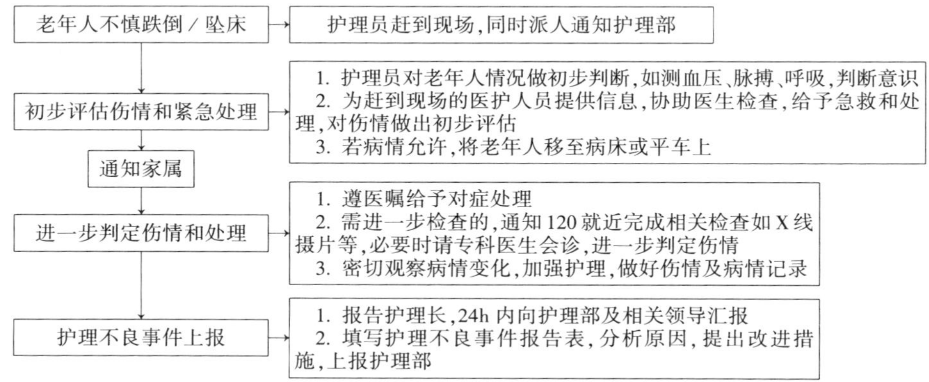

● 图 3—11 老年人跌倒/坠床后的应急程序

(7) 老年人误吸的应急程序(见图 3—12)

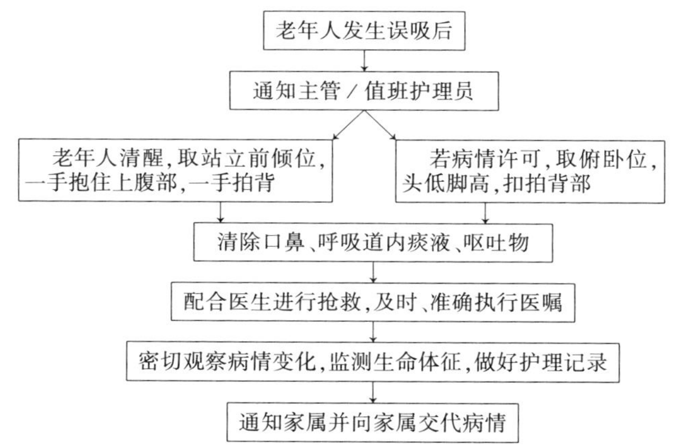

● 图 3—12 老年人误吸的应急程序

(8) 导管脱落的应急程序(见图 3—13)

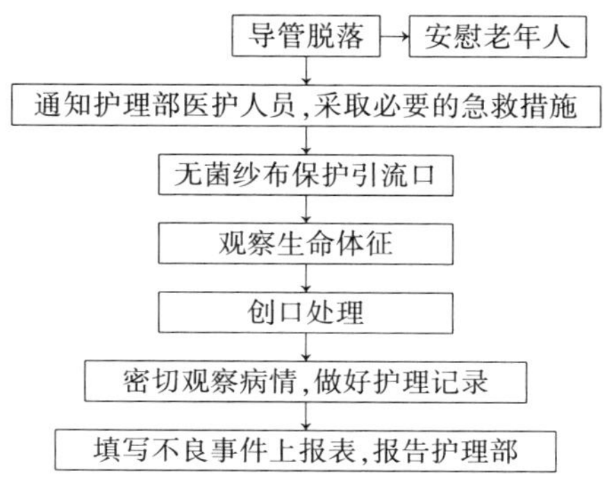

● 图 3—13 导管脱落的应急程序

(9) 老年人烫伤的应急程序（见图3—14）

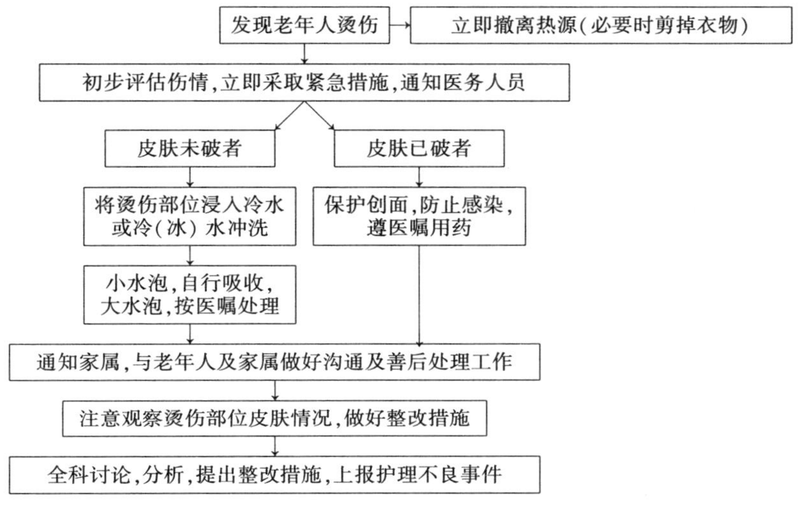

● 图3—14　老年人烫伤的应急程序

(10) 老年人自杀后的应急程序（见图3—15）

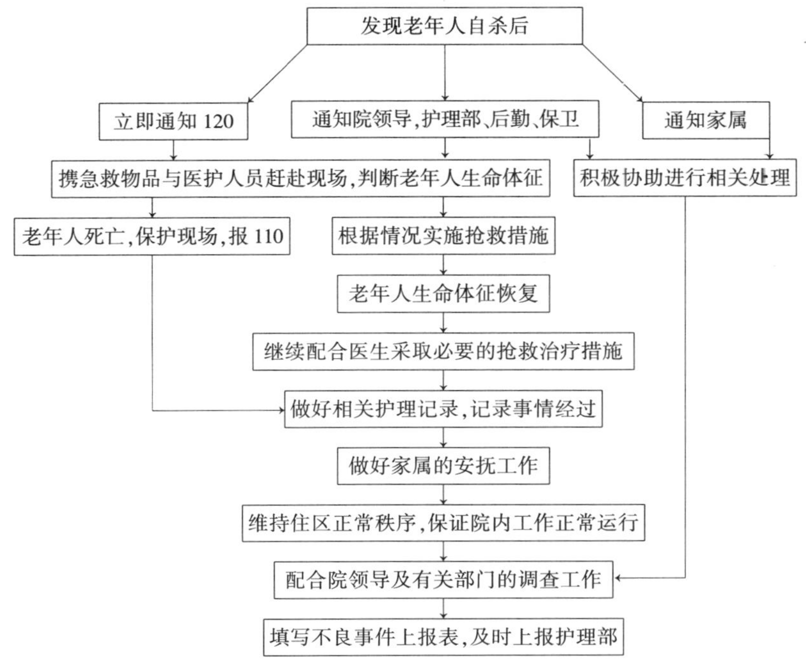

● 图3—15　老年人自杀后的应急程序

（11）老年人外出未归的应急程序（见图3—16）

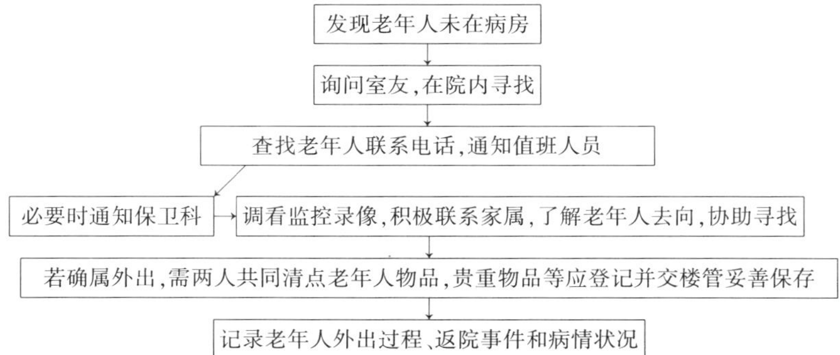

● 图3—16　老年人外出未归的应急程序

（12）老年人狂躁时的应急程序（见图3—17）

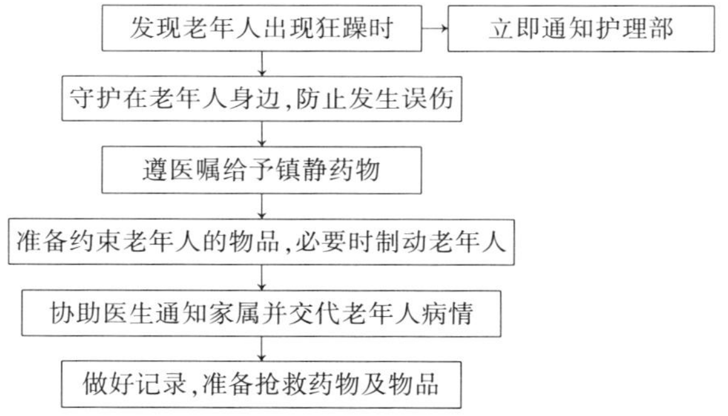

● 图3—17　老年人狂躁时的应急程序

（13）老年人出现精神症状时的应急程序（见图3—18）

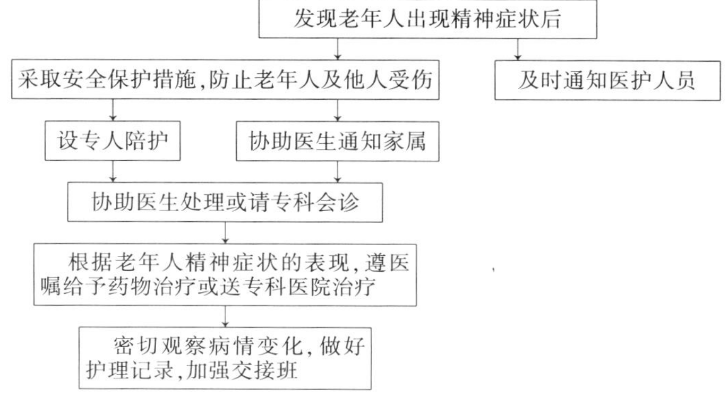

● 图3—18　老年人出现精神症状时的应急程序

（14）发生火灾的应急程序（见图3—19）

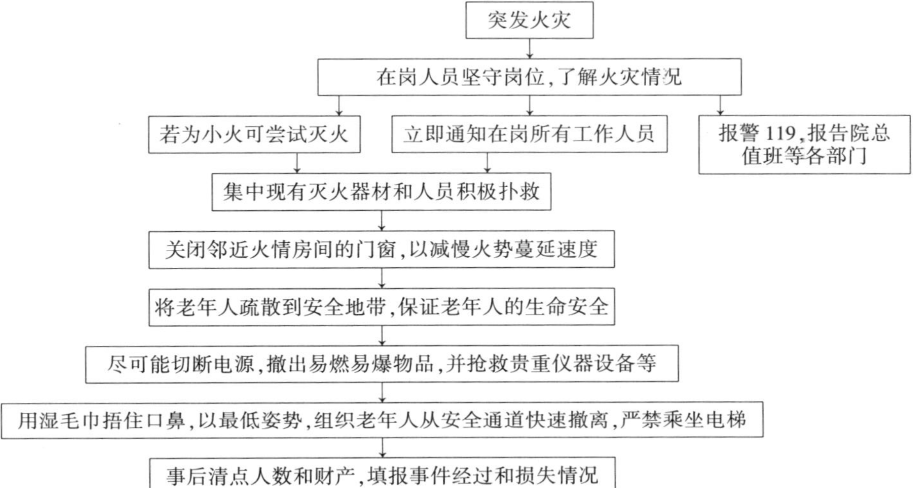

● 图3—19　发生火灾的应急程序

（15）发生地震的应急程序（见图3—20）

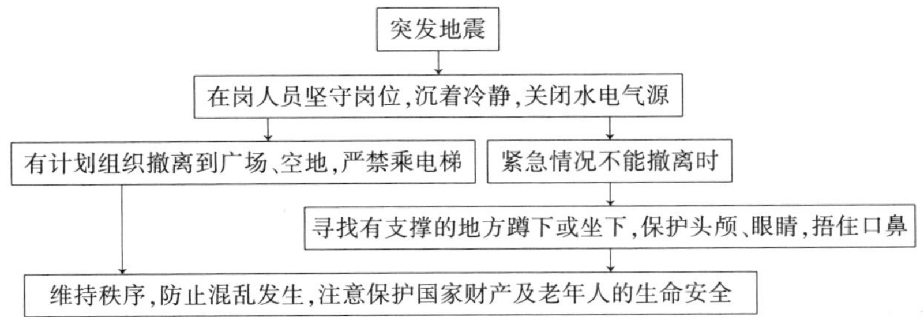

● 图3—20　发生地震的应急程序

（16）停水/突发停水的应急程序（见图3—21）

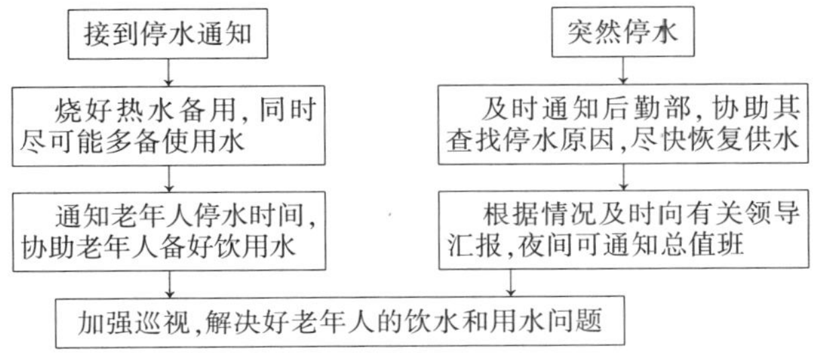

● 图3—21　停水/突发停水的应急程序

（17）泛水的应急程序（见图3—22）

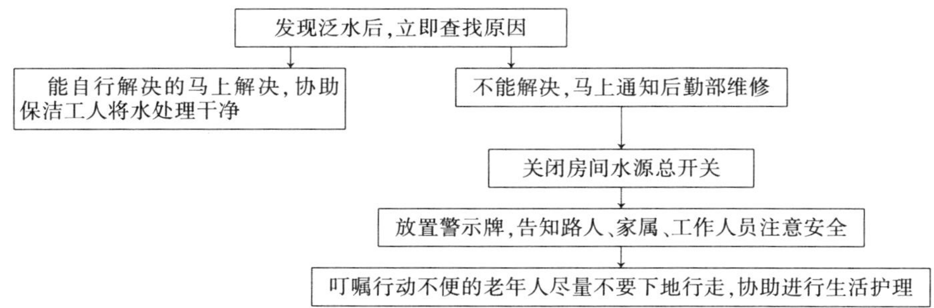

● 图3—22　泛水的应急程序

（18）停电/突发停电的应急程序（见图3—23）

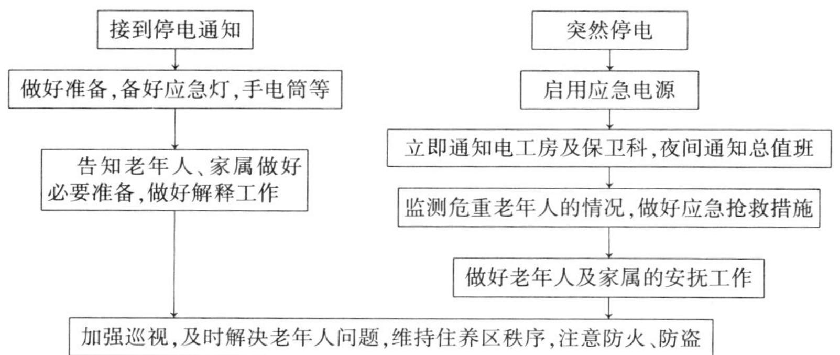

● 图3—23　停电/突发停电的应急程序

（19）失窃的应急程序（见图3—24）

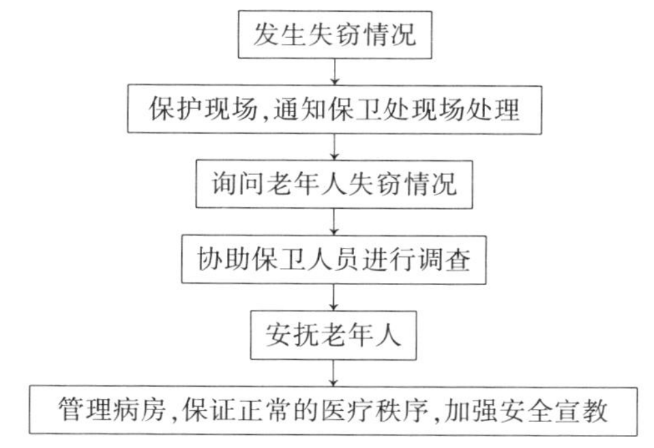

● 图3—24　失窃的应急程序

（20）遭遇暴徒的应急程序（见图3—25）

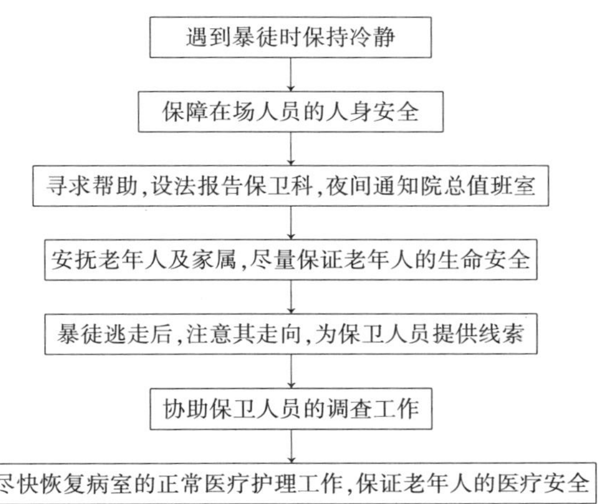

● 图 3—25　遭遇暴徒的应急程序

（21）有毒气体泄漏的应急程序（见图 3—26）

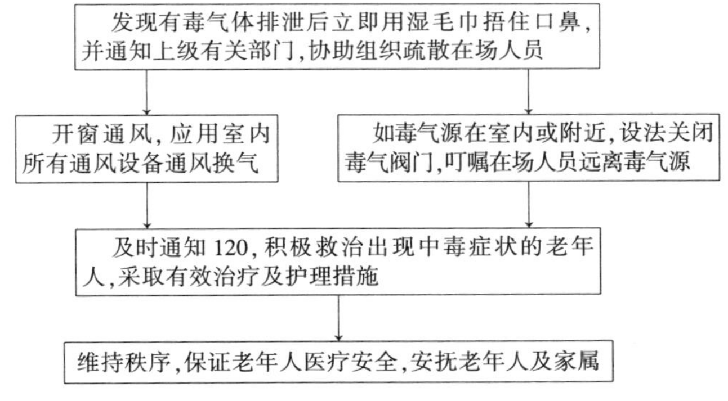

● 图 3—26　有毒气体泄漏的应急程序

2. 护理安全问题处理的注意事项

护理工作是整个养老服务工作中一个十分重要的环节，护理员处在护理服务的第一线，直接参与老年人的各种生活和护理。护理员不仅要完成基础护理工作，还需要对大量专业性很强的护理工作进行细致观察、严谨操作、认真实践。护理安全直接关系着养老服务机构和护理员自身安全，直接威胁老年人安全，直接影响养老服务机构的秩序和社会、经济效益，直接保障养老服务机构内部的正常运行。处理护理安全问题时应注意以下内容：

（1）落实安全制度、措施。使养老服务机构安全管理的各项制度落到实处，形成院内人人关注安全、人人参与安全的自觉意识，做到警钟长鸣。

（2）凡发生护理安全问题，当事人应立即报告，积极采取有效措施，降低或控制损害程度，尽量减少或消除不良后果，不可瞒报或不报，篡改事实真相。

（3）应在一周内组织护理员对发生的护理安全问题的原因及性质进行讨论，提出处理意见和整改措施。对暂不能定性的护理安全问题应妥善保管有关证据，不得擅自涂改、销毁。

（4）涉及纠纷时上报养老服务机构安全办公室，必要时报告保卫科控制事态发展。

（5）维持住养区秩序，及时与老年人及家属沟通，安抚老年人。

（6）为了加强护理安全管理及护理员自身防护，确保护理的安全，可签署“护理安全责任人双向工作目标签约书”。

学习单元3　养老护理员职业防护

了解职业防护的概念
熟悉养老护理员职业防护措施
掌握自我防护措施中的“六步洗手法”

一、养老护理员职业防护范围

为了保证养老服务机构工作质量，保护护理员自身安全，更好地预防职业暴露的发生，应通过实施标准预防、强化护理员屏障保护、健康体检、应急处理等，有效提高工作质量，切实保护护理员的自身安全，降低职业暴露的发生。护理员从事护理活动，易发生损害健康甚至危及生命的职业暴露事件。护理员一旦因职业暴露感染相应传染病，将严重影响其健康与身心，因此，护理员应做好职业防护。

1. 职业防护

（1）职业防护的概念。职业防护是指针对可能造成机体损害的各种职业损伤因素，采取有效措施避免职业损伤的发生，或将损伤降低到最低程度。护理防护是指护理员在护理工作中采取各种有效措施，避免护理员受到职业性有害因素造成的损害，或将损害降到最低。

（2）职业防护的现状。目前，养老服务机构职业防护缺乏规范，硬件设备不足，养老护理员对此认识不足，较为盲目，管理人员往往忽视职业防护的重要性。

（3）职业防护的范围。养老服务机构是老年人“老有所养、老有所乐”的场所，因此护理员的工作性质决定其经常暴露在多种职业性危害中（包括生理、化学、物理、社会心理等其他危险因素），人们绝大多数只关注老年人的安全、心理及需求，常常忽视护理员自身的职业安全，养老护理员职业防护的力度严重不足。

护理员职业暴露，又分生物感染性职业暴露、化学性（如消毒剂、某些化学药品）职业暴露、物理性职业暴露（放射性职业暴露）及心理社会职业暴露。

1）感染性职业暴露。老年人大多伴有基础疾病，一旦出现生活自理能力的丧失，饮食、排泄、住行都需要护理员的照护。护理员在从事护理工作时，遇到的较常见的生物感染性职业暴露有如下情况：自身皮肤有破损，并且直接接触到老年人体液、血液、排泄物及分泌物，或者不正确处置老年人的废弃物；操作中老年人或其他人突然移动，刺伤操作者；清洁老年人器械过程中，被锐器刺伤、割伤等。病毒、细菌多存在于呼吸道、消化道及血液、尿液、精液、阴道分泌物、粪便、体液、脓液等分泌物和排泄物中，也可存在于老年人使用后的器具、衣物中。

2）化学性职业暴露

①各种清洁剂、消毒药剂。护理员频繁接触这些制剂，均会通过皮肤、呼吸道对人体造成头痛、慢性皮炎等伤害。

②化学药物。目前常用的抗肿瘤药物有 50 多种，绝大多数抗肿瘤药物是细胞毒素制剂。护理员不会直接参与化疗药的配置，但有些老年人在实施化学

治疗（口服或静脉给药）后很长一段时间内，其分泌物、排泄物均含有毒性颗粒。毒性颗粒通过皮肤或呼吸道进入人体，可能导致白细胞计算数减少、血小板下降、慢性肝脏损害、致癌、脱发、致畸等毒副反应。

③各种抗生素。长期接触抗生素常引发慢性皮肤过敏，严重者甚至发生过敏性休克、猝死等。

3）物理性职业暴露。对护理员造成职业危害的物理因素包括放射线、各种辐射、紫外线、噪声（老年人的呻吟、电话及仪器声）、粉尘、负重、搬动老年人用力不当、不正确弯腰及护理工作长期久站引起静脉曲张等。

4）心理社会职业暴露。护理工作是一种需要体力及脑力相结合的双重劳动，高强度的工作压力会使护理员产生工作倦怠感，表现为情绪不稳定，易动怒，对服务对象漠不关心，并影响自身心理健康，使护理质量下降。

①护理工作方面。养老护理工作的性质和特点决定了护理员的压力来源多样，常常需要面对各种疾病的威胁，甚至生离死别。老年人年迈，身体状况变化多端，护理员必须及时察觉，并迅速反应，同时人们对养老卫生服务的需求逐日增长，护理员数量普遍不足，工作负荷大、强度高，而频繁的倒班，尤其是夜班扰乱了人正常生理节奏。高风险的工作性质也容易导致差错事故的发生，如老年人噎食、跌倒、压疮、骨折等意外，这都将给护理员带来很大的心理压力，对护理员生理、心理、家庭生活和社会活动造成不良影响。

②社会关系方面。随着时代的进步，人们对护理质量要求越来越高，但仍然存在对护理员的偏见、歧视与不理解，认为养老护理工作就是伺候人。而护理员工资福利待遇偏低，甚至比不上家庭保姆的现实，使得部分护理员难以对自身工作价值产生认同感。来自于护理员家庭的不认同、不支持，甚至错误地认为从事养老护理工作就低人一等、没面子，使护理员回家后对自己的工作只字不提，工作压力无法得到及时宣泄，从而导致压力加重。

③工作环境方面。护理员服务的对象多是年过半百、体弱多病、腿脚不便、伤残甚至临终老年人，工作烦琐，责任重大。而大多养老服务机构设计布局不合理，基础设施落后，进一步增加了护理员的工作压力。

2. 自身防护

加强护理员的自身防护是缓解护理工作压力的重要方面。护理员首先要照顾好自己，保持自己的身体和心理都健康，才能有更充沛的精力服务老年人，把更灿烂的微笑传递给老年人。

二、养老护理员职业防护措施

1. 管理层的预警措施

（1）建立三级护理员职业卫生防护风险控制小组，院长—护理长—护理组长三级管理制度，做到年有计划、季有安排、月有重点、年终有总结。

（2）加强养老服务机构工作安全防护知识规范培训，特别强调手卫生、消毒隔离培训内容的落实。

（3）定期开展手卫生全员培训。护理员应掌握手卫生知识和正确的手卫生方法，保证洗手与手消毒效果；养老服务机构应加强对护理员防护工作的指导与监督，提高护理员手卫生的依从性。

（4）完善养老服务机构职业暴露安全管理制度。

2. 自身防护的措施

目前我国养老护理员自我防护意识普遍薄弱，体现了养老服务机构培训的缺失和不足。护理员是发生职业暴露的高危人群，在实际护理工作中，有较多与老年人体液、排泄物等分泌物接触的机会，有必要开展医源感染及职业防护知识培训，提高护理员职业暴露防护意识，树立全面预防的“标准预防”意识。

标准预防认定老年人血液、体液、分泌物、排泄物等均具有传染性，需进行隔离，不论是否有明显的血迹污染或是否接触非完整的皮肤与黏膜。一旦接触上述物质者，必须采取防护措施，根据传播途径采取接触隔离、飞沫隔离、空气隔离是预防养老服务机构感染的有效措施。

（1）自身防护措施

1）手卫生。护理员接触老年人会阴、皮肤、体液、尿液的操作较多，易通过护理员的手传播细菌，导致老年人感染，或不同老年人之间相互传播。遵循手卫生原则，实施合格的手卫生，可使手部的细菌菌落数减少60%~90%。因此，提高护理员手卫生依从性，对预防和控制养老服务机构感染有重要意义。

①手卫生的概念。手卫生是洗手、卫生手消毒和外科手消毒的总称。

②手卫生的规范

a. 直接接触老年人前后要洗手。

b. 从老年人身体的不清洁部位移动到清洁部位要洗手。

c. 接触老年人的体液、呕吐物、分泌物后要洗手。

d. 进行无菌操作前后，处理清洁、无菌物品之前，穿脱隔离衣前后，摘手套后，处理污染物品之后要洗手。

e. 接触两位不同的老年人之间要洗手。

③“六步”洗手法（见图 3—27）

a. 在流动水下，使双手充分淋湿。

b. 取适量肥皂（皂液），均匀涂抹至整个手掌、手背、手指和指缝。

c. 认真揉搓双手至少 15 s，应注意清洗双手所有皮肤，包括指背、指尖和指缝。

d. 揉搓步骤

第一步：掌心相对，手指并拢，相互揉搓。

第二步：手心对手背沿指缝相互揉搓，交换进行。

第三步：掌心相对，双手交叉，指缝相互揉搓。

第四步：弯曲手指使关节在另一手掌心旋转揉搓，交换进行。

第五步：右手握住左手大拇指旋转揉搓，交换进行。

第六步：将五个手指尖并拢放在另一手掌心旋转揉搓，交换进行。

必要时可加一步洗手腕。

最后，在流动水下彻底冲净双手，擦干，取适量护手液护肤。

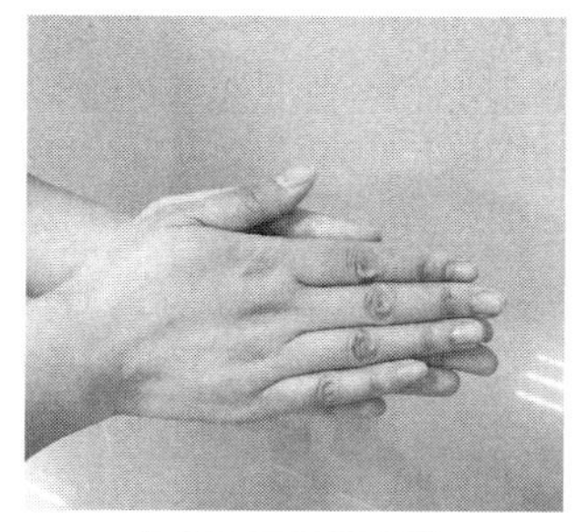

1. 掌心相对揉搓

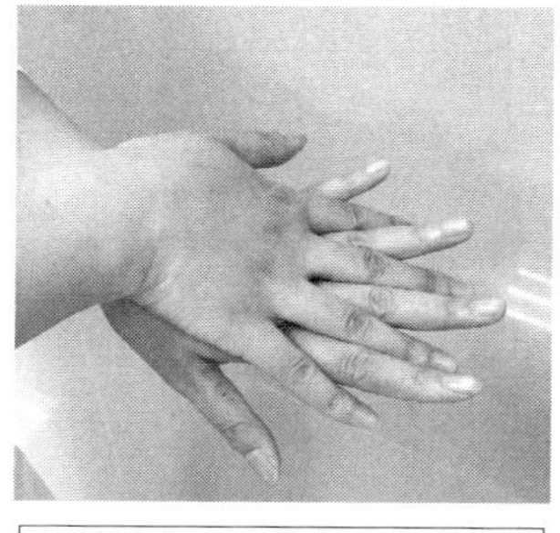

2. 手指交叉，掌心对手背揉搓

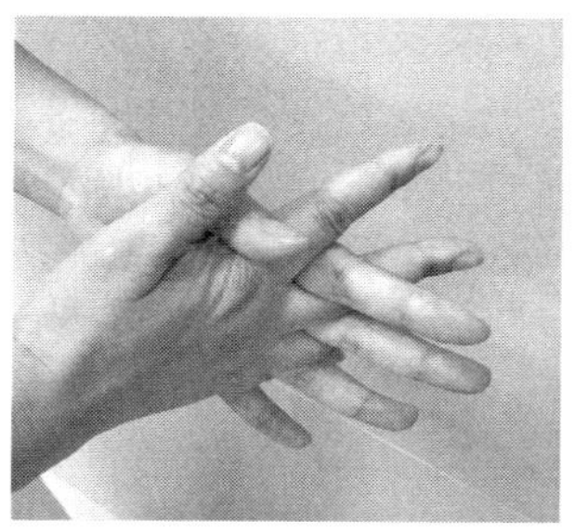

3. 手指交叉，掌心相对揉搓

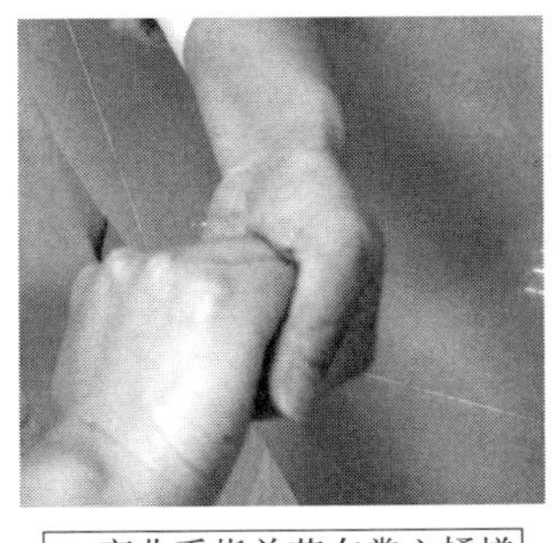

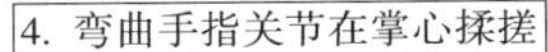

4. 弯曲手指关节在掌心揉搓

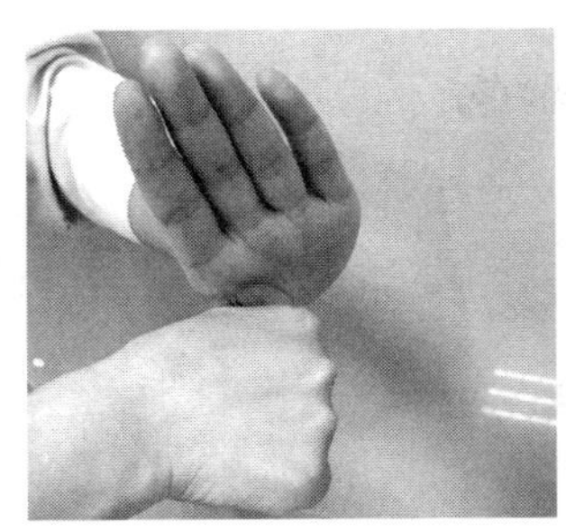

5. 拇指在掌中揉搓

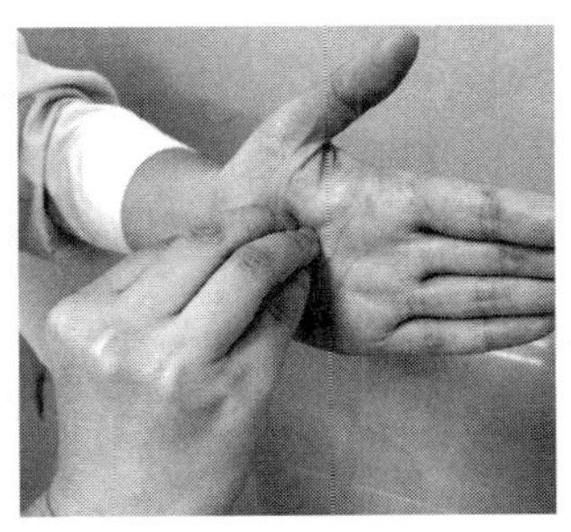

5. 指尖在掌心中揉搓

● 图 3—27　六步洗手法

2）戴口罩

①平展口罩。

②口罩与面部紧贴，须完全覆盖口鼻和下巴，让口罩沿鼻子、脸颊、下巴贴合。

③系好所有固定口罩的绳，耳戴式口罩将挂绳挂在耳朵上，头戴式口罩将皮筋扣在后脑下沿上。

④双手将鼻上方金属条按鼻梁形状调整，防止漏气。没有呼吸阀的尝试吸气，有呼吸阀的尝试呼气，查看口罩四周是否漏气。如果漏气则调整口罩位置、皮筋角度和金属条形状。

⑤口罩不能只掩住嘴巴，露出鼻子，这种戴法起不到防护的作用。

⑥佩戴口罩前，要保持双手清洁，尽量不要触及口罩内侧，以免手上细菌污染口罩。

⑦口罩佩戴 4 h 须更换。

3）戴、脱无菌手套

①修剪指甲，取下手表，洗手，戴口罩。

②核对无菌手套袋外号码，检查外包装有无潮湿、破损，是否在有效期内，沿开口指示方向撕开外包装，摊开内层。

③捏住两只手套翻折部分取出，一手捏住手套反折部分，一手对准手套五指戴上。

④用已戴无菌手套的手指，插入另一手套反折部，同法将手套戴好。

⑤将手套翻边，套在工作服衣袖外面，双手整理手套，使其服帖。

⑥操作完毕，冲净手套上污迹。

⑦脱手套时，一手捏住另一手套腕部外面，翻转脱下；再以脱下手套的手插入另一手套内，将其往下翻转脱下。用过的手套须放入医用垃圾桶内按医疗废物处理。

⑧洗手，取口罩。

（2）其他安全防护措施

护理员工作中的其他安全防护措施如下：

1）预防跌倒

①护理工作中，小心谨慎、沉稳细致，实施护理操作前先排除可能致跌倒的一切不安全因素。

②发挥团队协作精神，在高空取物、搬抬重物或护理体重过重的老年人时，不要自己一个人勉强行事，学会发挥团队作用，寻求帮助，防止跌倒受伤事件发生。

2）预防负重伤（多见肌肉拉伤或腰部扭伤）

①保持正确的坐姿，避免久坐。

②合理安排作息，起居有规律，避免过度劳累。

③注意锻炼身体，强健筋骨，预防腰部扭伤。

④天气变化，注意增减衣物，避免腰部受凉引起腰部疼痛。

3）预防流感

①加强锻炼，提高自身免疫力与抗病力。

②养老服务机构是人口密集场所，流感季节应减少社会团体到养老服务机构组织集体活动。

4）预防来自老年人的伤害

①预防与思维紊乱老年人发生冲突。随着老年人年龄的增长，易出现健忘、心理障碍等，甚至老年人在烦躁时，会发生扔东西、打人等行为。护理员在护理这类老年人前应充分评估，加强防范，如不可避免地与思维紊乱的老年人发生了冲突，要学会自我保护，防止误伤。

②一旦发现老年人有扔东西、打人等现象出现时，应避免在老年人房间内放置易碎品（玻璃制品）、尖锐器、棍棒和其他易造成自伤或他伤的物品。

③观察与评估。在为老年人提供护理服务前，观察老年人情绪，评估老年人心智，如老年人出现对抗等情绪时，尽量避免激怒老年人，应给予心理疏

导，安慰老年人，消除不安情绪，以取得配合。如果老年人异常烦躁，应及时暂停所有护理服务，及时上报。

④个别老年人除易怒、烦躁外，还存在打人或自伤习惯，护理员应及时与家属沟通，必要时签署相关协议，给予老年人保护性约束。

5）预防来自老年人家属的伤害

①预防与不理智的家属发生冲突。护理员应避免与家属发生冲突，一旦发生冲突应保持冷静，不要刺激家属，尽量避免暴力升级。若家属发出攻击行为，来不及避让时，应及时寻找身旁的椅凳（椅凳面紧贴自身胸腹，椅凳四角面向攻击者）防护，及时离开现场，避免事态扩大以及被打伤事件的发生。

②切勿单独处理突发事件。当事态升级时，应立即求助，呼唤他人帮忙，并尽快向有关负责人报告暴力事件。

③如果劝解无效，家属出现暴力打人、损毁公物等行为时，可以向"110"寻求帮助。拨打"110"时，要讲清发生事件的时间、地点、内容以及求助者姓名和联系方式，同时要保护好现场，维持现场秩序，等待警察的到来。

3. 自身防护的注意事项

（1）隔离对象。将所有标本，如血液、体液、分泌物、排泄物等均视为传染物，需要隔离。

（2）防护。实施双向防护，防止疾病双向传播。

（3）隔离措施。根据传播途径建立接触、空气、飞沫隔离措施，重点是洗手和洗手的时机。

（4）加强护理员职业暴露危害的主动防护，降低对职业人群身心健康的损害。

三、职业暴露后的心理和行为反应

发生职业暴露后，护理员易出现担心、恐惧、哭啼等负面情绪和行为反应，希望得到他人的关心和帮助。特别是刚进入护理岗位的护理员，还未完全适应自身角色转变，其心理承受力较差，在发生职业暴露后，易形成较大的心理压力，养老服务机构需要给予关心和支持。

养老服务机构应将护理员纳入职业暴露管理体系，制定护理员发生职业暴露的处理流程。管理者应加强与护理员的沟通，一旦发生职业暴露，应第一时间上报，并按照职业暴露的处理流程规范处理，并了解当事人心理行为反应，给予心理疏导，促进其身心自我完善和健康。

本章思考题

1. 哪些因素影响着护理安全？
2. 老年人跌倒的预防措施有哪些？
3. 如何预防及识别老年人噎食？
4. 老年人压疮的预防措施有哪些？

第 4 章 养老服务机构护理服务质量管理

第 1 节　护理服务质量管理概述

学习单元 1　养老服务机构质量管理

了解养老服务机构质量管理的概念和发展阶段
熟悉养老服务机构质量管理的原则与方法

一、养老服务机构质量管理的概念

随着养老服务领域私营化改革以及对政府福利支出效果的评估，福利服务质量管理成为了西方福利国家讨论的一个重要议题。时至今日，“质量”已经成为公共福利服务评估与发展研究中的一个关键词，是一个非常复杂、多维度的概念。对于管理者、专家、服务使用者、质量管理咨询专家而言，质量都会有不同的意义和内涵，在其衡量和实施上也相应存在着多种不同的方式。

养老服务机构质量管理即通过建立起完善的、系统的、科学的，以服务老年人为中心的养老服务机构质量管理体系，依托规范的服务流程，有效控制质量风险，从而保证养老服务机构服务质量的稳定性。它是推进养老服务机构专业化管理，规范养老服务机构行业市场，促进养老服务机构自身有效发展的重要手段。

质量管理理念的演变经历了从质量控制到质量保证的历程。质量控制是最早出现的概念，其对服务质量控制的主要工作思路在于：制定标准，评估服务是否符合标准，如果服务不符合标准要采取补救措施。后期发展出来的质量保证包含了质量控制的内容，但更加积极也更有预防性，其主要目的在于通过预防措施使服务在提供时就符合既定的标准。

西方服务管理学者指出质量保证是一些能够确保服务达到预期标准的方法，这些方法要能保证服务符合人们的需要。要达到这个目的，服务提供者和服务使用者要共同制定服务标准。同时，专业人士和服务使用者要定期对服务进行独立性的监督和评估。

服务质量管理有三种重要的类型和模式：

第一种来自专家领域，由专家组织提供专业的服务标准、职业道德准则和人员配备标准。这种模式是与福利国家的发展密切联系的，它可以帮助政府通过制定和实施质量标准在社会服务和社会工作领域实现专业化。

第二种发端于20世纪60年代，是一种自下而上的模式，这种模式强调公民在服务领域的参与和对服务质量的监督。

第三种来自商业部门，它强调在组织和管理机构中进行经常性的改革以保证服务质量。过去二十几年里，这类商业方法在私营服务部门得到广泛讨论和使用，如ISO 9000、全面质量管理、业务流程再造等，目标在于促使机构在不同层面上对服务质量做出不断改善，以期满足或超过顾客的期望和需求。

随着服务质量理论和实践的发展，评估服务质量的标准逐渐被划分为三个主要类型：结构、过程和成果，并且呼吁服务使用者在质量发展中的参与。

二、养老服务机构质量管理的发展阶段

1. 初始阶段：推动养老服务机构数量增长

与发达国家相比，我国的养老服务机构无论在数量、服务质量、基础设施上，还是在养老服务机构的经营管理上，都处于相对落后的水平，这与我国日益增长的现实需求极不适应，主要表现在以下几个方面：

（1）缺乏统筹规划和体系建设。

（2）缺乏连续性。

（3）服务项目较少，服务内容较为单一。

（4）社会养老队伍人员管理不规范。

（5）养老服务机构管理机制不健全。

（6）布局不合理，区域之间、城乡之间发展不平衡。

（7）服务队伍流动率大，专业化程度不高。

（8）服务规范、行业自律和市场监管有待加强。

针对初期养老服务机构数量增长及质量良莠不齐的现状，亟需开展养老服务机构质量的进阶。

2. 进展阶段：推进养老服务机构标准化建设

随着福利社会化政策的实施和发展，各类养老服务机构如雨后春笋般迅速发展起来，然而养老服务机构质量管理中的一些问题随之呈现出来，如养老服务质量评价机制缺位、缺乏统一的行业管理规范等。为此，政策在鼓励发展养老服务事业的同时，如何对其服务质量进行管理也成为亟须关注的问题。在此背景下，养老服务机构标准化建设受到党中央、国务院高度重视，一系列政策措施出台，将养老服务机构质量建设推上了新的发展阶段。

2011 年 12 月，国务院办公厅发布了《社会养老服务体系建设规划（2011—2015 年）》，规划中明确提到将养老服务标准作为社会养老服务体系的重要组成部分，提出“丰富服务内容，健全服务标准”“大力推动养老服务业标准化”。2013 年 9 月，国务院《关于加快养老服务业发展的若干意见》明确指出“行业标准科学规范”的目标和“健全市场规范和行业标准，确保养老服务和产品质量”的任务。养老服务机构标准化建设工作正日益受到广泛关注和重视。

2013 年 12 月 25 日民政部发布《养老服务业标准化建设规划（2013—2017 年）》，以下简称《规划》，计划用 5 年时间基本建立覆盖全面、重点突出、结构合理的养老服务业标准体系，促进养老服务和管理水平可持续提升，为养老服务业科学发展和社会养老服务体系建设提供技术支撑。《规划》提出：“形成养老服务业标准化建设工作机制；制定推进养老服务业标准化建设的目标、任务和实施步骤并有效推进；初步形成规范运转的养老服务业标准化建设的工作格局；标准研制、实施和监管整体水平实现跨越式提升；标准化试点示范项目和专业人才队伍建设等工作有力开展。”

2014 年 1 月 26 日，民政部等多部门联合印发《关于加强养老服务标准化工作的指导意见》，以下简称《意见》。该《意见》充分认识加强养老服务标准化工作的重要意义、总体要求、主要任务和保障措施。主要任务包括“加快健全养老服务标准体系；加强养老服务标准化研究；抓好养老服务标准的贯彻实施；推进养老服务领域管理标准化；健全规范养老服务市场秩序”。《意见》的出台，带动全国各地养老服务机构标准化建设工作进程，养老服务机构的标准化建设又有效推进了养老服务机构质量的提升。

2017 年 2 月 28 日，国务院发布《国务院关于印发“十三五”国家老龄事业发展和养老体系建设规划的通知》。制定实施“十三五”国家老龄事业发展和养老体系建设规划是贯彻落实党中央、国务院关于积极应对人口老龄化决策部署的重要措施，对于保障和改善民生，增强老年人参与感、获得感和幸福感，实现全面建成小康社会奋斗目标具有重要战略意义。

3. 提升阶段：推行养老服务机构等级评定

伴随我国《意见》的出台，全国各地养老服务机构标准化建设工作进程加快，养老服务机构质量建设得到了一定的保证。然而由于政策的非强制性和养老服务机构的特殊性，如何让这些旨在保证服务质量、维护服务使用者权益的养老服务机构标准内化为养老服务机构的规范措施，这对养老服务机构质量管理提出了新的挑战。在此背景下，养老服务机构质量的等级评定已经成为养老服务机构质量提升中亟须解决的问题。近年来，为促进养老服务机构服务质量提升，各地相继推出养老服务机构等级划分与评定。其中上海市民政局为贯彻落实《上海市养老机构条例》和《上海市人民政府关于加快发展养老服务业推进社会养老服务体系建设的实施意见》，构建上海养老服务行业监管体系，在 2015 年试点的基础上，2016 年起在全市推行养老服务机构等级评定工作。上海市养老服务机构等级划分与评定由养老服务机构自愿申报，政府委托行业组织具体实施，通过对养老服务机构的安全、设施、服务、管理等各方面进行全面的检查评估，继而进行等级划分与评定，促进养老服务机构不断提升管理和服务水平。

三、养老服务机构质量管理的原则与方法

1. 养老服务机构质量管理的原则

（1）科学性。养老服务机构质量管理，包括养老服务机构标准化建设、

养老服务机构的等级评定等都需要遵循科学性原则。

美国科学家于 20 世纪 70 年代提出来的层次分析法，在养老服务机构质量管理及评定中广泛运用。层次分析法是运用系统的分析方法，对评价对象依评价目的所确定的总评价目标进行连续性分解，以得到各级评价指标，并以最下层作为衡量目标达到程度的评价指标。

层次分析法的基本思路如下：

1）将所要分析的问题层次化。

2）层次化是指根据问题的性质和所要达成的总目标，将问题分解为不同的组成因素，并按照这些因素间的关联影响及其隶属关系，将因素按不同层次凝聚组合，形成一个多层次分析结构模型。

3）对问题进行优劣比较并排列。

层次分析法具体在对养老服务机构质量评价时，首先可以通过二分法画出目标树，分析指标，并对每一个指标的权重进行确定，绘出层次结构图。

例如，广东省某养老服务机构以《广东省社会福利机构等级认定办法》和《广东省社会福利机构等级认定考核评分操作细则》的规范为例，共设立了三个递阶层次（见图 4—1）：

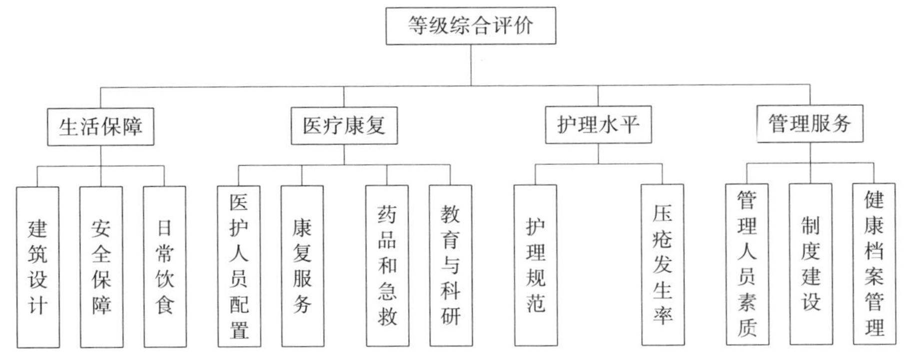

● 图 4—1　广东省某养老服务机构等级认定分级

一级指标：以等级综合评价为最高层。

二级指标：以生活保障、医疗康复、护理水平、管理服务四个维度为中间层。

三级指标：是受上一层元素支配的最底层。

（2）全面性。一般而言，质量管理考核机制分为养老服务机构自核、顾客评价、外部督察三部分。外部督察方作为养老服务机构服务质量评价的第三方，必须独立于被评价对象之外；在评价时秉持公正性，充分运用统计学、社会学、管理学等方法严格按照评价程序和评价方案进行。在我国香港，为了促使养老服务机构服务质量能够得到有效的保障，由社会福利署负责养老服务机构服务质量的外部监督；社会福利署通过服务表现事务组每年到养老服务单位进行检查；同时为更全面了解养老服务机构服务质量，他们有时采用实地调查和使用者满意度调查等方式作为补充，进一步推进养老服务机构形成“以顾客为导向”的服务。

（3）规范性。养老服务机构质量管理从质量管理依据、质量管理主体及实施主体、质量管理内容等都要有明确的规定。

以上海市养老服务机构等级评定工作为例，上海市养老服务机构等级评定中明确规定养老服务机构的等级设定，即分为一级至三级，级数越高表示机构等级越高，设施设备更加完善，服务项目更加全面，服务质量和管理水平更高。在养老服务机构的评定内容方面，明确《养老机构等级评定项目 A 表》作为等级评定申报的准入条件。《养老机构等级评定项目 B 表》总分 1 000 分，包括四大类内容，分值分别为：养老服务机构安全 250 分、服务 350 分、管理 200 分、设施设备 200 分。评估得分在 650~800 分为一级，得分在 801~900 分为二级，得分在 901 分及以上为三级。在等级划分方面，不同等级的划分首先考虑量化指标，即单床使用面积、年平均床位入住率、生活不能自理老年人占比、服务功能、养老护理员与住养老年人的配比等。在达到上述量化指标的基础上，再按四大类评定内容进行综合评分，根据评分结果确定等级。在评定办法方面，规定养老服务机构领取《养老机构设立许可证》，并正式服务运行一年后，方可提出申请；并注明原则上每年组织两次等级评定，于当年 7 月、次年 1 月通过“上海民政”官网对评定结果进行公示。在等级评定结果的认定方面，明确等级评定结果公示后，对于无异议的，给予评定等级命名；对于有异议的，可在等级评定结果公示第一天起的 20 个工作日内向负责组织实施的第三方提出复评申请，第三方自接到复评申请之日起 20 个工作日内组织复评。对于第三方组织的复评仍存在异议的，可提请市民政局组织终评，终评结果即为评定结果。按照“谁提出、谁付费”的原则承担复评相关费用。在评定人员方面，评定人员由负责实施的第三方聘任等。

2. 养老服务机构质量管理的方法

（1）厘清养老服务机构核心业务流程。要提升养老服务机构服务质量，首先要厘清养老服务机构业务流程，特别是对影响养老服务机构利益的关键流程要进行分解和分析。

以某养老公寓为例，其核心业务链主要包括客户管理、居住管理、服务管理、健康管理、员工管理、物资管理、餐饮管理、费用管理等。整个业务链包括老年人服务管理和支撑老年人服务管理的日常运营管理两部分。其中老年人服务管理，从老年人选定房间确认入住，财务收取定金，市场部通知各个部门准备新老年人入住事宜开始。老年人入住当天，医疗部对老年人的身体状况进行评估，依据评估结果，结合老年人的需求确定老年人生活护理等级。老年人在入住后的首个星期内，医疗部和护理部分别对老年人进行康复评估、微型营养评定、问诊、压疮易患者风险评估，进而确定老年人的康复治疗需求、营养餐配置需求、医疗服务需求、压疮护理需求、入住适应需求。结合这些评估结果以及老年人的服务需求，形成老年人在院每天的服务清单和护理员每天的工作清单。老年人在院期间可以对机构提供的服务进行评价，质检部服务人员对为老年人提供的服务进行监控，以提高老年人的服务满意度。

（2）引入ISO 9000质量管理体系开展养老服务机构服务质量管理。依据ISO 9000标准，养老服务机构ISO 9000体系文件共分四层，即质量手册、程序文件、作业文件及质量记录。

1）质量手册是证实和描述文件化质量体系的重要文件，质量手册规定了质量体系的基本结构，是实施和保持质量体系应长期遵循的文件。质量手册至少应包含或涉及以下内容：

①养老服务机构的质量方针与质量目标。

②对所采用的质量体系标准的全部适用要素的描述。

③影响质量的管理、执行、验证或评审人员的职责与权限和相互关系。

④质量体系程序及其说明，关于质量标准手册评审、修改和控制的规定等内容。

2）程序文件是对影响质量的活动做出规定，是质量手册的支持性文件；应包含质量体系中采用的全部要素的要求和规定；每一份质量体系程序文件应针对质量体系中一个逻辑上独立的活动。

3）作业文件是质量手册和程序文件的支持性文件。

4）质量记录是用于证明质量体系有效运行的客观证据，是获得必要的产品质量及有效实施质量体系各要素的客观证据。

（3）政府有效开展养老服务机构质量管理。伴随我国老龄化趋势的发展，养老服务机构作为社会养老服务体系中的重要组成和基础支撑，其社会作用和价值逐步突显。为支持养老服务机构的建设和发展，我国出台了相关鼓励和扶持的政策法规，如2006年多部委提出了《关于加快发展养老服务业的意见》；2014年民政部五部门联合印发了《关于加强养老服务标准化工作的指导意见》等。但由于我国养老服务机构尚处于起步阶段，且缺乏统一的管理部门及明确的机构分类命名方法等，其质量管理中存在立法层次低、机构收住范围和功能定位不准确、管理人员素质参差不齐等问题。因此，从政府层面推动养老服务机构服务质量管理工作急不可待。在这方面，美国的部分成功经验有一定的参考价值。

1）成立专门机构负责养老服务机构质量管理工作。美国政府问责办公室自1998年7月后多次报道了关于养老服务机构的护理质量问题以及在联邦和州政府层面监督方面重大的缺陷。为此，美国政府问责办公室成立专业机构把控养老服务机构质量，具体回应养老服务机构的社会投诉及应对策略等问题，并专门监督养老服务机构质量。

2）开发养老服务机构质量实施标准。美国政府问责办公室在2012年2月指出，自1998年7月后为确保接受美国联邦经济资助的护理之家能满足联邦质量标准要求，为确保评估调查过程的有效性、准确性和持续性，美国医疗保险和医疗补助服务中心与各州调查机构签订协议，使用针对护理之家设计的质量指标调查，预计2018年前在美国全范围内实施。

3）开展养老服务机构质量环境评比。美国开设了一个“护理之家评比”网站，这个网站由美国卫生及人力服务署维护，每个月有近10万人的访问量。其主要是针对接受美国医疗补助和医疗资助符合资格的护理之家进行比较。这对许多家庭寻找一个安全的护理之家有一定导向作用，同时能在一定程度上督促养老服务机构提升服务质量。

特别提示

养老服务机构ISO 9000质量管理体系

养老服务机构ISO 9000质量管理体系可按下面四大过程组织，主要包括：

1. 管理过程

组织管理方面相关制度（养老服务机构各组织结构如行政部、医疗部等各部门工作制度，行政管理人员、医疗护理员、后勤工作人员等各岗位职责及岗位责任制度，员工奖惩制度、招聘录用制度等）、管理策划（养老服务质量方针、质量目标、关键质量控制点、护理分区管理制度、分级护理细化标准、分级行政查房制度、养老服务机构服务规范等）、管理评审（目标实现情况、存在问题及改进措施、持续改进建议）。

2. 资源管理

资源管理包括人力资源管理方面（养老服务机构员工规范服务要求、卫生技术人员管理制度、护士绩效考核评分细则、护工考核细则等）、仪器设备管理方面（医疗设备管理制度，医疗设备应急保障制度，消防设施、设备、器材维护管理制度等）、养老物资管理方面（采购入库管理制度、销售出库管理制度、物资赠送管理制度等）、养老设施管理方面（病区洗衣房管理制度、电气设备消防安全管理制度等）。

3. 养老服务实现主过程

养老服务实现主过程包括老年人入院服务（健康评估制度、老年人入住适应计划等）、老年人在院服务（老年人健康档案管理制度、体检制度、各级医师查房制度等）、老年人出院服务（老年人离院管理制度、临终关怀制度等）。

4. 测量、分析及改进过程

测量、分析及改进过程包括服务评价（季度工作质控及考核评价标准、标准化服务考核指标和监督制度、老年人服务满意度评价等）、服务检查（养老服务机构服务监督制度、医疗查对制度、居室卫生管理制度、三级消防安全检查制度等）。

相关链接

澳大利亚养老服务机构质量评价指标体系

澳大利亚在养老服务机构质量评价等方面的发展建设较为健全，借鉴其质量评价的核心理念，可为完善我国养老服务机构质量评价，持续改进服务质量，确保老年人生活质量，以及保证养老资源的有效利用提供实践依据。

澳大利亚养老服务机构质量评价采用《老年人护理标准》，该标准中包括机构整体管理（管理体系、员工及组织发展）、健康与个人护理、老年人生活方式、物质环境及安全系统4个维度的44项质量评价指标，评价指标体系框架包括4个方面：

一是管理体系、人员配置、组织发展。该部分评价包括持续改进、临终护理、特殊护理服务需求、给药管理、疼痛管理、皮肤护理、失禁管理、口腔及牙齿护理、感知觉丧失和睡眠护理等17项指标。

二是健康和人员服务。健康和人员服务部分评价包括持续改进、评价与投诉、组织计划与领导、人力资源管理等9项指标。

三是老年人的居住生活方式。老年人的居住生活方式部分的评价包括情感支持、独立性、隐私权与尊重权、休闲娱乐活动、选择权与决策权等10项指标。

四是实际环境和安全系统。实际环境和安全系统部分的评价包括居住环境、职业健康和安全、感染控制、餐饮清洁服务等8项指标。

澳大利亚养老服务机构质量评价指标体系中，结构性和过程性指标与结果性指标基本各占50%。

（本文来源：《质量与认证》，2016年3月）

学习单元2　老年人护理服务技术

了解老年人护理的概念和范围

熟悉老年人急救技术

能够进行老年人日常生活护理、老年人疾病护理、老年人康复指导

一、老年人护理基础知识

1. 基础护理的概念和范围

养老服务机构的基础护理是以老年人为中心，针对老年人的生理、心理、社会、精神及文化等各层面的健康问题，采取科学、有效的护理对策，满足老年人的需求，使其尽可能恢复到健康的最佳状态。基础护理主要包括以下内容：

（1）了解老年人生理、心理活动，观察老年人身体变化。

（2）保持老年人身体的清洁、舒适，排除物理、化学、生物等有害因子对机体的侵袭，保证护理安全。

（3）协助合理营养及膳食。

（4）及时妥善地处理排泄物。

（5）保持重症老年人合理、舒适的体位，适时更换卧位，预防压疮发生。

（6）改善老年人休息环境和条件，促进睡眠。

（7）进行适当的心理疏导，使老年人保持良好的精神和心理状态。

（8）指导老年人进行适当的康复锻炼，防止发生并发症，促进其机体功能恢复。

（9）及时有效地配合急救处置。

（10）创造清洁、美观、安静、舒适、方便、有序的休养环境。

2. 生理特点概述

（1）人体的基本结构与功能。人体结构和功能的基本单位是细胞。细胞形态和功能各种各样，人体大约由 100 万亿个形态结构和功能类似的细胞组成，由细胞间质将其组合在一起，构成 4 种基本组织——上皮组织、结缔组织、肌肉组织和神经组织。几种不同的组织有机地结合，构成具有一定形态和功能的器官。许多共同完成某一方面功能的器官构成系统。

人体的外形可分头、颈、躯干和四肢 4 个部分。人体大体结构从外向内由皮肤、皮下组织、肌肉组织和骨骼等组成。在头、颈和躯干部，由肌肉和骨骼分别组成颅腔、胸腔、腹腔和盆腔。颅腔内有脑，脑向下与椎管内的脊髓相连。胸腔内主要有心、肺。腹腔内主要有胃、肠、肝、胆、脾、胰和肾等器官。腹腔下部为盆腔，其主要器官有膀胱、直肠、内生殖器官等。各个器官、系统都有其特定的功能，但它们又是互相联系、影响的，形成一个统一的整体，并在神经系统以及内分泌腺分泌的激素等调节下，进行正常的生理活动。

（2）人体各系统及功能

1）神经系统。神经系统是人体的主要调控系统，人体内各器官、系统的活动都在神经系统的调节下完成，从而使人体成为一个有机的整体。神经系统可分为中枢神经系统和周围神经系统两部分，由脑、脊髓以及与之相连的遍布全身的周围神经和内脏神经所组成。中枢神经系统包括脑和脊髓，周围神经系统包括 31 对脊神经和 12 对脑神经。

2）循环系统。循环系统是封闭的导管系统，包括心血管系统和淋巴管系统两部分。

①心血管系统包括心脏、动脉、静脉和毛细血管，是一个完整封闭的循环导管。它以心脏为中心，通过动脉、静脉和毛细血管与全身各器官、组织相连，血液在其中循环流动，输送营养和氧气，同时把全身各部组织的代谢产物如 CO_2、尿素等，分别运送到肺、肾和皮肤等处排出体外。

②淋巴管系统是循环系统的辅助系统，由淋巴管、淋巴器官和淋巴组织构成，其主要功能是：回收蛋白质、运输营养物质、调节体内液体平衡；消除组织中的红细胞、细菌和异物；产生淋巴细胞和浆细胞；参与造血和免疫反应等。

3）呼吸系统。呼吸系统包括鼻、咽、喉、气管、支气管和肺等器官，通常称鼻、咽、喉为上呼吸道，气管、支气管及肺内的分支为下呼吸道。

鼻是呼吸道的起始部分，同时又是嗅觉器官。肺是呼吸系统的主要器官，位于胸腔内。肺组织内均为肺泡及呼吸性支气管，是气体交换的主要场所。肺表面紧贴一层膜，其延伸形成胸膜腔。两肺之间的空隙称为纵隔，前界为胸骨，后界为脊柱的胸段，是心脏和大血管位置所在。

4）消化系统。消化系统由消化管和消化腺两大部分组成。消化管包括口腔、咽、食管、胃、小肠和大肠。通常称十二指肠以上的消化管为上消化道，十二指肠以下的消化管为下消化道。消化腺除唾液腺和消化管壁上的许多小腺体外，主要有肝脏和胰腺，它们分泌消化液到消化管，参与食物的消化。肝脏是人体中最大的腺体，具有代谢、解毒、防御及分泌胆汁等功能。胰腺是人体第二大消化腺，横位于胃后方。胰腺分泌胰液，胰液具有极强的消化功能，它在胰管内行走，如果胰管破裂、胰液外溢，可导致周围组织细胞的坏死。正常情况下，胰液与胆汁一起对食物的消化发挥作用。

5）泌尿系统。泌尿系统由肾脏、输尿管、膀胱和尿道组成。肾是尿液生成的器官，肾脏不断生成尿液，经输尿管运送到膀胱，在膀胱内暂时储存，达到一定容量时就从尿道排出体外。尿道是主要的排尿器官，男性尿道较长，成人约 18~22 cm，女性尿道较短，约 4~6 cm，所以女性易发生尿道感染。

6）生殖系统。生殖系统是产生生殖细胞、繁殖后代、分泌性激素维持副性征的器官的总称。男性生殖系统包括内生殖器（睾丸）、输精导管（附睾、输精管、射精管、尿道）、附属腺体（精囊腺、前列腺）以及外生殖器（阴囊、阴茎）。女性生殖系统包括内生殖器和外生殖器。内生殖器由卵巢、输卵管、子宫、阴道组成；外生殖器包括阴阜、大阴唇、小阴唇、阴道前庭、阴蒂和前庭大腺等。

7）内分泌系统。内分泌系统由内分泌腺和内分泌组织构成，其腺体分泌物称激素。激素对人体有重要的调节功能。内分泌腺包括垂体、下丘脑、甲状腺、肾上腺、松果体、胸腺、性腺。内分泌组织分散于其他腺组织之间，共同组成某些器官。

8）免疫系统。免疫系统由免疫器官、免疫细胞、免疫分子构成。免疫器官包括胸腺、骨髓、脾脏、淋巴系统和胃肠道黏膜。免疫细胞包括淋巴细胞、血液中的单核细胞和组织中的巨噬细胞。淋巴细胞根据不同的功能分为 T 细胞、B 细胞和自然杀伤细胞。

9）运动系统。运动系统由骨、骨连结和骨骼肌组成。骨与骨之间的连结称为骨连结。全身的骨骼和关节构成人体的支架，支撑着全身软组织和器官。关节是骨与骨的间接连结，是运动的枢纽，骨骼肌附着在骨上，并越过关节，通过肌肉收缩与韧带的牵拉，可使得肢体屈、伸、内收、外展、旋转等运动。如果肌肉松弛又无紧张度就容易发生关节脱位。体育锻炼可增大关节的运动幅度，相反，如果一个人关节长期不进行活动，可以发生关节强直而失去运动功能，所以在护理不能活动的老年人时，应注意关节功能的锻炼。

（3）老年人的生理特点。衰老是生物机体在生命过程中，生长发育达到成熟期以后，机体的形态结构和生理功能所出现的一系列退行性变化，是一个正常的生理过程。衰老的速度存在个体差异，而且同一个体的不同器官的老化速度也不相同。这种差异与遗传、职业、生活方式、营养、锻炼、文化程度、心理状态、生活环境等因素有关。

1）消化功能的改变

①老年人消化功能最明显的改变是牙齿松动、脱落，对食物的咀嚼能力降低。

②味觉和嗅觉功能减弱，食欲减退。

③胃肠蠕动减弱导致消化不良及便秘。

④消化液分泌量减少，消化能力下降。

⑤肝细胞解毒能力和合成蛋白的能力下降，致使血浆白蛋白减少，而球蛋白相对增加，易出现浮肿。

2）神经组织功能的改变

①老年人脑组织逐渐萎缩，神经系统功能进行性衰退，对外界事物反应能力降低，如对冷、热反应不敏感，对疼痛反应迟钝，使有些疾病症状不易被及时发现。

②大脑萎缩，脑血管硬化，脑血流阻力加大，记忆力减退，甚至产生情绪变化及某些精神症状。

③运动神经细胞萎缩，致运动能力下降，动作迟缓。

④平衡觉神经细胞萎缩，致平衡力下降。

3）循环系统功能的改变

①老年人心脏呈现心肌萎缩、心内膜增厚、心肌收缩力减弱、心排出量减少等改变。

②由于动脉硬化，造成动脉血管弹性减弱，血管管腔狭窄，血流阻力增加，易导致老年人血压升高。

③冠状动脉口径变窄，供应心肌本身的血液减少，出现心脏本身供血不足，易导致老年人冠心病的发生。

④老年人自主神经功能不稳定，对血管的调节能力差，容易发生体位性低血压。

⑤老年人血管脆性增加，血流速度减慢，发生心血管意外的机会明显增加，如脑溢血、脑血栓等的发病率明显高于青年人。

⑥老年人血管弹性降低，静脉回流困难，容易下肢肿胀、血栓和患痔疮。

⑦老年人毛细血管变脆，皮肤受到轻微的碰撞就容易出现皮下出血，形成瘀斑、紫癜等。

4）呼吸功能的改变

①老年人由于呼吸肌、膈肌及韧带萎缩，肋软骨钙化，呼吸功能减弱，肺活量下降，换气困难，活动增加或说话多时感到气促，呼吸加快。

②由于呼吸功能减弱，反射性咳嗽功能下降，气管分泌物不易排出，容易发生肺部感染、肺气肿、阻塞性肺疾患，严重者甚至导致呼吸衰竭。

③由于鼻腔黏膜、咽部淋巴萎缩，容易感冒。

5）泌尿系统功能的改变

①老年人肾血管硬化，肾小球滤过率及肾小管重吸收能力下降，导致肾功能减退。

②膀胱逼尿肌萎缩，括约肌松弛，膀胱内尿液不易排空，残余尿量增加，造成慢性尿潴留，使老年人常有尿频、尿急，尤其是夜尿次数增多。

③女性老年人因尿道短，加上尿道括约肌萎缩，易发生压力性尿失禁和尿路感染。

6）其他方面的改变

①皮肤及毛发的变化。皮肤表面出现较明显的片状或点状褐色斑点，多见于手部和脸部，俗称“老年斑”或“长寿斑”；皮肤松弛出现皱纹；毛发脱落、变白。

②骨骼的变化。老年人易出现骨质疏松症，极易发生骨折。

③生殖系统的变化。性激素的分泌自 40 岁以后逐渐降低，性功能减退。男性老年人前列腺多有增生性改变，可致排尿困难。女性 45~55 岁出现绝经，卵巢停止排卵。

④内分泌机能下降，甲状腺激素合成和分泌减少，易甲状腺功能减退。

⑤胰岛素生物活性明显降低，易患糖尿病。

⑥五官变化。老年人多出现老花眼、听力下降，嗅觉、味觉功能减退。

3. 老年人的心理特点

（1）人的基本心理特点。人的心理，即人的意识。人的意识首先是通过认识过程（注意、感觉、知觉、记忆、思维等）的各种形式逐渐形成并得到表现，但作为有意识的人都有各自的意识倾向和心理特征。每个人都有各自的经历和特有的能力与性格，因而在同一情景下个人的心理表现也不相同。

1）人的基本需求。人的基本需求是个体在生活中感到某种欠缺而力求获得满足的一种内心状态，它是机体自身或外部生活条件的要求在脑中的反映。人的需求是多种多样的，如生理需求、社会需求、物质与精神需求等。

心理学家马斯洛将人的需求（见图4—2）从低级到高级分为5个层次：生理需求，安全需求，归属与爱的需求，尊重需求，自我实现的需求。

①生理需求是人类最基本的需求，也是最低层次的需求，如果这些需求（除性以外）任何一项得不到满足，人类个人的生理机能就无法正常运转。

②安全需求指人的安全感。

③归属与爱的需求与人的生理特性、经历、教育、宗教信仰都有关系。

④尊重需求，即尊重别人、自我尊重及被人尊重。

⑤自我实现是最高层次的需求，是指实现个人理想、抱负，最大限度地发挥个人能力，达到自我实现。

● 图4—2　马斯洛的基本需求层次模式图

2）人的心理活动。人的心理活动包括注意、感觉和知觉、记忆、思维、情绪和情感、意志、性格、气质等。

①注意是一种心理现象，具有选择性和保持功能，它可以控制心理活动向

着一定的方向或目标进行。注意状态是学习的必要条件，是认识的开始。

②感觉和知觉。感觉是对事物个别属性的反映，知觉是对事物整体的反映。

③记忆是一个人所经历过的事物在脑中的反映，是人脑积累经验的功能表现。人在生活中，对经历过、感知过、思考过的事物的映像，总是或多或少、不同程度地保留在头脑中，在某个时候重新显现出来，这个过程就是记忆。

④思维是人脑对客观现实概括和间接的反映，它反映的是事物的本质与内部的规律性。

⑤情绪和情感是客观事物是否符合人的需要与愿望、观点而产生的体验。人的情绪和情感往往借助面部表情、语言、语调、动作来表达，起着信息交流的作用。

⑥意志指为达到一定目的，自觉组织自己行动的心理过程，是意识的能动表现，是人们自觉地确定目的并支配其行动以实现预定目的的心理过程。

⑦性格是指人对现实的态度和相应的行为方式中的比较稳定的、具有核心意义的个性心理特征。性格是在后天逐渐形成的，同时也受个体生物学因素的影响。

⑧气质是指一个人典型的、稳定的心理特点，包括心理活动的强度、灵活性和稳定性。

（2）老年人的心理特点

1）老年人由于脑细胞萎缩，各种感知能力下降，对客观事物判断不准确，容易形成错觉。

2）注意力、记忆力下降。

3）思维方面也受到影响，但由于经验丰富，对事物的本质反映可能更明确。

4）情绪反应不如年轻人热烈，追求淡薄，心境较平和。

5）大部分老年人意志不如年轻人，在行为和活动中表现为沉着、安静、迟缓、自信等气质。

6）老年人性格两极分化严重。有的性格强化，自尊心增强、保守、固执、任性、急躁、爱发脾气、孤僻等；有的性格弱化，淡泊、迟钝、依赖、嫉妒多疑、刻板、无自信心等。

7）信念和世界观方面，老年人由于经验、阅历丰富，思维模式固定，不容易被说服，世界观不容易被改变。

8）随着年龄的增长和生活环境的改变，老年人易产生失落、怀旧、淡泊或空虚、自卑的心理。

正因为老年人的这些心理特点，所以他们容易产生心理健康问题。

（3）老年人的心理需求

1）健康需求。这是老年人普遍存在的一种心理状态。人到老年，由于机体生理功能的减退，抵抗力下降，易患各种疾病，老年人常有恐老、怕病、惧死的心理。

2）社会交往需求。老年人社会活动的减少，常常影响老年人的社会交往。在护理过程中应根据老年人的身体情况，合理安排老年人积极参加社会活动，发挥余热，体现自身价值。

3）社会服务需求。老年人由于身体衰老，疾病威胁，需要社会的帮助，因此，要加强老年人的自我健康意识，为老年人营造广泛的社会支持网络。

4）家庭需求。老年人都希望自己有个和睦的家庭环境，不管家庭经济条件如何，只要家庭和睦、子女孝顺，老年人就会感到温暖和幸福。

5）尊重需求，包括自尊和被尊重。老年人由于离开工作岗位，生活环境改变，社交能力降低，人际关系减少、孤独，让老年人感到不被尊重。因此，在护理工作中要特别注意满足老年人对尊重的需求。

4. 老年人的护理特点

（1）身体护理特点

1）老年人日常护理需求多，需要更耐心。高龄、患病、自理困难的老年人，在日常生活方面，自我照顾困难较多，需要精心护理。

①帮助老年人保持身体清洁。一些高龄、患病的老年人在日常生活中，常不能维持自己的清洁卫生，需要护理员的帮助。如护理员每日早晚要帮助老年人洗脸、刷牙，每晚睡前要为老年人洗脚，天气热时还要为老年人擦身或洗澡；每周要为老年人洗头、洗澡 1～2 次，内衣、床单清洗 1～2 次；衣服、被褥若被打湿或弄脏要及时更换，以保持皮肤的清洁卫生；为保持老年人口腔的清洁，应早晚刷牙，饭后漱口；对佩戴有活动义齿的老年人，要注意义齿的护理，老年人睡觉前要将义齿摘下，以防在睡眠中义齿脱落，阻塞呼吸道，发生

窒息。

②卧床老年人预防压疮。自己不能活动或长期卧床的老年人，除保持床铺平整、清洁，还需要定时更换卧位，一般至少 2 h 翻身一次。协助老年人翻身后要观察老年人的皮肤有无压疮的情况，若皮肤有受压的迹象，应缩短翻身的间隔时间，并及时采取压疮预防措施。对肢体有瘫痪、大小便失禁的老年人要随时协助其更换床单、被褥，以保持老年人身体的清洁和舒适，避免压疮的发生。

③协助老年着装。老年人的衣着要合体保暖，宜柔软、宽松，穿、脱方便，随天气变化随时增减衣物。衣服弄脏后应及时更换。冬季宜穿柔软、轻便、有弹性、保暖御寒性能较好的衣服；夏季宜穿透气散热、吸湿的衣服。老年人换下的衣裤应及时洗净、晒干后收好。

2）老年人要饮食多样，照顾要周到、仔细

①饮食照顾要周到、耐心。老年人由于牙齿松动、脱落，饭菜应软烂、可口。

②设法满足老年人营养需要。由于老年人味觉与嗅觉功能减退，影响食欲和食量，护理中不仅要满足老年人的营养需求、增进食量，还要注意控制盐、糖摄入。因此，护理员要熟悉各种食物的营养素，为老年人选择既营养又符合身体健康的食品。

③注意进食的安全。对于不能自理的老年人，护理员要帮助老年人进食。由于老年人的吞咽功能减弱，进食过快易发生呛咳，要注意进食的姿势和速度。对需要喂饭的老年人，护理员应注意每口的量，速度要慢，干稀搭配，避免发生意外。

3）老年人清洁的照顾技巧要熟练、细心。老年人排泄功能发生异常情况较多，若得不到有效照顾，将导致并发症的发生，对老年人的身心健康造成很大危害。因此，护理员不但需要有熟练的照顾技巧，还要有高度的责任心、耐心和细心，以及良好的心理状态。

4）有睡眠障碍的老年人要仔细观察和照顾

①老年人的睡眠时间要充足。老年人由于大脑皮层的抑制过程减弱，睡眠浅，夜间醒来次数多，夜间睡眠时间若不足，中午可适当休息。护理员在老年人睡眠时，应注意环境要保持安静，将门窗及窗帘关闭，对不能自理的老年

人，要保持其体位舒适。

②及时发现老年人睡眠障碍。睡眠障碍是老年人经常发生的健康问题，睡眠障碍常使得老年人身心疲惫、焦虑、精神恍惚，甚至导致其他疾病的发生，护理员要仔细观察，及时发现问题，寻找原因，以便妥善帮助老年人，使老年人得到充足的睡眠。

5）老年人视听功能减弱，沟通需注意技巧。老年人视力、听力减退，使老年人与外界沟通难度增加。视力不好的老年人，要为其佩戴合适的眼镜，生活上给予周到的照顾；听力下降的老年人，要注意与其沟通的技巧，如说话清楚、耐心、语速稍慢，必要时为其佩戴助听器。

6）老年人的安全防护需要加强

①老年人判断能力下降，控制姿势能力降低，肢体协调功能降低，容易发生跌倒、坠床等意外。有的老年人进食的过程中易发生呛咳、噎食或误食等情况。因此，要随时注意老年人的安全。

②老年人使用的设施设备，应注意安全防护，如取暖、用电、沐浴、室内家具、物品等，要从老年人的需要考虑，以防不慎造成老年人的损伤。护理员要强化安全意识，如对自理困难的老年人，要随时加用床档保护，以免坠床；用热水袋的老年人，要防烫伤；预防老年人沐浴滑倒等。

③了解老年人心理，适时提供帮助。有的老年人不服老或是怕麻烦别人，生活中的事愿意自己动手做。健康状况良好的老年人要鼓励他们自己动手，但要注意安全，避免发生意外；健康状况较差的老年人，需要讲解清楚，解除思想上的顾虑，随时协助他们解决生活中的需要。

④进食中预防误吸、误食。在老年人进食、饮水前要做好指导，进食应采取坐位或半坐位，以防呛咳、误吸。对吞咽困难的老年人，可将食物打成糊状，以利吞咽。

7）老年人感染性疾病发病增加。老年人机体免疫功能下降，感染性疾病的发生率明显高于年轻人，尤其是呼吸系统与泌尿系统感染性疾病。因此，在对老年人的照顾中要注意预防感染发生，鼓励能自理的老年人锻炼身体，以增强抗病的能力，预防疾病。

在疾病流行期间，应注意老年人的保护，指导老年人不要去人群密集的地方，外出归来也应注意洗手和漱口。

8）老年人机体反应能力下降，易患病，需警惕。由于机体反应能力降低，老年人患病后往往临床症状不典型，使得老年人患病易被忽略和误诊，从而延误病情。因此，护理员在对老年人的护理中，要随时注意观察老年人的身体状况，如发现异常表现，即使是非常细微的表现，也要高度重视，及时报告。

（2）心理护理特点

1）老年人自尊的需求程度增强。社会地位的改变，生理功能的变化和衰退，疾病的困扰，经济收入减少，社会与家庭承担责任能力下降等诸多因素导致老年人易产生失落、怀旧、淡泊或空虚、自卑等心理。

2）老年人孤独的处境需要更多的关怀与照顾。老年人与社会的沟通减少，信息来源减少，视力、听力减退，更需要关怀、关爱，需要亲情，需要社会交往，需要获得信息和友情。因此，护理员要多与老年人交谈，陪伴老年人，以满足老年人精神、心理的需要。

3）与老年人交流时要讲究沟通技巧

①在与老年人的沟通中，态度要真诚、友善。

②倾听老年人讲话要专心、耐心。

③与老年人说话语言清晰、语句扼要。

④当向老年人询问时，要将问题说得简单清楚一些。

⑤当老年人心情不好、生病或感到害怕、恐惧时，护理员应陪伴老年人并适当地运用触摸、轻握老年人的手、抚背等方式表达关爱、关心和支持。

⑥及时用语言、微笑、点头来反馈与老年人沟通的感受。

⑦不要在老年人视线范围内与其他老年人或护理员窃窃私语，以免产生误解。

⑧对待老年人要一视同仁，不分亲疏。

5. 老年人的护理需求

（1）基本生活需求

1）食物的需求。为不能自理的老年人喂食和喂水。

2）排泄的需求。帮助不能自理的老年人进行排便、排尿，及时清除排泄物、更换尿布等。

3）个人清洁卫生的需求。包括为老年人洗脸、洗手、洗头、洗脚，协助整理个人物品，清洁、平整床铺，更换床单，更换衣裤，整理衣物，口腔清洁，皮肤护理（清洗会阴、擦浴、沐浴、压疮预防）等。

（2）安全的需求。居室室温适宜，采光通风良好。防止老年人跌倒、噎食、误吸、损伤，保持皮肤的完整性。

（3）爱和归属的需求。营造良好的休养环境和人际环境，促进老年人的人际交往，帮助老年人及时与家人联系与沟通，并给予精神上的关心。

（4）尊重的需求。运用沟通技巧，维护老年人的自尊，保护老年人的隐私。

（5）审美的需求。协助老年人整理妆容、衣着修饰，使其保持良好的精神状态。

（6）活动和休息的需求。帮助老年人适当活动，并尽可能促进老年人的正常睡眠，提供舒适的睡眠环境，使其养成良好的睡眠习惯，避免晚餐过饱，避免情绪激动，必要时提供镇静药物帮助睡眠。

（7）控制体温的需求。老年人对外界温度变化不敏感，必须时刻关心其冷暖。冬天用热水袋时防止烫伤，夏天空调应调在28℃左右。

（8）沟通需求

1）语言沟通。耐心倾听老年人倾诉，不打断对方，适时表态，总结老年人讲话，让老年人感受到护理员在倾听，并且完全理解老年人。

2）非语言沟通。根据老年人性格与文化背景，可适度给予触摸，表达关心。

二、老年人日常生活护理

1. 清洁卫生护理

（1）老年人起居环境的护理

1）老年人的房间要保持整齐、清洁、通风；房间设备简单、实用，家具靠边摆放整齐；每日清洁，定期大扫除。

2）老年人的床铺要保持清洁、干燥、平整、柔软、舒适。护理员每天协助老年人整理床铺，每周定期为老年人更换清洁被单，对大小便失禁的老年人要垫尿垫，如被单污染随时更换。

3）老年人机体对温湿度的调节能力减弱，因此，要注意室内温湿度的调节。一般老年人房间的温度冬季以 18～22℃为宜，夏季以 28～30℃为宜，相对湿度在 50%～60%为宜。

4）老年人的房间室内、走廊可摆放一些花草、装饰、家人的照片等，摆设以老年人喜好安排，房间物品要每天整理，摆放整齐、美观，且便于老年人使用。

（2）老年人起居与清洁卫生

1）晨、晚间护理

①晨间护理

a. 帮助老年人排便、漱口、洗脸、洗手、梳头。

b. 检查皮肤受压情况。

c. 更换衣服和床单。

d. 观察老年人情况。

e. 整理床单元，酌情开窗通风。

②晚间护理

a. 协助老年人漱口、洗脸、洗手、洗背部、洗臀部，用热水泡脚，整理床铺，为女性老年人清洁会阴。

b. 做好压疮预防护理。

c. 酌情关门窗，拉窗帘，开地灯，关大灯，减少噪声和强光刺激。

d. 为老年人铺盖被，夜间要经常巡视，了解老年人睡眠情况，发现异常及时采取应急措施并与家属联系。

2）协助老年人更衣

①老年人衣着宜选柔软、透气、宽松的棉制品；袜子口不宜过紧，勤换洗，保持足部干爽；鞋子大小合适，柔软、舒适，一般以软平底、便于穿脱为宜。

②帮助老年人穿脱衣物的方法

a. 穿脱开身衣服。为不能自理的老年人穿衣时，先穿近侧衣袖，再将衣服平整地放在老年人身下，协助老年人翻身侧卧，面向护理员，将衣服从老年人身下拉出，穿好远侧衣袖，扣好衣扣；脱衣时先脱远侧衣袖，再脱近侧。若老年人一侧肢体活动困难，穿衣时应先穿患侧衣袖，再穿健侧，脱衣时先脱健侧，再脱患侧。

b. 穿脱裤子。穿裤时，先将两裤腿分别套于护理员一侧的手臂上，一手握住老年人的脚，一手将裤子穿于老年人的腿上，系好裤带（老年人的裤腰处宜选择松紧带为好）；脱裤时，将裤带解开，向下脱出即可。

c. 穿、脱套头衣服。卧床老年人穿衣时先分别将两手臂穿好，再将衣服向上拉，将领口处套在老年人头上，整理平整即可；脱衣时将衣服向上拉至胸部，先脱出双臂，再向上至头部脱下即可。

3）协助老年人进行口腔清洁

目的：清除口腔内食物残渣和碎屑，保持老年人口腔清洁。

用物：牙刷、牙膏、漱口水、漱口杯、毛巾、吸管、塑料巾或围巾、水盆等。

①能走动的老年人，根据老年人自理情况，给予适当协助。

②不能走动的老年人，扶到床上坐起，铺上塑料巾，置水盆于塑料巾上，协助老年人在床上刷牙。

③完全不能自理的老年人，协助老年人翻身侧卧，将头肩用枕头垫高，头肩部下铺塑料巾，协助老年人用吸管吸漱口水，再将准备好的牙刷递给老年人，协助老年人刷牙后清洁面部。

④对不能使用牙刷者，可用清水漱口数次，也可用棉签或棉球擦拭，进行口腔清洁。

a. 棉签擦拭

用物准备：漱口水、棉签、塑料巾、毛巾、润唇膏。

操作方法：将老年人身体侧卧，面向护理员，塑料巾和毛巾围于老年人胸前，用棉签蘸水适量（不宜过湿），按口唇—牙齿—牙龈—颊部—上腭—舌—口腔的顺序擦拭；清洁结束为老年人清洁面部并擦干，为老年人涂上润唇膏；整理用物，洗手；记录执行时间及护理效果。

b. 棉球擦拭

用物准备：漱口水、棉球、镊子 2 把、压舌板、搪瓷碗、弯盘 2 个、毛巾、吸管、塑料巾、润唇膏。

操作方法：将棉球清点放于碗中，用漱口水浸湿，将老年人身体侧卧，面向护理员，塑料巾与毛巾围于老年人胸前，镊子夹取棉球，每次一个，先湿润口腔，再夹取棉球按口唇—牙齿—牙龈—颊部—上腭—舌—口腔的顺序擦拭；

清洁结束为老年人清洁面部并擦干，并为老年人涂上润唇膏；整理用物，洗手；记录执行时间及护理效果。

注意事项：擦拭时要注意棉签或棉球不可过湿，以免使老年人发生呛咳；清洁时每个部位用一个棉签或棉球，棉签或棉球不得重复使用；如老年人意识不清或不配合时，可使用压舌板。

⑤义齿清洁。许多老年人由于牙齿脱落使用义齿，义齿要每天清洁，以防口腔感染。

用物准备：水杯、棉签、牙刷、洗牙液、毛巾等。

操作方法：护理员戴好手套，取下老年人义齿（先取上面的义齿，后取下面的义齿），用牙刷或棉签蘸取洗牙液或直接在流动水下刷洗干净，再协助老年人戴好。晚饭后或老年人睡前再取下义齿清洁干净，浸泡于清洁的冷水杯中。整理用物，洗手。记录执行时间及护理效果。

注意事项：对意识不清的老年人应将义齿取下，刷洗干净，放于清洁的冷水中浸泡保存；戴义齿前应将义齿浸湿后再戴；义齿不可浸泡在热水或乙醇中，以免变形、变色及老化；戴义齿前，护理员应协助老年人进行口腔清洁，并保持义齿湿润以减少摩擦。

4）老年人的头发护理

目的：保持长期卧床老年人的头发清洁、舒适、美观，促进血液循环，防止疾病传播。

①梳头法

用物准备：老年人自备的干毛巾或头巾、梳子、纸巾等。

操作方法：协助老年人取坐位或半坐卧位，对不能坐起的老年人，可协助其侧卧或平卧，头偏向一侧；将干毛巾围在老年人的肩上，如老年人卧床时毛巾铺于枕上；将头发从中间分成 2 股，护理员一手握住一股头发，一手持梳子，由发根至发梢将头发梳理整齐（如老年人为长发，应从发梢逐渐梳到发根）；同法梳理另一侧；将脱落的头发置于纸巾上包裹，撤去毛巾，为卧床老年人整理床铺、衣服；清理用物，洗手。

②坐位洗头

用物准备：干毛巾 2 块、洗头液、梳子、43~45℃热水及水壶、座椅等。

操作方法：将干毛巾围于老年人颈背部，松开头发，嘱老年人坐稳，闭双眼低头于水盆上方，一手扶持老年人头部，一手冲热水将头发湿润，涂适量洗发液揉搓头发并按摩头皮；洗毕用热水冲洗干净，为老年人擦干头发及面部，用电吹风吹干，梳理整齐；整理用物；记录执行时间及护理效果。

注意事项：洗发过程中随时注意询问老年人有无不适，水温是否合适，揉搓力度是否合适，以便随时调整操作方法。

③床上洗头

用物准备：浴巾、毛巾、橡胶单、洗头液、别针、眼罩、梳子、污水桶、43~45℃热水及水壶、棉球、水杯、接水盆（或马蹄形垫、床上洗发器）、电吹风等。

操作方法：将用物携至床旁；将老年人衣领松开向内折，毛巾围于颈下，别针固定，铺橡胶单和浴巾于枕上；取接水盆一只，盆底放一条毛巾，倒扣水杯于盆底，杯上垫折成四折并外裹防水薄膜的毛巾；将老年人的头枕于水杯上，用棉球塞住老年人双耳，眼罩遮盖双眼；松开老年人头发，充分冲温水，湿润头发，将适量洗发液涂遍头发，由发际至脑后部反复揉搓并轻轻按摩头皮；洗毕用热水冲洗干净，解下颈部毛巾，为老年人擦干头发及面部；一手托住老年人头部，一手撤去接水盆；用颈部干浴帽包裹并擦干头发；将枕头放回原处，取下耳内棉球和眼罩，用毛巾包好头发擦干面部，解下包头毛巾；用电吹风吹干头发，梳理整齐；撤去洗发用物，协助老年人取舒适体位，整理老年人衣服及被褥（必要时更换清洁衣服、被单），整理并清洁用物，开窗通风；记录执行时间及护理效果。

注意事项：护理员为老年人洗头时，要注意观察老年人面色、呼吸等，如有异常，立即停止；极度衰弱的老年人不宜洗头；洗头时间不宜过长，避免引起老年人头部充血或疲劳不适；操作过程中，避免打湿衣服和床铺，防止老年人受凉，保持老年人舒适体位，防止水流入耳和眼。

5）协助老年人沐浴

目的：使老年人保持清洁、舒适，促进皮肤排泄及血液循环。

用物准备：脸盆、浴帽、浴巾、沐浴露或浴皂、洗发液、清洁衣裤、拖鞋、手消毒液。

环境准备：调节室温至22℃以上，水温保持在41~46℃，也可按老年人习惯调节。

操作方法：检查浴盆或浴室是否清洁，浴室放防滑垫，协助老年人准备洗浴用品和护肤品，将用物放于浴盆或浴室内易取处。根据需要，协助老年人入浴室，嘱老年人穿好拖鞋，指导老年人调节冷、热水开关及使用浴室呼叫器。嘱老年人进、出浴室要扶好安全扶手。浴室不闩门，将“正在使用”的标记挂于浴室外。老年人沐浴时，护理员应在可听到呼唤的地方，并每隔 5 min 检查老年人情况，注意观察老年人在沐浴过程中的反应。如老年人采用盆浴，根据情况协助老年人移出浴盆，帮助老年人擦干皮肤，根据需要协助老年人穿好清洁衣物；协助老年人回房间，取舒适体位；清洁浴盆或浴室，将用物还原，将“未用”标记挂于浴室外；整理用物，洗手；记录执行时间及护理效果。

注意事项：护理员操作前后要洗净双手，修剪指甲；沐浴应在老年人进食 1 h 后进行，以免影响消化功能；沐浴时注意老年人安全，浴盆内、地面要放防滑垫。

6）为老年人进行床上擦浴

用物准备：浴毯、浴巾 2 条、脸盆、毛巾 2 条、水桶 2 个、温水（50~52℃，可根据老年人习惯增减水温）、清洁衣裤、浓度为 50% 的乙醇、水杯、护肤品（润肤剂、爽身粉）、便盆、便盆巾、屏风等。

环境准备：调节室温在 24℃以上，关好门窗，拉上窗帘或使用屏风遮挡。

操作方法：向老年人解释，将用物放于易取、稳妥处。按需要给予便器。协助老年人移近护理员，到舒适卧位，并保持身体平衡，根据老年人身体状况放平床头及床尾支架，松开盖被，移至床尾；用浴毯遮盖老年人；将脸盆和浴皂放于床头柜，倒入约 2/3 深的温水，放在床旁椅上。

①擦洗面部和颈部。将浴巾铺于老年人枕上，毛巾叠成手套状，包于护理员手上，放入水中彻底浸湿，依次为老年人擦洗眼、前额、面颊、鼻翼、耳后、下颌直至颈部。

②擦洗上肢和手。为老年人脱去上衣，盖好浴毯，先脱近侧，后脱远侧。如有肢体活动障碍，先脱健侧后脱患侧，将浴巾铺于老年人上肢下面，擦洗上肢直至腋窝，再用浴巾擦干。同法擦洗对侧肢体。

③擦洗胸腹部。更换温水，用浴巾遮盖老年人胸腹部，将浴毯向下折叠至老年人脐部；护理员一手掀起浴巾一边，用另一包有毛巾的手擦洗胸腹，擦洗女性老年人乳房时应环形用力，注意擦净乳房下皮肤皱褶处；将浴巾纵向盖于

老年人胸腹部，将浴毯向下折叠至会阴部，护理员一手掀起浴巾一边，用另一包有毛巾的手擦洗老年人腹部一侧，同法擦洗另一侧，彻底擦干腹部皮肤。

④擦洗背部。协助老年人取侧卧位，背向护理员，将浴巾纵向铺于老年人身下，将浴毯盖于老年人肩部和腿部；依次擦洗后颈部、背部至臀部；进行背部按摩；协助老年人穿好清洁上衣，先穿对侧，后穿近侧，如有肢体活动障碍，先穿患侧后穿健侧；将浴毯盖于老年人胸腹部，换水。

⑤擦洗下肢、足部及会阴。协助老年人平卧，将浴毯掀至床中线处，盖于远侧腿部，确保遮盖会阴部位，将浴巾纵向铺于近侧腰腿下面；依次擦洗踝部、膝关节、大腿；洗净后彻底擦干，移盆至足下，盆下垫浴巾，一手托起老年人小腿部，将足部轻轻置于盆内，浸泡后擦洗；根据情况修剪趾甲，彻底擦干足部，若足部过于干燥，可使用润肤剂；护理员移至床对侧，同法擦洗对侧；换水后，用浴巾盖好上肢和胸部，用浴毯盖好下肢，只暴露会阴部，洗净并擦干会阴部（老年人能动者可自己擦洗）；协助老年人穿好清洁裤子；协助老年人取舒适体位，为老年人梳头；整理床铺，按需要更换床单；整理用物并还原，洗手；记录执行时间及护理效果。

注意事项：擦浴时应注意为老年人保暖，控制室温，随时调节水温，及时为老年人盖好浴毯，天冷时可在被内操作；操作时动作敏捷、轻柔，减少翻动次数，通常在15~30 min内完成；擦浴过程中应注意观察老年人身体不良反应，如出现寒战、面色苍白、脉速等征象，应立即停止擦浴，并给予适当处理；注意保护老年人隐私。

7）女性老年人会阴冲洗法

目的：去除会阴异味，预防和减少感染，增进舒适感。

用物准备：干燥浴巾、中毛巾各一条，大棉棒（镊子、棉球、小毛巾均可），冲洗水壶内盛40~45℃温水，便器、橡胶单、棉垫（尿布）、清洁衣裤和被单等。

操作方法：关闭门窗，冬季调节室温至24~26℃；向老年人解释，将用物携至床旁；协助老年人平卧，屈膝，将盖被尾向上折叠，协助老年人脱下一侧裤腿，暴露会阴，暴露一侧腿部盖浴巾；将橡胶单与棉垫（尿布）垫于臀下，一手托起老年人的骶尾部，一手将便器置于臀下；一手用大棉棒（小毛巾或镊子夹棉球）分开阴唇，一手持水壶由上向下冲洗或用小毛巾清洗；冲洗干净后用毛巾擦干，撤去便盆、橡胶单、棉垫（尿布）；为老年人穿好裤子，整理床铺；洗手；记录执行时间及护理效果。

注意事项：注意为老年人保暖；操作时不要将水流至老年人的腹部和被褥上，如被褥潮湿污染及时更换；护理员操作前应洗净并温暖双手。

8）修剪指（趾）甲

目的：使指（趾）甲长短适度，防止老年人指（趾）甲变形或因嵌甲而引起甲沟炎等。

用物准备：指甲剪、锉刀、橡皮单、布中单、脸盆、毛巾、润肤油、温水或淡食醋或肥皂水。

操作方法：携用物至床旁，向老年人解释；征得老年人同意后，帮助老年人露出手臂或脱去鞋袜露出脚趾；一手握住手指或脚趾，另一手持指甲剪，逐个将指（趾）甲剪成弧形，剪毕用锉刀锉平滑，以此方法修剪另一侧；涂抹润肤油在老年人手部或足部；若老年人有灰指（趾）甲或厚茧，将橡皮单、布中单垫老年人手或足下，帮助老年人用肥皂水或淡食醋温水泡 10～20 min 后擦干，再修剪；收集剪下的指（趾）甲，包于纸内；整理用物，洗手；记录执行时间及护理效果。

注意事项：修剪指（趾）甲时，应注意指（趾）甲的长度，切不可剪得过短。

9）背疗按摩

目的：促进皮肤血液循环，预防压疮等并发症发生；观察老年人一般情况，皮肤有无破损，满足老年人身心需要。

用物准备：毛巾、浴巾、浓度为 50% 的乙醇、脸盆（内盛 50～52℃ 的温水）、手消毒液、屏风。

环境准备：关闭门窗，调节室温在 24℃ 以上，拉上窗帘或使用屏风遮挡。

操作方法：将用物携至床旁，向老年人解释；将盛温水的脸盆置于床头柜或椅上；协助老年人取俯卧位或侧卧位，背向护理员；铺浴巾，暴露老年人背部、肩部、上肢及臀部，将身体其他部位用盖被盖好，将浴巾纵向铺于老年人身下；清洁背部，用毛巾依次擦洗老年人的颈部、肩部、背部及臀部；全背按摩时两手掌蘸少许乙醇，用手掌大、小鱼际以环形方式按摩；从骶尾部开始，沿脊柱两侧向上按摩至肩部，按摩肩胛部位时应用力稍轻，再从上臂沿背部两侧向下按摩至髂嵴部位，如此有节律地按摩数次；用拇指指腹蘸乙醇，由骶尾部开始沿脊柱门窗按摩至肩部、颈部，再继续向下按摩至骶尾部；用手掌大、小鱼际蘸乙醇，紧贴皮肤按摩其他受压处，按向心方向按摩，由轻至重，再由重至轻；轻叩背部 3 min；用浴巾擦净背部乙醇，撤去浴巾后协助老年人穿好衣服；协助老年人取舒适体位；整理床铺用物，洗手；记录执行时间及护理效果。

10）为卧床老年人更换被单

目的：使卧床老年人清洁、舒适，预防并发症。

用物准备：清洁大单、被套、枕套、扫床刷、刷套，必要时备衣裤。

环境准备：关闭门窗，避免对流风。

操作方法：

①更换床单：将用物携至床旁，按使用顺序放于床旁椅上，向老年人解释，征得同意后操作；松开被尾与床单，协助老年人翻身侧卧，背向护理员，同时将枕头移向对侧；松开近侧各层床单，将污单向上卷入老年人身下，清扫褥垫；将清洁的床单中线和床的中线对齐，一半塞于老年人身下，靠近侧的另一半平整铺好；协助老年人翻身侧卧于铺好的一侧，面向护理员，同时将枕头移于近侧，护理员转至对侧，将污染床单卷起拿出放于污衣袋内，清扫褥垫；将清洁床单从老年人的身下拉出，平整铺好。

②更换被套：松开被套，撤出内芯，将清洁的被套平铺于床上（或老年人身上），将内芯平整地装入被套，整理棉被，将污染被套撤出放入污衣袋内；棉被两侧向内折叠，被尾向下折叠平整。

③更换枕套：一手托起老年人的头部，一手取出枕头，更换枕套，同法将枕头放于老年人头下；整理用物，污被服送洗；洗手；记录更换时间。

注意事项：如老年人因病不能翻身，可采用由上向下的方法更换被单；更换时注意老年人的安全，必要时用防护栏，以防坠床；操作时注意为老年人保暖。

2. 进餐护理

（1）对能自己进食的老年人进行进餐护理

1）保持进餐环境整洁，空气新鲜无异味，室内安静无噪声，为老年人清洗双手。

2）进餐前为老年人摆好餐桌，搀扶老年人坐稳。

3）饭菜摆上桌，向老年人简要介绍菜品，以刺激食欲。

4）注意老年人的食欲、食量、进食速度和喜欢的食物。

5）进餐后及时协助老年人清洁面部，搀扶老年人离开餐桌，清理餐具。

（2）对长期卧床的老年人进行进餐护理

1）卧床老年人进食时，为防止呛咳尽可能采用坐位。床头需抬高 45°，颈下垫入枕。

2）饭前给老年人系上餐巾。

3）根据老年人身体情况，为老年人提供合适的餐具，尽可能地鼓励老年人自己进餐。如需喂饭，速度不宜过快，确认吞咽后再继续喂。

4）进食之初喝少量的水或汤等。喝水或汤时，可以使用带嘴的杯或吸管，以防老年人自己进餐时弄湿床单。

5）根据老年人身体功能状况制作饭菜，如小块、小片、丝状、饭团或流质等，便于老年人食用。

6）饭后用清水或茶水漱口，以保持口腔内清洁。

7）必要时，记录用餐时间、用餐量等。

（3）对有视力障碍的老年人进行进餐护理

1）对于有视力障碍的老年人，进餐前，护理员要向老年人说明餐盘、饭碗位置，尽量固定摆放，使用习惯的餐具。

2）视力障碍的老年人更需注重食物的香味和味道，尽量给予柔软易消化的食物，鱼类的食物应先将鱼刺剔掉。

3）进食前提醒老年人食物的温度，以免发生烫伤。

4）饭后用清水或茶水漱口，以保持口腔内的清洁。

5）必要时，记录用餐时间、用餐量等。

（4）对吞咽困难的老年人进行进餐护理

1）吞咽困难老年人进餐时很容易发生误咽、呛咳。因此，老年人进餐时尽量采用坐位或半坐卧位，偏瘫老年人可采取侧卧位，头部不要后仰。

2）进餐前喝适量水，以润滑口腔，吃饭时不要讲话。

3）不要同时吞流食和固体食物。

4）不要吃太急或放太多的食物入口。

5）喝水时应使用矮身杯，头稍向前低垂，以防误咽。如有呛咳，必须休息一会儿，待呼吸平稳后再继续进食。用餐结束后漱净口腔内残留物。

6）必要时，记录用餐时间、用餐量等。

3. 排泄护理

对于行动不便的老年人来说，排泄也是一大难题，需要护理员的帮助与安慰。

（1）排便失禁

1）排便失禁会使营养大量流失，水分和电解质丢失过多，造成老年人身体虚弱，故应卧床休息，减少活动。

2）可以通过饮食疗法刺激胃、结肠反射并使粪便质地正常化，也可采取排便训练，建立排便时间，通过生物反馈训练肛门括约肌活动，以提高病人对直肠扩张的感受性和警觉性。

3）失水严重时，应鼓励大量饮水或用补液方法及时补充，防止水、电解质失衡。

4）做好皮肤护理，保持会阴部及肛门周围皮肤的清洁、干燥，防止发生破溃；及时更换尿垫、床单，每次便后用温水清洗会阴、肛周皮肤，必要时使用油膏或消炎药涂擦，还可用烤灯进行局部治疗。

5）掌握卧床老年人排便规律，定时给予便器设法接便，保持皮肤、被服的清洁干燥。

（2）尿失禁

1）尊重老年人，给予安慰和鼓励。

2）保持局部清洁、干燥，防止压疮；保持被褥整洁、干燥，湿后及时更换；每次排尿后用温水清洗会阴及肛门周围。

3）适量饮水，减少尿路感染和结石的发生。一般情况下，每天应摄入2 000~3 000 mL的水，晚餐后应适当控制水的摄入，以减少夜尿。

4）指导老年人养成良好的生活习惯，嘱其穿宽松、柔软、舒适、易解的衣裤，减轻对腹部的压力，定时开门窗，通风换气，保持室内空气清新。

5）鼓励老年人参加社会活动以增强自信心。对过度紧张、焦虑的老年人，护理员要多关心、安慰。

4. 睡眠护理

老年人睡眠与觉醒的生理节奏与年轻人不同，一般都有自己多年养成相对节律的生理节奏。如果规律被破坏，可能导致老年人睡眠障碍，影响老年人的健康。

（1）老年人睡眠环境宜安静，减少噪声

1）护理员要做到说话轻、操作轻、走路轻、关门轻。

2）为老年人做护理时尽量集中进行，避开老年人睡眠时间。

3）老年人睡前两小时内，视季节为老年人开窗通风 30～60 min，保持屋内空气清新。

4）对有夜尿习惯的老年人，床旁要准备便器，如老年人习惯去卫生间，过道不要堆放杂物。

5）老年人居室宜使用深色窗帘，夜间睡眠时关灯或使用地灯。

6）温湿度适宜，冬季室温保持 20～22℃，夏季 28℃，相对湿度在 50%～60%。

7）被褥要柔软、保暖，枕头要舒适，并根据季节变化及时调整被褥厚薄，按照老年人的习惯调整枕头高度。

8）护理员要随时检查老年人床铺，确认床脚是否稳定、床栏杆是否安全。

（2）促进老年人养成良好的睡眠习惯

1）根据老年人习惯，为老年人安排睡眠环境、时间。

2）对失智和睡眠类型紊乱的老年人（如昼夜颠倒），应给予特殊照顾，设法调整睡眠类型。

（3）促进老年人身体舒适，诱导睡眠

1）就寝前为老年人铺好床，协助老年人清洁口腔，洗脸、清洁会阴，并用热水泡洗双脚，使老年人身体、精神都感到舒适。

2）协助老年人排空大小便，并控制晚间液体摄入量，减少夜尿；同时也要注意防止老年人夜间口渴，特别是冬季有暖气，室内空气干燥，护理时注意老年人睡前可适量喝水，夜间给老年人床头柜放一杯水，以便需要时取用。

3）协助老年人采取舒适的睡眠姿势，一般以右侧卧位为好。

4）腰疼或关节痛的老年人要注意体位的安置，必要时对疼痛部位进行按摩，对需要支撑的肢体可垫软枕。

5）老年人如有身体不适，如疼痛、瘙痒、气喘等要及时解决，护理员无法解决时应及时报告。

（4）促进老年人心情舒畅。护理员要注意观察，老年人如有不愉快和烦心的事要及时与老年人谈心，陪伴老年人，倾听老年人倾诉。

（5）协助有失眠症状的老年人入睡。可遵医嘱，协助老年人服用镇静剂或安眠药。这类药物存在不良反应，如导致机体感知觉下降、血压下降等，还有的老年人长期服药或擅自加大药量，易导致药物依赖。护理员要注意观察药物反应，发现异常应及时报告，以防意外发生。

5. 服药护理

患有慢性疾病的老年人，需要长期服药，护理员应遵照医嘱，帮助老年人按时服药。

（1）护理员要熟悉老年人长期服用药物的种类、药名、剂量和服用时间。

（2）服药后应多饮水，有利于药物溶解吸收和排泄，一般服药用 50～100 mL 温水为宜；对长期卧床的老年人服药时应加倍多饮水，防止药物停留在食道内；能站立或坐位服药的，尽量不要卧位服药。

（3）服药后要做好标记，以防老年人记忆力差而导致用药过量。

（4）老年人服用泻药时，要注意观察排泄量，防止流失大量水分而引起脱水。

（5）服用安眠药物时，要观察老年人是否将药物全部吞下，护理员要等老年人将药物服下后才可离开。

（6）对某些易引起不良反应的药物，要注意观察，防止不良反应的发生。

（7）对某些易引起尿液、粪便颜色改变的药物，要尽早告诉老年人，防止老年人恐惧、害怕。

三、老年人疾病护理

1. 老年人患病特点

（1）患病率高。老年人机体抵抗力及对环境的适应能力减弱，容易发病。

（2）多种疾病同时存在。老年人一人多病的现象极为常见，因而临床表现错综复杂又可相互掩盖。疾病之间相互影响，增加了诊断和治疗的困难。

（3）起病隐匿、临床表现不典型。老年人机体功能衰退，反应性低下，对冷热、疼痛反应性差，体温调节能力降低，生病时自觉症状常较轻微，临床表现往往不典型，给疾病的早期诊断、治疗和护理带来困难。

（4）病情进展快。老年人各种器官功能减退，机体适应能力低下，一旦发病或治疗不及时，病情常迅速恶化。

（5）易发生意识障碍和精神症状。老年人易出现嗜睡、昏厥、昏迷、躁动或精神错乱等意识障碍和精神症状，可能与老年人脑动脉硬化、血压波动、电解质紊乱及感染、中毒等有关，使老年人疾病的早期诊断更加困难。

（6）病程长、疗效差、恢复慢、并发症多

1）由于老年人患病多为慢性、进行性疾病，短期难以彻底治愈，有的甚至需要终生治疗。

2）即便是普通疾病，老年人的恢复期往往也较年轻人长。

3）老年人随着病情变化，容易发生并发症和多器官功能损害等。

2. 老年人常见急、慢性疾病及护理

（1）高血压老年人的护理。人体血压正常值为 90～139 mmHg/60～89 mmHg，当血压≥140 mmHg/90 mmHg 时称为高血压。高血压是对老年人健康和生命危害最严重的心血管疾病之一。老年人初患高血压时多无明显自觉症状或表现为轻度头晕、头痛；随着病情发展自觉症状逐渐加重，头晕眼花、头痛加重、心悸、耳鸣、失眠、四肢无力，严重时出现恶心、呕吐、视物模糊、四肢麻木等症状。具体护理措施如下：

1）指导老年人充足休息，合理运动。

2）帮助老年人学会控制情绪。

3）协助老年人合理饮食，控制体重，控制食盐摄入量，选择含钾高食物，膳食以低脂、低胆固醇、低热量为宜。

4）促使老年人养成良好排便习惯，保持大小便通畅，预防便秘。

5）督促老年人坚持按医嘱正确服用降压药。

6）避免老年人突然改变体位，防止体位性低血压的发生。

7）普及健康教育，使老年人了解高血压病知识；经常为老年人测量血压，注意观察高血压老年人的病情变化。

（2）慢性支气管炎老年人的护理。慢性支气管炎是老年人常见的多发病，主要表现是反复咳嗽，常伴有气喘、咳痰，天冷受寒时易急性发作。病程长、症状严重者可引起肺气肿、肺炎及其他并发症。具体护理措施如下：

1）预防老年人感冒，注意保暖。

2）保持环境清洁、温暖、舒适，每日定时开窗通风。

3）饮食合理调配，以高蛋白、高维生素、多纤维、清淡少盐为宜。

4）加强老年人身体锻炼，禁烟。

5）坚持呼吸功能锻炼，保持呼吸道通畅，仔细观察老年人咳嗽、咳痰情况。

（3）冠心病老年人的护理。冠心病是老年人的常见病，老年人患病后可发生心绞痛，严重者可突发心肌梗死。心绞痛发作时，常表现为面色苍白、胸骨后或心前区压榨样疼痛，并向颈部、上腹部、左肩或手臂内侧放射，持续约几分钟或十几分钟，还会有心率增快或减慢、心律失常等表现。

1）冠心病老年人具体护理措施

①早治三高，调整生活方式。

②适当锻炼，避免暴饮暴食。

③帮助老年人学会调节情绪。

④随身携带心绞痛药。

⑤了解冠心病危险及预防。

⑥按医嘱服药。

2）心肌梗死发生前兆

①心绞痛频繁发作，胸痛加剧，心绞痛伴胸闷同时出现，也可在稍活动时表现出心慌、气短。

②突然出现原因不明的呼吸困难、咳嗽、咳泡沫痰等急性左心衰症状。

③老年人自觉心慌、气急、脉搏不齐，且症状反复频繁出现。

④疲乏无力、精神不振、嗜睡、烦躁、头晕、恶心、呕吐或腹泻等感冒症状或胃肠道症状。

⑤老年人常无明显的心前区疼痛，而表现为牙痛、胃部不适、左肩胛部酸痛等症状。

3）急性心肌梗死的急救

①立即给老年人舌下含服硝酸甘油。

②绝对卧床休息。

③老年人如果突然呼吸、心搏骤停，立即给予胸外心脏按压术，为抢救争取时间。

4）注意事项。注意休息，随身携带心绞痛药，劳逸结合，定期复查，学习冠心病知识，进行饮食调节等。

（4）糖尿病老年人的护理。糖尿病是由于胰岛素分泌绝对或相对不足，导致血糖升高，出现糖尿，继而引起脂肪、蛋白质、水及电解质代谢异常。典型症状是三多一少，即多饮、多食、多尿、体重减少。但老年人由于机体功能退化，症状有时不典型。目前对糖尿病尚无彻底治愈的方法，但通过适当治疗和有效护理，可帮助老年人控制病情，防止并发症，提高生活质量。具体护理措施如下：

1）正确进行饮食指导，严格按医嘱控制饮食，三餐定量，忌暴饮暴食。

2）选择适合的运动方式，坚持适当运动，持之以恒，如散步、打太极拳等。也可根据老年人自己的爱好选择运动方式。

3）遵照医嘱进行药物治疗。护理员应熟悉老年人所用口服降糖药的药名、剂量、剂型、服药时间和药物不良反应，以便观察用药后的反应和协助老年人按时服药。

4）对使用胰岛素治疗的老年人，护理员要了解注射方法和老年人使用胰岛素的种类、名称、注射时间和用量。

5）陪老年人外出时，要随身携带药物。

6）预防足部并发症，防止感染。每天检查双足的皮肤颜色、有无破损，每天用温水洗脚，并进行足部按摩，促进血液循环。

（5）脑卒中老年人的护理。脑卒中又称脑血管意外，主要有脑出血、脑梗死、短暂性脑缺血等。初期多有头痛、眩晕、一过性失语、肢体麻木、一侧肢体无力等症状，严重时可出现恶心、呕吐、肢体偏瘫、吞咽困难、失语、口角歪斜，一般多无意识障碍，起病后几天内病情逐渐稳定。恢复期具体护理措施如下：

1）调节饮食，生活规律，降血压，避免情绪激动。

2）低脂、低盐、低糖、高蛋白饮食。

3）日常生活护理，对症护理。

4）进行口腔护理。

5）保持大小便通畅，加强对大小便失禁的护理。

6）对肢体瘫痪者给予定时翻身、按摩，防止并发症。

7）鼓励老年人进行康复训练。

（6）骨性关节病老年人的护理。骨性关节病在老年人群中发病率高，主要表现为骨、关节疼痛，关节肿胀肥大，活动受限等。具体护理措施如下：

1）保护受伤关节，减少关节负重和过度活动。

2）病情严重时可借助助行器帮助行走。

3）肥胖者要注意减轻体重。

4）关节适当活动。

5）进行疼痛护理。

（7）痛风老年人的护理。痛风是由于体内嘌呤代谢紊乱出现的一系列症状，老年人患痛风后由于长期高尿酸血症，导致关节炎、痛风石，严重者可发生肾脏损害。具体护理措施如下：

1）关节炎发作时充分休息，患肢抬高制动。

2）控制含嘌呤多的食物摄入，如瘦猪肉、牛肉、动物内脏、海鲜、豆类及香菇等。

3）多饮水，每日饮水量不少于 2 000 mL。

4）遵医嘱按时服药，观察老年人用药后的反应，如出现恶心、呕吐、腹泻等不良反应要及时报告医生。

（8）失智老年人的护理。失智老年人智力衰退、行为及人格改变，老年人往往失去感知觉和评价生活环境的能力。记忆障碍使得老年人无法判断时间、周围地点、方向、人物、事物等，有的还表现为情感、语言、计算等多方面障碍，使老年人失去了与外界有效联系的能力，严重影响老年人的生活质量。具体护理措施如下：

1）加强老年人日常生活照料，尽量鼓励老年人生活自理。

2）尊重、理解、关心老年人，多与老年人交谈，鼓励老年人参与活动。

3）为老年人创造一个清洁、温暖、舒适的居住环境。

4）注意老年人安全，避免接触危险设备和物品，不宜让老年人单独外出，如必须出门，要随身携带有老年人姓名、年龄、住址、家人联系电话的登记卡。

5）饮食护理要细心，失智老年人常常不知饥饱，因此对这类老年人饮食不要固定一日三餐，可将总量分为多次吃。对于乱吃东西的老年人，老年人排便后要及时清理，防止老年人乱吃粪便。

6）排泄护理要耐心，有的失智老年人不能自己控制排泄，护理时要注意观察原因，采取相应的护理措施。

7）鼓励老年人多动手、动脑和做一些健脑锻炼。

（9）便秘老年人的护理。老年人随着胃肠功能下降，胃排空减慢，肠蠕动减弱，易发生便秘，同时便秘可引发高血压病人脑出血、心肌梗死等严重并发症。具体护理措施如下：

1）建立规律的排便习惯，按时排便，排便时集中注意力，不滥用泻药，尽可能增加活动。

2）调整饮食，多吃含纤维素的食物，多饮水。

3）根据老年人情况，给予腹部按摩，必要时使用简易通便法，如使用开塞露、肥皂栓等，或遵医嘱灌肠通便。

4）顽固性便秘可根据医嘱给予药物治疗，少数粪便干结严重者，采用一般方法无效时，护理员可戴手套为老年人抠出粪便。

四、老年人康复指导

1. 康复护理评估

康复护理评估是收集患者的有关资料，采用一定的方法有效和准确地评定患者的功能障碍种类、性质、部位、范围、严重程度和预后的过程，为设计康复护理目标、制定康复护理措施提供依据。康复护理既不是医疗的延续，也不是临床护理的重复，应早期介入。

（1）残疾评估。残疾是指各种原因造成的躯体、心理、社会适应等方面的功能缺陷，经过临床治疗无法克服，并将长期、持续、永久存在。残疾人是康复的主要对象。我国五类残疾具体分为视力残疾、听力语言残疾、智力残疾、肢体残疾和精神残疾。

（2）肌力测定。肌力指肌肉收缩的力量。肌力测定对肌肉骨骼系统、神经系统病损，尤其对周围神经系统病损的功能评估十分重要。常用的肌力测定方法有手法肌力检查和器械肌力测定。

（3）肌张力评估。肌张力指肌肉放松状态下，被动活动肢体或按压肌肉时所感觉到的阻力。

1）正常肌张力：被动活动时，没有阻力突然增高或降低的感觉。

2）高张力：肌肉张力增加，高于正常休息状态下的肌肉张力。

3）低张力：肌肉张力降低，低于正常休息状态下的肌肉张力。

4）张力障碍：肌肉张力紊乱，时高时低，无规律交替出现。

（4）关节活动范围评估。评估关节活动范围是指关节运动时所通过的最大弧度，常以度数表示，又分为主动和被动两种。关节活动范围测试是评估肌肉、骨骼、神经病损患者的基本步骤，也是评估关节运动功能障碍的重要方法。

1）测量工具：通用量角器、方盘量角器、尺子或带子、可展性金属线等。

2）测量方式：主要使用180°方式。

3）注意事项

①充分暴露受检关节。

②采取正确的测试姿势体位。

③通常先测量关节的主动活动范围，后查被动活动范围。

④应与健侧相应关节测量相比较。

⑤避免在按摩、运动及其他康复治疗后立即进行检查。

⑥关节脱位、关节损伤未愈、关节邻近骨折未允许受力、关节周围的软组织术后早期等情况应禁止或慎用测量。

（5）步态分析。步态是人行走的姿势。步态分析对于正确科学地评定患者的运动功能，选择合适的治疗和康复护理手段及判断医疗和康复护理效果具有重要价值。

1）正常步态

①步长：指步行时，一侧足跟着地到另一侧足跟着地之间的距离。一般男性为55~77 cm，女性为50~70 cm。

②步频：指行走中每分钟的频数。正常人一般100~120次/分，女性稍大于男性。

③步态周期：指行走时一侧足跟着地到另一侧足跟再次着地所用的时间。

一个步态周期，有站立相和摆动相两个步相。常速行走时，站立相约占整个步态周期的 60%，摆动相占 40%。

2）异常步态

①跛行步态：双下肢不等长，3 cm 内可通过代偿进行弥补，无明显跛行；超过 3.5 cm，行走时可见短腿着地时同侧骨盆下降，同侧肩峰下斜，并用足尖着地进行代偿，对侧摆动腿、膝、髋关节过度屈曲。

②偏瘫步态：因下肢屈肌力下降，伸肌张力增加，下肢挺直，呈轻度内翻和下垂，行走时患侧向外摆、划半圈，故也称划圈步态。

③蹒跚步态：行走时摇晃不稳，躯干左右倾斜，步态长短不一，不能走直线，犹如醉汉。

④慌张步态：起步困难，一旦行走则身体前倾，步小且快，不易随意停步，呈前冲状，也称前冲步态。

⑤痉挛步态：由于两下肢肌张力明显增强，膝关节伸直，足尖着地，大腿内侧肌群痉挛，故行走时双膝内侧摩擦碰撞，足向对侧交叉，也称剪刀步态。

⑥减痛步态：因患肢负重出现疼痛，为避免疼痛，重心由患肢迅速移向健肢，以缩短患肢的支撑期，出现短促步；为避免震动引起疼痛，患者常用足尖行走，避免足跟着地。

⑦摇摆步态：由于骨盆肌肉及腰肌无力，步行时不能固定骨盆，身体向两侧摇摆；为维持身体重心的平衡，脊柱前凸，行走时状如鸭步。

⑧跨跃步态：足下垂，行走时，为避免足尖踢地，患侧下肢抬高，髋关节过度屈曲，呈迈门槛状。

步态分析为制订康复护理计划提供依据，使康复护理方案更具针对性、科学性。

2. 制订康复训练计划

（1）主要目的。康复训练的主要目的是恢复或补偿后遗症患者已丧失的运动功能，进而提高肢体活动能力，争取达到生活自理，早日回归社会。

（2）主要内容。康复训练的内容主要是增强肌力训练，扩大关节活动范围训练，以及手术后肢体功能恢复训练等。

（3）计划制订。康复训练的计划制订要依据老年人病情、功能障碍和身体状况，进行康复评估，根据评估结果，为老年人量身定制康复计划。

（4）康复计划的目标

1）促进老年人身体功能的协调能力，增强体质，提高生活自理能力。

2）充分利用现有肢体功能，遵循康复的全面性、量力性、循序性、巩固性原则。

3）要做到长计划与短安排相结合。首先要有一个总体的考虑，短期要达到的目标，长期要达到的目标；然后根据目标要求考虑每个月的训练进度以及每周、每天的训练内容和方法。长计划可以考虑得粗略一点，短期安排要详细，以便于执行。康复训练过程中可以根据老年人功能恢复情况，针对训练内容的接受情况以及老年人身体状况，调整训练内容、训练方法等。

五、协助老年人医疗活动——陪同就医服务

1. 老年人病情观察的要点

（1）观察症状、体征。老年人症状、体征不典型，因为老年人新陈代谢低下，感觉迟钝，患病时常常反应不明显。护理过程中应注意对症状、体征不典型的病情做细致、全面的观察，结合老年人平时的习惯和表现，及时准确地判断病情变化。

（2）观察有无心脑血管意外。老年人易发生心脑血管意外，一旦发生，来势凶猛，病情危重，护理员要注意观察先兆症状，以便及时采取防治措施，特别针对高血压、冠心病的老年人，如发现老年人频发心绞痛、头晕、头痛等，及时报告医生。

（3）观察并发症。老年人起病隐匿、病程长、恢复慢，易出现并发症，护理员要加强观察。对长期卧床病人要防止压疮和肢体静脉血栓的发生，护理工作中要做到勤观察、勤翻身、勤擦洗、勤按摩、勤更换、勤整理。

（4）注意老年人的心理变化。老年人自尊心强、自卑、敏感多疑、角色丧失、失去亲人等都让老年人越来越孤独、寂寞，产生生理心理改变，发生一些疾病。

2. 陪同就医服务的要点及注意事项

（1）要点。带老年人去医院看病的时候，老年人由于记忆力下降或语言表达不清，对病情容易表述不清。护理员陪同就医时，应注意以下要点：

1）反映病情要客观。护理员向医生客观描述老年人的症状，不要随意夸大或弱化老年人的病情。

2）叙述病情分先后。向医生叙述病情的时候，首先要说清楚目前的症状，然后叙述老年人以前的情况。

3）时间。叙述清楚老年人本次发病时间、间隔时间等详细情况。

4）饮食。生病时，老年人的饮食会在不同程度上受到影响，主要向医生叙述饮食的增减情况、饮食间隔次数的变化以及老年人有无饥饿感、饱胀感、停食等现象。同时还要说明老年人的饮水情况。

5）睡眠。向医生叙述时要说明睡眠的时间和状态，尤其要注意与平时不同的情形。

6）主要症状。如有无出汗、呕吐、咳嗽等，四肢活动是否自如，颈项是否僵直，神态是否清楚，以及大小便情况等。

7）既往病史、家族病史。老年人以前患过什么病，治疗情况如何；有无药物、食物过敏史，如何治疗；家庭中有无遗传病、传染病史等。

8）就诊前诊治情况。此次就诊前是否还去过其他医院求医诊治过，服过什么药，剂量多少等。

（2）注意事项

1）慢性病定期就诊。有些疾病发病初期的症状可能与老年人原有的某些慢性病相似，如果得不到及时、规范的治疗，往往会延误最佳治疗时机。

2）全科医生诊治。看病时最好先由全科医生诊断一下患有哪些疾病，请医生建议主要应先治哪种疾病，辅助治疗哪种疾病。这样既节省时间，又有利于老年人身体恢复健康。

3）心理问题需及时就医。老年人出现心理问题时应及时看心理医生，进行心理调整，以防引发其他疾病。

六、急救技术

在养老服务机构，老年人常可能发生一些意外，如中暑、外伤等情况。这些意外发生后，大都需要现场急救处理，使老年人暂时脱离危险，然后送医院抢救处理。护理员应熟练掌握一般急救知识和抢救技术。

1. 急救的原则

急救是当人遭受意外伤害或突发疾病时，在医生未来治疗或未送医前，给予伤患者现场立即临时紧急救护措施。急救的一般原则包括：

（1）先复后固原则。先复后固原则是指遇有心跳呼吸骤停又有骨折者，应首先用口对口呼吸和胸外按压等技术使心肺脑复苏，直到心跳呼吸恢复后，再进行固定骨折的原则。

（2）先止后包原则。先止后包原则是指大出血又有创口者，首先立即用指压、止血带或药物等方法止血，接着再消毒创口进行包扎的原则。

（3）先重后轻原则。先重后轻原则是指同时遇到垂危的和较轻的伤病员时，优先抢救危重者、后抢救较轻者的原则。

（4）先救后送原则。先救后送原则是指在送伤病员到医院途中，不要停止抢救措施，继续观察病伤变化，少颠簸，注意保暖，使其平安到达目的地。

（5）急救与呼救并重原则。急救与呼救并重原则是指在遇到成批伤病员时，急救与呼救同时进行，以争取较多较快的急救外援。

2. 现场急救的基本知识

（1）中暑急救。中暑分为先兆中暑、轻症中暑、重症中暑。先兆中暑表现为大量出汗、口渴、头昏、胸闷、全身疲乏、体温略升高；轻症中暑除上述表现外，同时体温在37.5℃以上，伴面色潮红、皮肤灼热或面色苍白，大量出汗，皮肤湿冷，血压下降，脉搏增快等；重症中暑具有轻症中暑症状并有昏厥、昏迷、痉挛或高热等症状。具体救护措施如下：

1）先兆中暑与轻症中暑的老年人，应使其立即脱离高温环境。将老年人转移到阴凉通风处休息，并给予清凉含盐饮料或口服十滴水、人丹，涂抹清凉油、风油精等，经处理后症状未减轻者，可静脉注射葡萄糖盐水。

2）中暑后出现高热的老年人，应迅速对其进行物理降温。用冰水或乙醇对老年人进行全身擦浴，或在老年人大血管处放置冰袋冷敷，同时不断按摩四肢及躯干皮肤，使之潮红充血以促进散热。

3）中暑老年人休息的房间，室温应保持在20~25℃，有良好的通风，同时使用药物降温。使用药物降温时，要注意观察中暑老年人体温、血压变化，发现异常及时报告，避免体温过低引起虚脱。

4）高热伴昏迷的老年人，应将其头偏向一侧，以保持呼吸道通畅，吸氧，定时吸痰，注意口腔、全身皮肤护理，防止感染。

（2）骨折急救。老年人摔倒或跌落后，应首先判断，有无骨关节的疼痛、压痛，局部组织有无肿胀、畸形，有无骨关节的功能障碍等，如出现以上症状，应首先考虑骨折。具体救护措施如下：

1）按照先止血、后包扎、再固定的原则对骨折处进行固定。固定时要注意：夹板长短与肢体相对称；骨折突出部位要加垫，先包扎骨折上下端，后固定两关节；四肢露指（趾）尖。

2）骨折部位不得随意移动，尤其是椎体骨折。

3）严密观察生命体征变化。

4）及时送医院。

（3）气道阻塞急救

1）判断老年人是否气道阻塞

①神志清楚的老年人突然无法说话或咳嗽，出现痛苦的表情或用手捏住自己的喉咙。

②出现胸闷、烦躁、大汗淋漓、面色青紫、呼吸困难等症状。

2）具体救护

①使老年人处于头低脚高俯卧位，头低于胸部，拍击背部，利用重力排出异物。

②用拳冲击上腹部或上腹部倾压于硬物上（如椅背、桌角、扶手等），制造人工咳嗽，驱除气道异物，但应注意避免损伤内脏或肋骨。

③若发现异物卡在咽部上方，可用手指刺激喉部，将异物反射性呕出。

④若发现异物已进入气管，可请值班医生先用粗针头在环状软骨下 1~2 cm 部位刺入气管，使空气可进入，然后再做进一步抢救，急送医院救治。

（4）烫伤急救。烫伤指热力、热液、蒸汽、火焰或化学物质、电流及放射线等所造成的组织损伤，最常见的是热力烧伤。

1）烧烫伤急救。立即进行皮肤表面快速降温，如用水冲洗、浸泡烫伤部位，让局部迅速降温，终止热力对组织的继续损伤。冷疗应在伤后 6 h 内进行，越早越好，冷疗面积一般不超过 20%，然后送专科医院治疗。

2）强酸强碱烧伤急救。立即用流动清水冲洗创面，并立即脱去被化学物质污染的衣物。冲洗时间一般在 2 h 以上。

3）注意事项

①烧烫伤部位不宜涂有色的药物（如红药水、紫药水等），既可防止汞中

毒，又有利于对创面损伤深度的判断和减轻清创的难度。

②在送医院前应暂时用清洁敷料包扎，以免损伤或污染创面。

③烧烫伤后出现的水泡，在到达医院前不要自行用针弄破、放水，更不应剪去水泡，以免造成创面感染。

（5）触电救护。触电指人体接触了电路或电弧而引起的一种急性损伤，雷电也是一种触电。具体救护措施如下：

1）迅速脱离电源。可用干燥的木棍、竹竿把电线从触电老年人身上挑开或关闭电闸。

2）在不明确电源是否切断前不能徒手接触触电老年人。

3）脱离电源后，触电老年人如有呼吸心跳停止，立即进行心肺复苏，复苏起效后送医院急救。

4）如有局部电灼伤创面，按创伤处理，送医院急救。

（6）心肺复苏。对突然发生心跳呼吸骤停的老年人，应立即行心肺复苏术。

1）具体救护措施

①评估现场环境是否安全。

②判断老年人意识、呼吸是否存在。

③呼救并同时开始抢救。

④启动基础生命支持。老年人取水平仰卧位，躺在硬板或地面上，去枕，解开衣扣，松腰带，双手放于身体两侧，头、颈、躯干在同一轴线上，身体无扭曲。

⑤抢救者跪在老年人右侧，一手掌根定位于两乳头连线的中点或胸骨下1/3处，另一只手置于第一只手上，双手掌根重叠，手指翘起不接触胸壁，上半身前倾，双臂伸直，肩、肘、腕同一直线，垂直向下用力。

⑥定位后，向下压30次，按压幅度不少于5 cm，按压频率不少于100次/分钟。

⑦心肺复苏时，人工呼吸和胸外心脏按压必须同时进行。单人抢救时，先做2次人工呼吸，再做30次心外按压，按2∶30反复；两人抢救时，一人先做2次人工呼吸，另一人再做30次心外按压。注意一人行人工呼吸吹气时，另一人不能同时按压胸部以防肺部损伤，一般由心外按压者发出交换口令，但

注意交换时应使抢救中断小于 10 s。

2）胸外按压的有效指标

①能触到大动脉搏动，肱动脉收缩压≥8 kPa。

②面色、口唇、甲床、皮肤等处色泽转红。

③散大的瞳孔缩小。

④有自主呼吸出现。

⑤昏迷程度变浅，可出现反射或四肢活动。

3）注意事项

①按压部位要正确，防止肋骨骨折，应使用掌根的长轴位于胸骨长轴上。

②抢救者两手是平行叠放，而非垂直叠放，以免力量分散。

③按压时手指要抬离胸壁，以防压力沿手指传至肋骨引起骨折。

④按压时，双臂应保持伸直不弯曲，垂直向下用力。

⑤保证放松时间与下压时间相等。

⑥观察有无并发症。

3. 急救创伤的基本处理

止血、包扎和固定是较常见的进行急救创伤处理的基本技能，护理员应熟练掌握，对伤员情况进行评估和处理。具体处理方法如下：

（1）止血

1）加压包扎止血法。将无菌纱布（无条件时可用干净毛巾、面料等代替）敷盖在伤口处，然后用绷带或布条适当加压包扎固定即可止血。如创伤无骨折，在四肢部位，可用纱布垫，放在肘窝、腘窝、腋窝或腹股沟部，用力屈曲关节，并以绷带或三角巾等缚紧固定；怀疑骨折或有异物时禁用。

2）指压止血法。用止血带（乳胶管或橡胶管）在出血部位的近心端将整个肢体用力绑扎，可以完全阻断肢体血流。此种方法用于其他方法无法控制的紧急情况，但应注意以下几点：

①止血带要扎在近心端，尽量靠近伤口。

②止血带不宜直接扎在皮肤上，应先用毛巾、布垫垫好，以保护皮肤。

③扎止血带的松紧度以远端动脉搏动消失为宜。

④使用止血带的时间要尽量缩短，连续使用不得超过 1 h。如必须继续阻断血流，应每隔半小时放松 1~2 min。

⑤使用止血带要有明显时间标记。

⑥松解止血带时不宜过快。

3）绞带止血法。用三角巾、布条等绕肢体一周，打一活结，将一小木棒穿进活结后绞紧，再将小木棒一端插入活结套内，拉紧固定。

4）其他止血法。如抬高出血部位、直接止血、应用止血药等。

（2）包扎

1）基本绷扎法

①环形绷扎法。绷带环形缠绕，下周完全覆盖上周。此法多用于肢体较短小或圆柱形部位。

②螺旋形绷扎法。绷带斜旋上行，每周盖过上周的1/3~1/2。此法主要用于周径相似的部位。

③螺旋反折绷扎法。环形两周后作螺旋绷扎，然后以一手握绷带上面正中处，另一手将绷带自该点向下反折，盖过上周绷带的1/3~1/2。每一反折须整齐排列或成一直线，但反折处不宜在伤口或骨隆突部位。

④“8”字形绷带扎法。绷带反复以“8”字形在关节下作斜形旋转，每周覆盖上周的1/3~1/2。此法主要用于关节处或用于直径不等的部位。

⑤回返绷扎法。用一系列的左右或前后回返绷扎，直至该端全部遮盖后再作环形绷扎两周固定。此法主要用于包扎顶端部位。

⑥人字形绷扎法。先将绷带在患肢关节中央处缠绕一圈进行固定，然后绕一圈向下，再绕一圈向上，反复向下、向上缠绕，最后在关节上方重复缠绕一圈进行固定。此法主要用于关节的包扎，如肘部、膝部、手和足部等。

2）养老服务机构中老年人常用的绷扎方式

①帽式包扎法。头顶部受伤可用此法，具体方法为：用回返绷扎法；绷扎的起始和最后的固定位置前面与眉骨相齐，后面在枕骨下方，两侧均在耳上。当绷带缠至头后时在头中间回返向前。绷带行至前额中间用手压住回返部位再由前向后绷扎，每次覆盖上周的1/2，如此反复，直到头部完全包住后环形固定。

②额枕部包扎法。额部或枕部受伤的老年人，采用“8”字形绷扎法将额头和枕部包扎。双耳露于绷带外。

③眼部包扎法。眼部包扎可分为单眼包扎法和双眼包扎法两种。

a. 单眼包扎法。用螺旋形绷扎法：在固定之后将绷带斜形向上经过患侧面颊、患眼，由鼻上中间至前额向健侧头顶行进至头后，在枕骨上向下再至患侧耳下，继续斜形向上，反复至患眼全部包住后固定。

b. 双眼包扎法。用“8”字形绷扎法：起始同单眼，但在绷带行至头后时不再由耳下向前，而是自耳上缠至前面，然后斜形向下，经过侧眼、颊至耳下向后绷扎；再经枕骨下向前经耳下至前面；反复绷扎至双眼全部包住。

④耳部包扎法。耳部包扎也分为单耳包扎法和双耳包扎法两种。

a. 单耳包扎用交叉螺旋法。

b. 双耳包扎用“8”字形绷扎法。

⑤颈后包扎法。颈后受伤的老年人可用“8”字形绷扎法。

⑥下颌包扎法。绷带固定之后将绷带经过下颌向后行进，自枕后向上至头顶，向下自耳后向后至枕骨下再向上行至头顶，经耳前向下颌部行进。

⑦关节包扎法。关节部位受伤时可用“8”字形绷扎法。

⑧前臂、手指及小腿包扎法。用“8”字形绷扎法。

⑨腹股沟包扎法。自患侧大腿部开始用人字形绷扎法。

⑩足部包扎法。用人字形绷扎法。

（3）固定。骨、关节损伤时必须固定制动，较严重的软组织伤也宜局部固定。

1）锁骨骨折固定法。用三角巾固定法和丁字形夹板固定法（见图 4—3、图 4-4）。

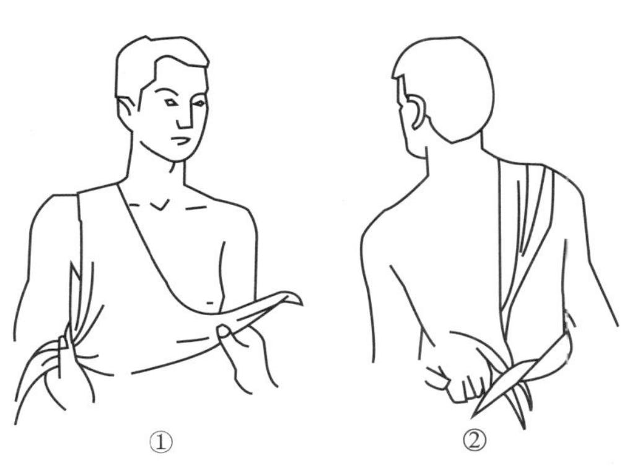

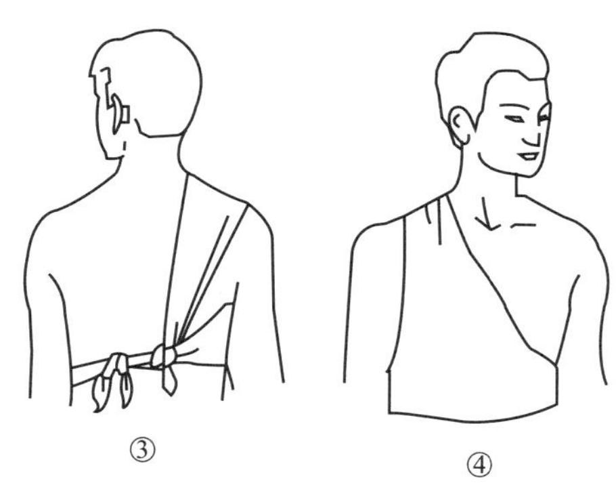

● 图 4—3　三角巾固定法

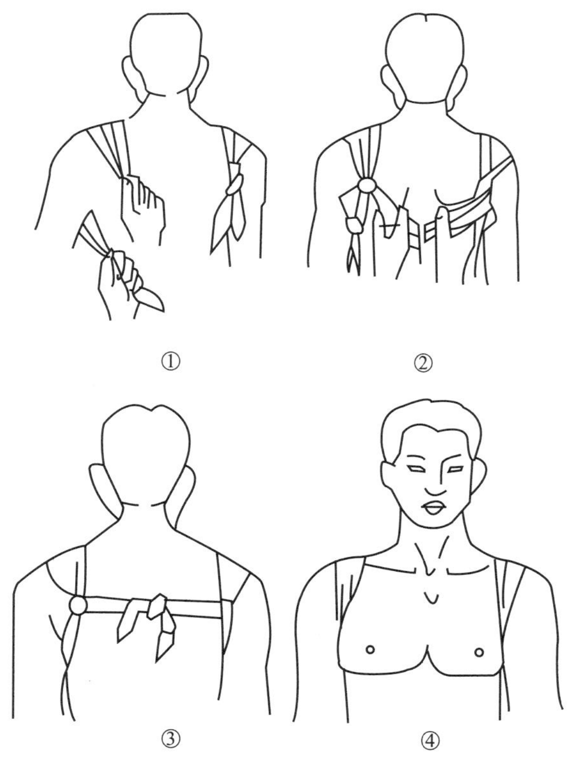

● 图 4—4　丁字形夹板固定法

2）上臂、前臂骨折固定法。用夹板固定，如图 4—5 所示。

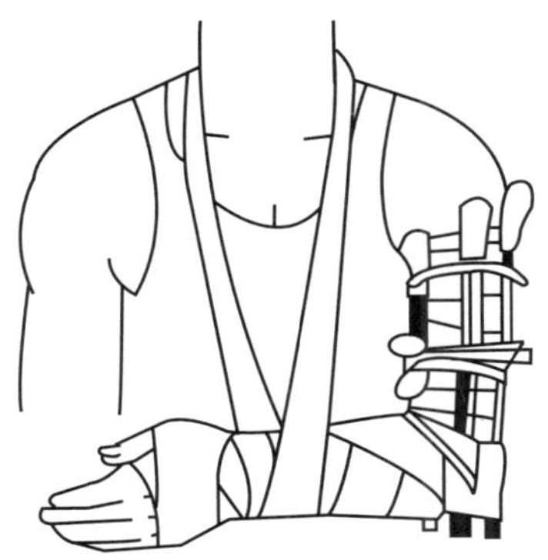

● 图 4—5　上臂夹板固定

3）大腿骨折固定法。应上至腋下，下至足跟，如图 4—6 所示。

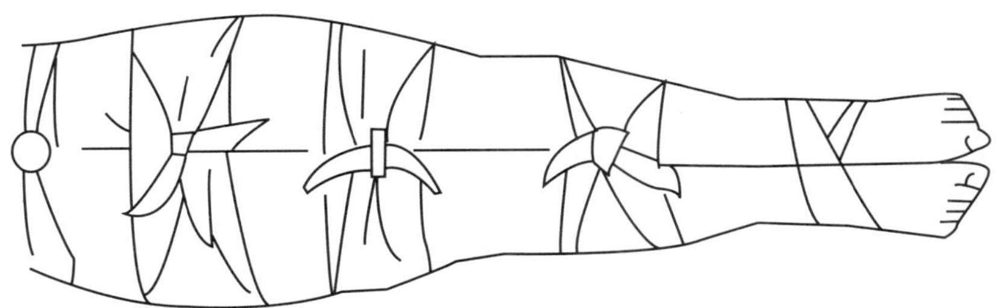

● 图 4—6　大腿骨折固定法

4）小腿骨折固定法。小腿骨折可用夹板固定或将患肢固定在健肢上，如图 4—7 所示。

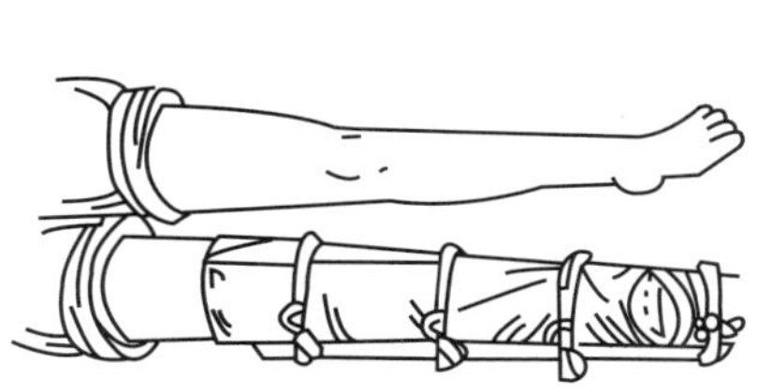

● 图 4—7　小腿骨折固定法

护理员根据老年人伤情进行急救处理，如有伤口和出血，先进行止血、包扎伤口；如为开放性伤口，可用无菌敷料将伤口覆盖；有骨折的老年人，搬运时要注意，以免造成再次受伤。紧急处理后通知医生及家属紧急送专科医院救治。

七、临终护理

1. 临终护理的要点

（1）以照料为中心。对临终老年人来讲，治愈希望已变得十分渺茫，最需要的是身体舒适，控制疼痛，环境清洁、舒适，进行生活护理和心理支持。

（2）维护老年人尊严，尊重老年人特殊习惯。老年人尽管处于临终阶段，护理员也应维护和尊重老年人；对有特殊信仰的老年人应尊重他们的宗教信仰和习惯，尽量给予满足。

（3）提高临终生活质量。临终是一种特殊类型的生活，所以应正确认识和尊重病人最后生活的价值，提高其生活质量，尽量减轻病人痛苦，满足其合理要求。

（4）做好心理护理。在临终阶段，安慰老年人，消除其对死亡的恐惧；避免刺激；做好临终老年人家属的工作。

2. 尸体料理

尸体料理是对老年人护理的最后步骤，是临终关怀的重要内容。做好尸体料理，是对死者人格的尊重，且有利于家属心灵上的安慰。

（1）目的

1）使尸体保持清洁，不因各括约肌松弛而流出大小便液体。

2）保持尸体位置良好，易于鉴别。

（2）准备。尸体料理应在医生开具死亡诊断书、确认老年人死亡后进行。

1）评估

①了解死亡病情（是否传染病）及原因。

②死者面容、体表有无伤口及导管，死者诊断、死亡原因及时间。

③死者民族及宗教信仰。

④死者主要家属的心理状态及合作程度。

2）对护理员的要求。仪表端庄，态度和蔼，严肃认真；洗手，戴口罩。

3）用物。尸体鉴别卡3张、尸单、大单、清洁衣裤、绷带、剪刀、弯血管钳、不脱脂棉花适量、弯盘、换药碗、纱布、胶布、松节油、棉签、梳子、擦洗用具等。

4）环境。单独房间或用屏风遮挡尸体。

（3）操作步骤

1）确定死亡，记录死亡时间，填写尸体识别卡，备齐用物携至床旁。

2）通知并安慰家属，必要时允许家属参与尸体料理。

3）撤去治疗用物，将尸体置于一个平面位置，仰卧，胳膊放在身体的两侧。在其头下放置一个枕头或毛巾卷防止其面部瘀血。

4）撤除棉胎，用被套遮盖尸体。

5）洗脸，闭合眼睑，有义齿者代为装上。

6）将尸体置于平卧位，头下垫一枕，撤去被套。

7）用棉花填塞咽喉、鼻孔、耳道，注意棉花不外露。

8）脱去衣裤，用棉花填塞肛门，如为女性死者需填塞阴道。

9）擦洗尸体，顺序为胸部→腹部→双上肢→背部→双下肢→会阴部。

10）更换伤口敷料，用松节油擦拭胶布痕迹，置入身体的导管在距身体3cm处剪断反折用胶布固定。

11）穿上清洁衣裤，左手手腕系尸体鉴别卡一张。

12）梳理头发，保持仪容整洁。

13）在尸单上系尸体鉴别卡一张，将尸体移至平车上，用大单盖好，交太平间工作人员推入太平间停尸屉存入，停尸屉外挂尸体鉴别卡一张。

14）撤除床上大单、枕套，消毒液擦拭床、床旁桌、椅，取下床头牌，进行室内空气消毒。

15）洗手，整理用物。

16）清理遗物交给家属。若家属不在，应由两人共同清点，将贵重物品列出清单，交护理长保存。

（4）注意事项

1）尸体料理应在死亡后尽快进行，以防僵硬。

2）维护尸体隐私权，不可暴露尸体，并安置于自然体位。

3）做尸体护理时，态度严肃，尊重死者，满足家属的合理要求。

第2节　护理服务质量评估及监督

学习单元1　护理服务质量评估—评价

了解护理服务质量评估—评价概念

一、护理服务质量评估—评价的概念

护理服务质量是指护理服务的工作表现及服务效果优劣程度，是在护理服务过程中形成的客观表现。

1. 护理评估

护理评估是护理程序的开始，是护理员通过与老年人交谈、观察及安排老年人进行护理体验等方法，有目的、有计划、系统地搜集服务对象的资料，提出护理诊断，制订护理服务计划，为老年人护理服务活动提供可靠依据即落实护理措施的过程。评估的准确与否，直接影响老年人护理诊断、护理服务计划的制订和实施，影响护理服务目标的实现。在护理程序实施的过程中，还应对老年人进行随时评估，以便及时发现老年人入住养老服务机构期间出现的新问题，及时调整护理服务计划和落实护理服务措施。因此，评估是护理程序的第一步，是为老年人制订护理服务计划、落实护理服务措施的前提和依据。

2. 护理服务质量评价

护理服务质量评价能考察考核护理员的服务质量和服务水平，是在护理员对服务对象进行评估、制订护理服务计划、落实护理服务措施之后，实施的评价程序。评价护理评估是否准确，护理服务措施是否实用，护理服务对象是否满意，是否出现护理并发症等，贯穿整个养老护理过程。同时，如果服务对象不满意，产生护理并发症，则需要随时进行调整，进入下一个护理评估—评价的动态调整周期。护理服务质量评价的最终结果和目的是使护理服务对象满意，避免护理并发症发生。

3. 护理服务质量评估—评价

护理服务质量评估—评价是护理程序的全过程。护理程序是以促进和恢复老年人健康为目标，进行一系列有目的、有计划的护理服务活动。护理程序是一个综合的、动态的、具有决策和反馈信息功能的过程，是对护理服务对象进行主动、连续、全面的整体护理，使其达到最佳健康状态，是一种科学的确认问题、解决问题的工作方法和思想方法。

二、护理服务质量评估—评价的要求及方法

1. 养老服务机构护理服务质量评估—评价的要求

养老服务机构护理服务以老年人为中心，通过护理服务管理保证护理服务工作以最佳的状态为老年人服务，尽力满足老年人的身心需求和社会需求，真正实现“百善孝为先、老有所养、老有所依”的养护理念。养老服务机构护理服务质量评估—评价的要求如下：

（1）预防为主。养老护理服务质量有其自身形成的专业规律和特点，是在护理过程中，由护理员根据老年人的特点量身定制并加以实施的。因此，养老服务机构应该重视老年人的基础服务质量，建立预防为主的思想，从事后把关转移到事前督促指导上，把管理的重点从目标管理转移到程序过程的管理上，实行以预防为主、考试考核考评相结合、重点提高的方针，把护理服务质量缺陷消灭在萌芽状态，做到防患于未然。

（2）心理情绪疏导。护理员应根据老年人的年龄特点、入住养老服务机构的原因、身体器官老化的不适和心理空虚、孤独、无助感等情况的不同，对老年人进行心理抚慰，定时沟通，定期安排户外活动，保持与老年人家属联系沟通，汇报老年人心理生活的动态变化，建议家属常常看望老年人等。护理员应把关注老年人情绪放在首位，与老年人及时沟通，讲清道理，解决老年人心理问题。

（3）进行老年人精神状态评估。使用简易精神状态评价量表评估老年人状况。

（4）进行安全风险评估。评估老年人的身体自理能力和养老服务机构的环境等。

（5）进行系统管理。用系统观点去组织和认识护理服务质量控制活动，对护理服务质量形成的整体连续过程，相互联系的各种要素之间、整体要素之间的关系都要予以控制，追求整体护理服务功能的提高。在实施管控时也要遵循信息反馈的原则，及时进行质量反馈，使护理服务管理活动更具有科学性和实用性。

（6）标准化要求。质量标准化是质量管理的基础工作，是建立质量管理的标准。应订立各类护理工作质量标准、规章制度、岗位职责制度、操作规程以及质量检查标准等。按制度办事，按标准要求，使管理人员有据可依、有章可循，使护理服务行为科学化、标准化、规范化。

（7）分级管理。护理服务质量管理组织由不同层次人员所组成，各层次职责均有侧重。护理部的管理重点是设定护理服务质量目标，拟定质量标准，制订质量控制计划、管理制度，实施质量素质教育和实施质量检查评定。护理员侧重抓质量标准的落实，贯彻实施各项规章制度和护理操作常规。在护理服务活动中应督促下属人员实施自我控制、同级控制和逐级控制，调动所有护理员实施护理服务目标的积极性。

（8）以客观数据为依据。应采用定量标准，将标准数据化，便于统计处理。以数据为依据比依靠经验来比较分析更准确、更可靠、更清晰，只有依靠数据，才能对现象的本质进行科学的统计分析、判断和预测。

（9）质量统计分析。质量统计分析是从统计学原理出发，认识护理服务质量及其形成的内在规律，发现护理服务质量波动和变异，提供一个动态的质量观点，以便于寻找不稳定因素，分析研究某些因素的特点，进一步加以控制，最终达到控制护理服务质量的目的。

（10）动态管理。护理服务对象存在个体差异，而护理活动本身是复杂多变的，所以质量也是变化的，动态管理要求必须根据不同情况、不同项目、不同背景，有针对性地采取灵活多变的管理方法，必须遵循信息反馈原则，实施有效的质量控制手段，达到提高护理服务质量的最终目的。

2. 养老服务机构护理服务质量评估—评价的方法

全面质量管理保证体系运转的基本方式是按计划实施检查处理的科学程序，

进行管理循环，简称 PDCA 循环，即 Plan（计划）、Do（执行）、Check（检查）、Action（处理），可分为四个阶段，八个步骤，具体如下：

（1）计划阶段。计划阶段是第一阶段，包括制订养老服务机构护理服务质量方针、目标、措施和管理项目等计划活动，在这个阶段，主要明确计划的目的性、必要性，在什么时间、地点、条件下制订，由谁来完成，用什么方法来完成，具体分为四步：

1）第一步：调查分析养老护理服务质量现状，找出存在的问题。

2）第二步：查出产生养老护理服务质量问题的原因。

3）第三步：找出影响养老护理服务质量问题的主要原因。

4）第四步：针对主要原因，制订出具体的养老护理实施计划，一般包括实施方案、预计效果、时间进度、负责部门执行者和完成方法等内容。

（2）执行阶段。执行阶段是第二阶段，按照预定护理服务计划和措施，具体组织实施和执行的阶段，即脚踏实地按护理服务计划和规定内容去执行的过程，属于管理循环的第五步。

（3）检查阶段。检查阶段是第三个阶段，此阶段工作是把执行结果与预期目标对比检查，按预定计划目标执行，寻找缺陷，总结成功经验，找出失败教训，并分析其原因，以指导下一步工作，属于管理循环的第六步。

（4）处理阶段。处理阶段是第四个阶段，包括管理循环的第七步和第八步。

1）第七步：总结经验教训，把成功经验加以肯定，形成标准，以便坚持巩固；把失败教训进行总结，整理记录在案，作为前车之鉴，防止以后再次发生类似事件。

2）第八步：把不成功和遗留问题转入下一个管理循环中去解决。

PDCA 循环“四阶段、八步骤”可简述为表 4—1。

表 4—1　　PDCA 循环“四阶段、八步骤”

四个阶段		八个步骤
第一阶段	计划	第一步：调查分析养老护理服务质量现状，找出存在的问题
		第二步：查出产生养老护理服务质量问题的原因
		第三步：找出影响养老护理质量问题的主要原因
		第四步：针对主要原因，制订出具体的养老护理实施计划

续表

四个阶段		八个步骤
第二阶段	执行	第五步：贯彻和实施预定养老护理计划和措施
第三阶段	检查	第六步：检查预定养老护理服务目标执行情况
第四阶段	处理	第七步：总结经验教训
		第八步：不成功和遗留问题转入下一个管理循环中去解决

PDCA 循环不停地运转，原有的护理服务质量问题解决了，又会产生新的质量问题。问题不断产生又不断解决，如此循环不止，这就是养老护理管理不断前进的过程，也是养老护理服务质量管理工作必须坚持的工作方法。应用本方法对各养护区进行检查和考核，发现新问题后，根据出现问题的环节进行综合分析，制订新的工作计划和落实护理服务措施，通过检查考评，打分量化，根据分值评价护理服务效果即老年人的满意度，对一般问题和非工作责任心导致的护理服务缺陷加强护理员培训，进行批评教育，找出问题的根源，针对性进行规范管理，防止再次发生。对投诉处理给予经济处罚或停职培训以及解聘处理。

三、养老服务机构护理服务质量评估—评价的流程

护理服务质量评估要求准确、及时、客观，评估前观察老年人的一般情况、精神状态、神志情况、心理状态等。护理服务质量评估—评价流程（见图 4—8）是评估、评价养老服务机构养老护理服务质量的环节和过程。

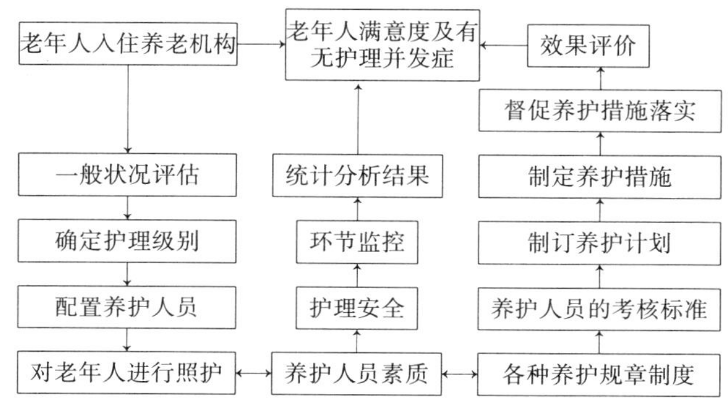

● 图 4—8　养老服务机构护理服务质量评估—评价流程

四、提高养老服务机构护理服务质量的措施

1. 加强护理员在职培训教育，提高护理员专业素质

（1）强化相关知识的学习和掌握

1）定期组织或请医院护理专家授课。

2）实行护理员轮流主讲，交流经验。

3）进行规章制度及专业培训。

4）如遇特殊疑难情况，可通过请医生授课等形式更新知识和技能，互相学习促进，并作记录。

（2）加强对护理员的考核，增强学习意识，强化护理知识。

（3）做好新入职护理员的传帮带工作，使其理论与实践相结合，掌握多学科知识和能力。

（4）有计划地选送部分护理员外出交流学习，提高护理员素质，优化养护护理队伍，不断更新护理知识。

2. 护理安全是养护管理的重点，安全工作应常抓不懈

（1）护理员环节监控。对新入职的护理员加强管理，做到重点交代、重点跟班。切实做好养老护理安全管理工作，减少养护纠纷和事故隐患，保障老年人安全。

（2）老年人环节监控。新入院、瘫痪等缺乏自理能力的老年人，有意识障碍、压疮等并发症的老年人，要重点督促检查和监控。

（3）时间环节监控。节假日、双休日、工作繁忙期、易疲劳时间、交接班时均要加强监督和管理。

（4）护理操作环节监控。严格执行护理操作规程，防止因为操作不当导致不必要的并发症。

（5）护理部定期进行护理安全隐患检查，发现问题解决问题，从自身角度分析问题发生的原因，吸取经验教训，提出防范与改进措施，对同样问题反复出现的，追究个人相关责任，杜绝严重差错及事故的发生。

3. 转变养老护理观念，提高护理服务质量

（1）培养护理员树立“以老年人为中心”的理念，把老年人的呼声作为第一信号，把老年人的需求作为第一需求，把老年人的利益作为第一考虑，把老年人的满意作为第一标准。加强主动服务意识、安全意识，在进一步规范养老护理操作的基础上，提高与老年人沟通的技能，促使养老护理服务质量提高，确保养老护理工作安全有效。

（2）注意搜集养老护理服务需求信息，管理者通过了解回访意见，与老年人交谈，进行调查，获取老年人的需求及反馈信息，及时提出改进措施。同时，对护理员的工作给予奖励，调动护理员的工作积极性。从思想上、行动上做到真正的主动服务，把“用心服务、创造感动”的服务理念运用到实际工作中。

（3）严格执行查对制度，强调二次核对执行到位，加强安全管理责任，杜绝严重差错及事故发生，坚持每周进行护理大查对。在安全的基础上提高护理服务质量。

（4）深化亲情服务，提高养老护理服务质量。在培养护理员日常礼仪的基础上，进一步规范养老护理操作用语，掌握护患沟通技巧，培养护理员树立良好的职业形象。

学习单元 2　护理服务质量考核与监督

熟悉养老服务机构护理服务质量考核流程

掌握养老服务机构护理服务质量考核标准及考核细则

一、护理服务质量考核流程

1. 考核流程（见图 4—9）

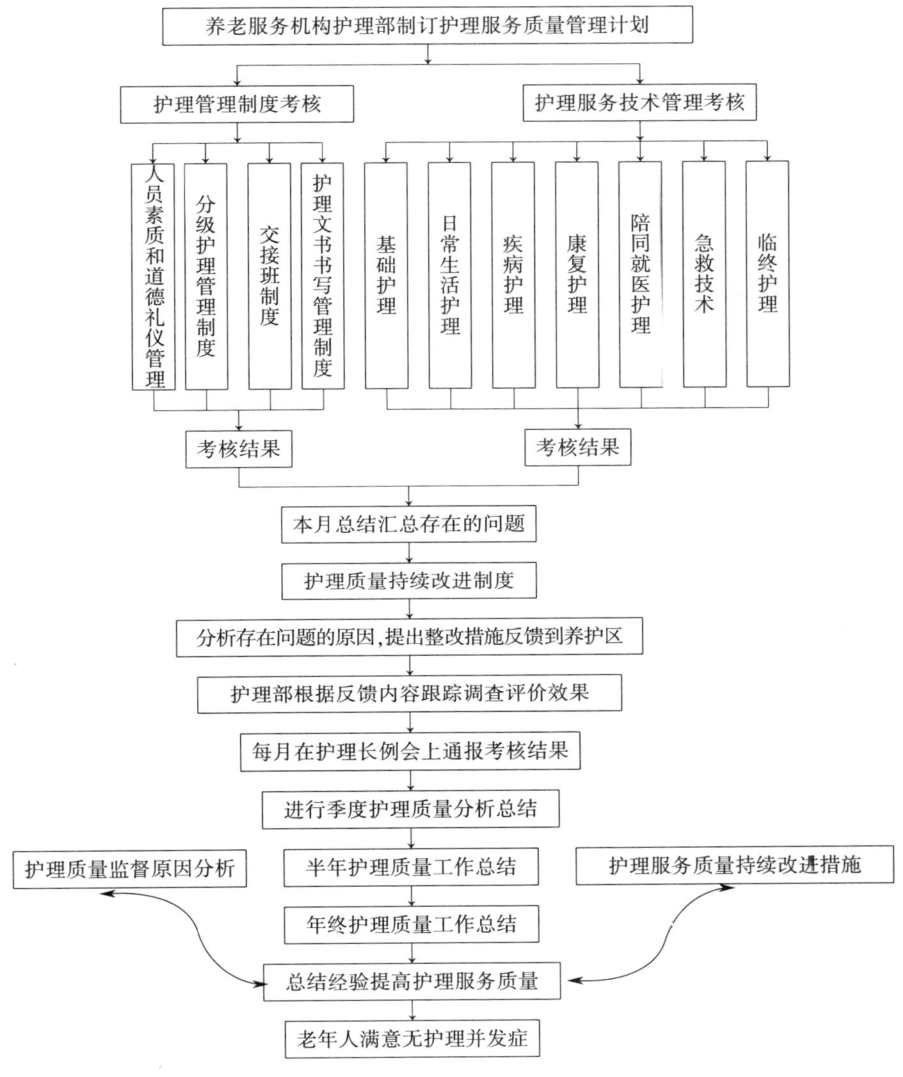

● 图 4—9　养老服务机构护理服务质量考核流程图

2. 养老服务机构及护理员的基本要求

（1）要求护理员知晓每位老年人的姓名、个人生活状况及照料的重点、个人习惯爱好、所患疾病情况、家庭情况、使用药品治疗情况、精神心理情况等。对需要心理精神慰藉服务的老年人，定期检查和评估，做到有记录、有防范措施。

（2）保护老年人隐私，不向他人谈论老年人私人信息。养老服务机构护理服务流程体现以老年人为中心，做到入院有人迎接、出院有人护送、困难有人帮助、疑难有人解答，老年人在院备受关怀和重视，从老年人入院到出院护理服务便捷高效，以人为本，规范有序。

（3）养老服务机构应及时对护理员服务过程实施监督，监督的形式包括老年人意见咨询、管理者检查考核暗访、社会监督等，建立护理服务控制程序，对护理服务进行监督管理并整改。

3. 养老服务机构老年人护理服务流程管理规范

（1）各养护区有老年人服务评价系统服务流程、工作指引、护理礼仪服务规范。

（2）有养老护理质量标准及优质服务评价标准。

（3）各养护区有优质服务小组，制定工作职责，每季度对各养护区的护理服务进行总结分析，有记录，并针对存在问题开展相关活动，有护理服务培训、活动记录。小组有工作计划和工作总结。

（4）有不良护理行为登记本，有记录，并半年考评一次；有不良事件报告，纠纷登记报告，工作流程指引，各部门有讨论分析记录及上报记录。

4. 养老护理服务质量检查考核评价系统

建立院长、护理部、养护区护理长的质控组织机构，充分发挥三级养老护理质控评价管理的整体功能。

（1）护理部评价内容

1）养护区养老护理标准考评

①考评内容：包括护理服务质量、护理工作质量、创建优质养护区等。

②考评方法：制定养老服务机构护理服务质量考核标准及考核细则，由考评领导小组对各养护区进行综合评定，每季度考评一次，根据养老服务机构的规模评出先进护理单元，作为“养老护理优质服务养护区”。

2）护理部行政查房考评

①考评内容：养老护理管理工作质量、岗位职责落实、服务质量等。

②考评方法：查资料、查现场、询问老年人，每季度查房考评一次。

3）养护区优质护理考评

①考评内容：服务质量、职业技术、职业道德、礼仪服务等。

②考评方法：根据养护区考评、个人自评、老年人护理服务满意度调查

等，护理部综合评定，每半年评选一次。

4）优质服务检查考评

①考评内容：养护人员礼仪、服务态度、岗位职责、护理服务的及时性等。

②考评方法：护理部每月组织护理优质服务检查，礼仪督导员发放老年人护理服务满意度调查表，每个月检查一次。

（2）养护区护理长评价考评

1）考评内容：护理管理工作质量、养老护理质量评价细则、养老护理服务质量、职业技术、安全管理、服务要求、岗位职责落实、礼仪服务等。

2）考评方法：护理长负责查资料、查现场、询问老年人等，通过护理查房、养老护理检查、专项检查、座谈等形式，每月对各养护区检查考评一次，并上报护理部。

（3）奖惩制度

1）奖励

①对被评为“优质护理养护区”的护理单元授予流动锦旗，并全院表彰，对年度“养老护理优质服务养护区”给予物质奖励。

②根据科学考评、个人自评、老年人满意度调查等及护理部综合评定，每半年评选表彰优秀养护人员。

③设立优质养老护理服务一、二、三等奖，年终给予表彰与奖励。

2）处罚。不落实护理操作规程，出现护理缺陷，能及时补救，未造成老年人伤害及经济损失，未造成不良影响，并能及时上报，酌情扣养护区护理质量分及处罚个人。

二、护理服务质量基本标准

1. 总体目标

强化以老年人为中心，以提高护理服务质量为核心的服务理念，坚持以老年人为本，护理先行，认真抓好护理服务质量，打造养老护理品牌，努力实现护理关系零距离、护理质量零差错、护理技术零缺陷、护理服务零投诉的目标要求。

（1）职业水平评价。养护人员须具备相关职业水平评价的能力，按照各级各类养护人员任职水平上岗，建立个人业绩评价记录，定期评估养护人员专业技术水平与服务能力，逐步建立专业养护人员岗位培训制度。

（2）养护人员数量。根据不同休养区，不同护理级别以及休养区的实际开放床位数、床位使用率、护理工作量等要素测算，合理配备护士和护理员。

护理员与老年人比例一般要求为：

1）完全自理老年人为1：（8~10）。

2）部分自理老年人为1：（5~7）。

3）完全不能自理老年人为1：（2~4）。

视工作量适当增减。

（3）养护人员结构。改善养护人员学历结构，养护人员中护理员具备初中以上学历，护士具备中专以上学历，高、中、初级养护人员比例适应工作需求，高、中、初级养护人员岗位设置合理。对部分专业护理岗位，如失能休养区、半失能休养区应制定相关的准入标准。改变钟点化的工作模式，实行弹性工作制，根据老年人需要及时调整人力。护理各班次工作分配适当，各班不得单独一人值班，各班护理员做到合理分工、分层分床使用、责任到人。

（4）养护人员业务素质。养护人员熟练掌握基本理论、基本知识，基本技能，考核合格率100%，掌握老年人整体护理知识和所在养护区专业护理知识和技能，熟练运用护理程序护理不同需求的老年人。

2. 养老护理质量标准

（1）环境质量标准。构建以人为本的入住环境，环境舒适干净，房间安静整洁、空气新鲜、温度适宜，管理规范。

（2）设备质量标准。基础护理用品配备齐全，功能完好，各种急救物品完好，常规器械消毒灭菌合格，不同休养区按需配备较先进的护理用具。

（3）技术质量标准。按护理程序实施基础护理、养老专业护理各项操作，操作流程体现以人为本，安全有效。基础护理合格率达到95%以上；失能老年人护理合格率达85%以上；养老护理技术操作合格率达90%以上；养老护理文书书写重点突出，层次分明，及时可靠，体现养老护理专业特色，病情描述确切，能动态反映老年人病情变化，严格执行医嘱。

（4）老年人和家属满意度评价标准

1）满意度达到95%以上，满足老年人安全需要，提供安全有效的防护措施，老年人休养期间不发生意外，满足老年人舒适需要，环境舒适整洁，保持老年人皮肤、头发、会阴、衣服、床单元清洁，卧床老年人做好皮肤护理，预防压疮。

2）创造良好的修养环境，促进睡眠，满足老年人睡眠需要。

3）重视老年人营养情况，做好饮食营养指导，及时与食堂沟通，满足老年人营养需要。

4）指导帮助失能老年人排泄，满足老年人排泄需要。

5）指导协助老年人进行各种康复锻炼，提高自护能力，满足老年人活动需要。

（5）养老护理服务质量控制标准。护理部制定年度目标、工作规划及评价标准，各养护区制订实施计划、督查评价标准和整改反馈制度，按养护专业设置要求，规范工作流程、技术规范和岗位职责，建立护理质量持续改进机制，成立与护理垂直管理机制相对应的三级质控组织，建立质量标准、质量评价指标、检查考核、评价反馈制度，重点对养老护理服务程序落实情况、护理管理缺陷、护理服务态度、护理记录质量进行分析评价，定期与不定期研究、解决问题，建立和完善养老护理管理信息系统，实时动态反映影响养老护理质量安全的因素。

3. 养老护理管理制度标准

完善各项养老护理工作制度与技术操作规程，各种养老护理管理工作制度、岗位工作标准齐全，有利于确保养老护理质量。养老护理过程实行程序管理，并建立可追溯的监督评价制度。进行应急预案和养护中心感染管理，制定各种突发事件的应急预案及实施措施，并组织培训和实战演练。各休养区应制定紧急状态和意外事故的护理应急预案程序，制定护理员控制养护中心感染的职责任务、工作制度，护理员应熟悉工作要求，履行岗位职责。

4. 支持系统

（1）完善护理管理体系。每季度至少研究一次养老护理工作，养老护理工作实行院长领导下的护理部主任负责制，实行护理部—养护区护理长—护理专业组长管理体制。人力资源部支持，保证护理部在设定养老护理岗位、落实养老护理工作计划、调配护理员、监督养老护理服务质量方面切实履行职责，并对养护人员实施定期培训、考核、奖惩，对任免各级护理管理人员提出建议，协助做好养护人员的引进、提拔等工作，设立养老护理奖励资金，鼓励养护人员钻研学习的良好氛围，各级各类养护人员职责分明、履行到位、执行有力。

（2）科学设置养老护理岗位。制定各养护区必须配备的养护人员岗位名录、养护职责要求及其配备数量，并报护理部备案。要落实各级养护人员的岗位职责，岗位职责分工明确，做到养老护理岗位设置要求与养护人员分级管理有机结合，充分发挥不同层次养护人员的作用，在护理部成立养老护理督导组，由高年资养护人员担任督导员，在护理部主任领导下参与全院养老护理质量指导、检查、监督和考核工作。

（3）建立后勤保障系统。各类物资主动及时送至养护区，保证水电气供应、仪器设备等性能完好，各种设备设施到位，方便老年人。食堂提供满足老年人需要的饮食，配合提供护理用具的计划和购置，财务人员负责养护区收费管理，专门人员负责养护区的保洁工作。

表4—2为《养老服务机构护理服务质量考核标准及考核细则》样例，供参考。

表4—2　养老服务机构护理服务质量考核标准及考核细则

考核项目	考核内容	考核标准	考核细则	分值	得分
养老服务机构职能职责	1. 机构功能定位 2. 服务对象	有批文和营业执照	查看文件和营业执照	3	
组织机构	1. 根据规模设置人员结构 2. 根据规模设置各级各类人员数	管理完全自理能力的老年人8~10人 管理部分自理能力的老年人5~7人 管理没有自理能力的老年人2~4人	查看人员结构表、住院老年人人数、养护人员排班	3	

续表

考核项目	考核内容	考核标准	考核细则	分值	得分
各级各类人员岗位职责管理规章制度	1. 拟定各级各类人员岗位职责 2. 制定管理制度	1. 院长职责，护理长职责，护理组长职责，各级护理员岗位职责 2. 管理规章制度	查看职责、制度	7	
分级护理管理制度	1. 拟定分级护理服务标准及服务规范 2. 制定分级护理措施	1. 分级护理服务标准及服务规范 2. 分级护理措施	查看相关文件，现场抽查护理措施落实情况	6	
在职培训	1. 人员培训计划 2. 培训记录	1. 分级培训制度 2. 培训报销财务制度	查看人员培训记录、财务报销发票等	2	
老年人满意度	1. 设计老年人满意度问卷调查表 2. 定期调查满意度汇总表	1. 老年人满意度问卷调查表内容全面，真实反映老年人的情况 2. 定期调查满意度的汇总表及有改进措施记录	查看资料和改进措施记录及效果	2	
老年人健康管理	1. 建立老年人健康档案 2. 拟订慢性疾病健康教育计划和措施	1. 老年人健康档案 2. 慢性疾病健康教育计划和措施	查看老年人健康档案、慢性病健康教育措施落实记录	2	
日常生活照料护理服务	1. 老年人个人卫生清洁 2. 床单元 3. 老年人着装 4. 正确协助喂食 5. 如厕 6. 卧床老年人的护理	1. 个人卫生清洁：口腔、头发、皮肤、手足、会阴等 2. 床单元干净清洁平整 3. 老年人穿戴整洁无异味 4. 正确协助喂饭、饮水、喂药等 5. 帮助如厕，正确使用便器、坐便器 6. 对卧床老年人定时正确翻身、拍背、换尿布等，并做好护理记录	现场抽查5~8人	12	

续表

考核项目	考核内容	考核标准	考核细则	分值	得分
基础护理	1. 老年人生命体征监测 2. 营养状况评估 3. 饮食方法选择 4. 异常排泄观察护理	1. 按要求测量体温、脉搏、呼吸、血压并记录，发现异常及时处理 2. 评估老年人营养状况，正确管理老年人饮食营养 3. 管食饮食要求方法正确，器具饮食消毒正确，定期进行口腔护理 4. 对排尿、排便、排汗等情况进行观察护理并记录	查看记录 抽查 5~8 人考核	12	
协助老年人进行各种治疗护理	1. 协助老年人用药 2. 正确执行相关医疗护理活动和采集标本 3. 协助老年人正确使用助行器 4. 正确处理意外等突发情况	1. 遵医嘱协助老年人正确、合理、分类管理药物和用药 2. 在医护指导下，职责范围内，正确执行相关医疗护理活动：如各种导管护理、皮肤黏膜护理、标本采集 3. 正确协助老年人活动，正确使用轮椅等助行器 4. 对常见意外跌倒、体位性低血压、食物噎到、晕厥等进行应急处理	现场查看 抽查 5~8 人考核	5	
协助老年人进行疾病护理	1. 了解常见疾病一般护理要求和注意事项 2. 督促老年人正确健康的生活方式 3. 常见慢性病的观察和保健指导	1. 在医生、护士的指导下，了解常见疾病的一般护理要求和注意事项 2. 了解正确健康的生活方式，帮助老年人改变不良的生活习惯和方式 3. 掌握常见慢性病的临床症状和体征的观察记录，针对性进行保健指导	抽查护理记录并考核	5	
康复指导	1. 评估老年人功能障碍 2. 指导康复训练 3. 协助自理生活能力训练 4. 肢体被动训练运动 5. 填写老年人康复运动进程表	1. 简单评估老年人的功能障碍状况 2. 指导老年人进行康复训练 3. 协助老年人进行自理生活能力训练 4. 对卧床老年人进行肢体被动训练运动 5. 填写老年人康复运动进程表	现场询问查看记录	5	

续表

考核项目	考核内容	考核标准	考核细则	分值	得分
老年人心理护理	1. 一般心理护理基本常识,及时知晓老年人心理状况 2. 设心理健康咨询室 3. 有心理健康咨询管理制度、心理危机应急预案 4. 丰富老年人生活,开展心理健康讲座	1. 掌握老年人一般心理护理基本常识,与老年人建立融洽的互动关系,定期访视、访谈并记录,及时知晓老年人心理状况 2. 设置心理健康咨询室,进行专门的心理健康咨询服务并记录 3. 有心理健康咨询管理制度、心理危机应急预案及记录 4. 定期组织文娱活动,丰富老年人生活,开展心理健康讲座	抽查考核心理咨询室记录	4	
院内感染预防	1. 成立院内感染管理小组 2. 完善清洁管理制度、消毒隔离制度、垃圾污物处理制度、院感管理报告制度等 3. 规范执行消毒隔离制度、清洁管理制度等	1. 建立院内感染管理小组,专人管理,定期开展院感教育 2. 有完善的清洁管理制度、消毒隔离制度、垃圾污物处理制度、院感管理报告制度,有措施和定期检查记录 3. 规范执行消毒隔离制度、清洁管理制度等	现场询问查看资料	4	
临终关怀护理	1. 设临终关怀室 2. 掌握老年人的生理、心理特点	1. 设临终关怀室,有临终关怀制度,尊重老年人和家属的文化习俗,开展死亡教育 2. 掌握老年人的生理、心理特点,能采取改善老年人呼吸、促进老年人舒适、减轻疼痛等护理措施	现场询问查看记录	2	
安全设施	1. 预防跌倒措施 2. 居室、厕所、浴室配呼救器 3. 各种安全标识明显	1. 有预防跌倒措施,室内光线充足,照明良好,方便使用;不设门槛,地面平整防滑;卫生间设防滑垫;过道内、浴室、厕所有安全扶手 2. 居室、厕所、浴室配呼救器 3. 各种安全标识明显,消防设施、灭火器材保持完好备用状态	查看设施	4	

续表

考核项目	考核内容	考核标准	考核细则	分值	得分
保护器材的使用	1. 有保护器材执行规范、同意书、协议书 2. 安全、正确使用保护器具，有使用记录，有家属同意确认签字	1. 有保护器材执行规范，有同意书、协议书 2. 安全、正确使用保护器具，有使用记录，有家属同意确认签字	查看记录抽查检查记录	2	
安全预防措施	1. 安全保护制度，意外伤害处理流程 2. 不安全因素评估记录 3. 意外事件应急处理记录 4. 杜绝安全意外事件发生	1. 有安全保护制度、老年人意外伤害处理流程，有专人管理 2. 老年人不安全因素的定期评估记录 3. 有意外事件应急处理记录 4. 杜绝护理不当造成的老年人安全意外事件发生	查看资料抽查考核	4	
娱乐休闲服务	1. 休闲设施和休闲娱乐项目 2. 娱乐休闲活动规划 3. 活动符合老年人生理、心理需求	1. 有必要的休闲设施和休闲娱乐项目 2. 娱乐休闲活动规划齐全 3. 活动符合老年人的生理、心理需求	查看娱乐设施记录	4	
操作技能	操作技能考核	操作技能考核：生活护理 2 项，基础护理、疾病护理各 1 项	抽查考核	12	

（总分 100 分，≥90 分达标，≥95 分才能达到“养老护理优质服务养护区”称号要求）。

三、养老服务机构质量监督

1. 内部质量监督

（1）内部质量监督流程（见图 4—10）。2016 年，国务院办公厅发布《关于全面放开养老服务市场提升养老服务质量的若干意见》（国办发〔2016〕91 号），指出加强养老服务监管和组织实施应做到：加强服务监管，加强行业自律，完善养老服务标准体系，制定服务标准，加强宣传引导和加强监督落实。主管部门要建立监督检查机制，定期和随机对养老服务机构服务质量进行监督检查，发现问题及时纠正。同时要建立社会监督机制。主管部门可通过政府购买服务的方式委托第三方对养老服务机构进行定期监督检查。

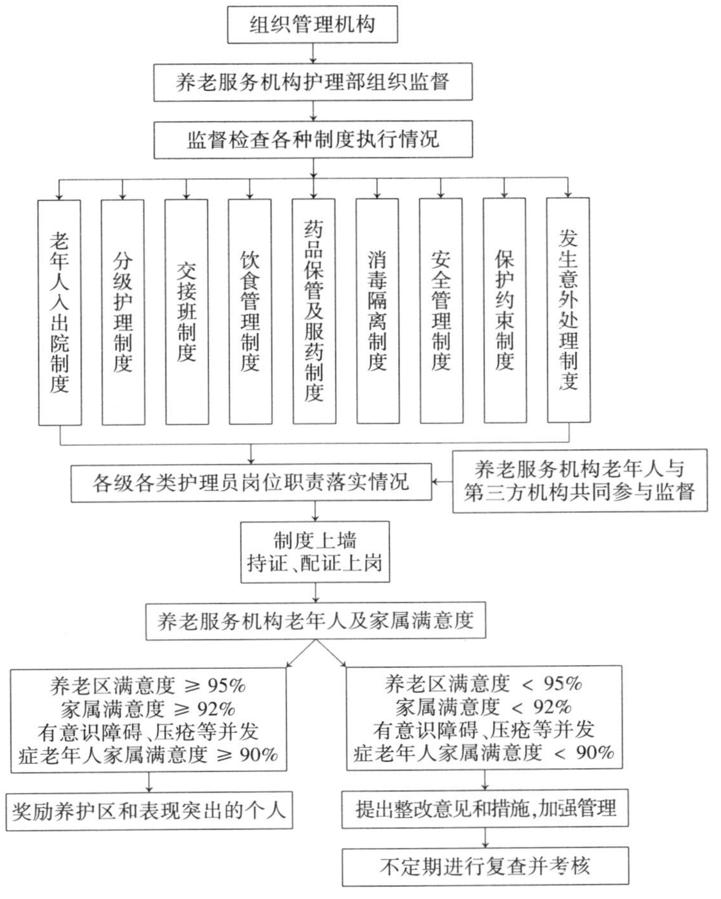

● 图 4—10　养老服务机构内部质量监督流程

（2）内部质量监督制度。养老服务机构行业组织要发挥自律作用，制定服务公约和行业规范标准，提高服务质量，同时，也要发挥服务对象的监督作用。老年人既是养老服务机构的服务对象，也是提高服务质量的重要参与者、监督者，养老服务质量如何首先要广泛听取老年人的意见。养老服务机构要成立民主监督管理委员会，要建立老年人意见征集、投诉反馈机制，让老年人参与养老服务机构民主管理和民主监督全过程，老年人满意、不满意获得感如何，是衡量养老服务机构质量的最主要标准。

内部质量监督制度如下：

（1）建立健全的组织机构。在养老服务机构院长领导下和各部门负责人指导下认真执行各项规章制度和操作规程。

（2）制定规章制度，规范服务行为。规章制度上墙，工作人员持证、配证上岗。

（3）检查监督各级各类人员制度落实情况，包括心理疏导制度、老年人进出院制度、分级护理制度、交接班制度、饮食管理制度、药品保管及服药制度、消毒隔离制度、安全管理制度、保护约束制度、发生意外处理制度等。

（4）注重老年人身体健康检查和保健服务。对老年人的身体情况进行登记在册，方便对特殊身体状况的老年人有针对性地进行特殊照顾。

（5）要有健全的监督机制，组织机构管理人员不定期对各养护区进行检查，发现问题及时整改，根据情节轻重进行处罚。要公开投诉电话，加强对入住老年人的回访，保护老年人合法权益，全面提升养老服务机构的管理服务能力。

（6）组织丰富的娱乐活动，丰富老年人的精神生活。

（7）老年人入住前要与家属签订相关协议，既是对老年人负责，也是养老服务机构规范化管理的要求。

（8）加强宣传力度，提高入住率，转变观念。

（9）加强养老服务机构的交流，构建资源共享平台。

（10）养老服务机构装修要温馨合理，色泽搭配有家的温暖。

2. 外部质量监督

（1）外部质量监督流程（见图 4—11）

（2）外部质量监督制度。外部质量监督就是社会的监督，其监督制度如下：

1）社会应该加大对养老服务机构的重视，树立大健康意识，创造条件为老年人服务。

2）落实法律条例保障养老服务行业的规范性。贯彻落实《老年人权益保障法》《养老服务机构管理办法》等。

3）加强人才培养和信息化建设。各地要根据当地的实际情况和人才需求，加大养老服务标准化教育培训，培养行业组织、行业机构、行业服务组织、骨干企业人才，培养其成为标准化工作的重要力量。

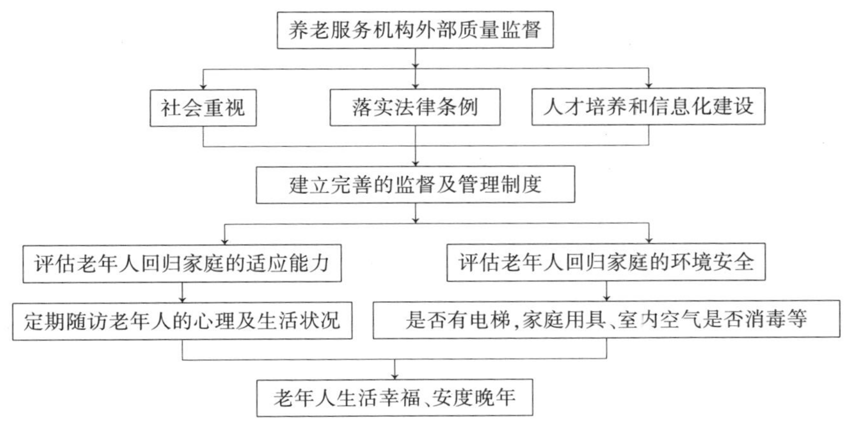

● 图 4—11　养老服务机构外部质量监督流程

4）建立完善的监督及管理制度。养老服务机构面广、领域多，必须建立完善的管理部门进行监督，按国家相关法律政策标准加强管理，严格执行监督与管理的办法条例等。

5）评估老年人回归家庭的适应能力。定期随访老年人的心理及生活状况，进行心理沟通，上门服务指导，回访。进行出院后家庭评估，评估是否适合回家等。

6）评估老年人回归家庭的环境安全。住房有没有电梯，家庭用具、室内空气是否消毒，是否适合老年人居住等。

本章思考题

1. 简述养老服务机构服务质量管理的原则及方法。
2. 简述护理服务质量评估—评价概念。
3. 如何加强养老服务机构外部监督？

第 5 章

养老服务机构管理相关政策法规

了解《养老机构管理办法》的内容
了解《养老机构基本规范》的内容
熟悉《养老机构安全管理》的内容

一、《养老机构管理办法》

1. 概述

民政部为加强养老机构管理，维护老年人及养老机构合法权益，促进养老服务健康发展制定了现行《养老机构管理办法》，该办法于 2013 年 6 月 27 日民政部部务会议通过，自 2013 年 7 月 1 日起施行。该办法共分为六章，分别为：总则、服务内容、内部管理、监督检查、法律责任、附则。

《养老机构管理办法》制定的基本原则如下：

（1）鼓励发展和规范管理并重。始终把促进养老机构的发展作为立法的出发点和落脚点，而不是将限制或者阻碍养老机构的发展作为立法目标。

（2）多元主体投入和社会参与并重。强调政府投资兴办的养老机构主要收住困难老年人以及提供基础服务，发挥保底作用；社会力量兴办的养老机构主要根据市场需求开展服务。

（3）外部监督和内部治理并重。强调通过政府、社会、内部治理等多方面进行规范，实现养老机构管理规范化、服务专业化。

2. 具体内容

第一章　总则

第一条　为了规范对养老机构的管理，促进养老事业健康发展，根据《中华人民共和国老年人权益保障法》和有关法律、行政法规，制定本办法。

第二条　本办法所称养老机构是指依照《养老机构设立许可办法》设立并依法办理登记的为老年人提供集中居住和照料服务的机构。

第三条　国务院民政部门负责全国养老机构的指导、监督和管理，县级以上地方人民政府民政部门负责本行政区域内养老机构的指导、监督和管理。其他有关部门依照职责分工对养老机构实施监督。

第四条　养老机构应当依法保障收住老年人的合法权益。入住养老机构的老年人应当遵守养老机构的规章制度。

第五条　县级以上地方人民政府民政部门应当根据本级人民政府经济社会发展规划和相关规划，会同有关部门编制养老机构建设规划，并组织实施。

第六条　政府投资兴办的养老机构，应当优先保障孤老优抚对象和经济困难的孤寡、失能、高龄等老年人的服务需求。

第七条　民政部门应当会同有关部门采取措施，鼓励、支持企业事业单位、社会组织或者个人兴办、运营养老机构。鼓励公民、法人或者其他组织为养老机构提供捐赠和志愿服务。

第八条　民政部门对在养老机构服务和管理工作中做出显著成绩的单位和个人，依照国家有关规定给予表彰和奖励。

解读：总则规定了适用范围、管理职责、养老机构和老年人基本要求、养老机构建设规划、政府重点保障和扶持政策、表彰奖励等。

第二章　服务内容

第九条　养老机构按照服务协议为收住的老年人提供生活照料、康复护理、精神慰藉、文化娱乐等服务。

第十条　养老机构提供的服务应当符合养老机构基本规范等有关国家标准或者行业标准和规范。

第十一条　养老机构为老年人提供服务，应当与接受服务的老年人或者其代理人签订服务协议。

服务协议应当载明下列事项：

（一）养老机构的名称、住所、法定代表人或者主要负责人、联系方式；

（二）老年人及其代理人和老年人指定的经常联系人的姓名、住址、身份证明、联系方式；

（三）服务内容和服务方式；

（四）收费标准以及费用支付方式；

（五）服务期限和地点；

（六）当事人的权利和义务；

（七）协议变更、解除与终止的条件；

（八）违约责任；

（九）意外伤害责任认定和争议解决方式；

（十）当事人协商一致的其他内容。

服务协议示范文本由国务院民政部门另行制定。

第十二条　养老机构应当提供满足老年人日常生活需求的吃饭、穿衣、如厕、洗澡、室内外活动等服务。

养老机构应当提供符合老年人居住条件的住房，并配备适合老年人安全保护要求的设施、设备及用具，定期对老年人活动场所和物品进行消毒和清洗。

养老机构提供的饮食应当符合卫生要求、有利于老年人营养平衡、符合民族风俗习惯。

第十三条　养老机构应当建立入院评估制度，做好老年人健康状况评估，并根据服务协议和老年人的生活自理能力，实施分级分类服务。

养老机构应当为老年人建立健康档案，组织定期体检，做好疾病预防工作。养老机构可以通过设立医疗机构或者采取与周边医疗机构合作的方式，为老年人提供医疗服务。养老机构设立医疗机构的，应当依法取得医疗机构执业许可证，按照医疗机构管理相关法律法规进行管理。

第十四条　养老机构在老年人突发危重疾病时，应当及时通知代理人或者经常联系人并转送医疗机构救治；发现老年人为疑似传染病病人或者精神障碍患者时，应当依照传染病防治、精神卫生等相关法律法规的规定处理。

第十五条　养老机构应当根据需要为老年人提供情绪疏导、心理咨询、危机干预等精神慰藉服务。

第十六条　养老机构应当开展适合老年人的文化、体育、娱乐活动，丰富老年人的精神文化生活。

养老机构开展文化、体育、娱乐活动时，应当为老年人提供必要的安全防护措施。

解读：服务内容规定了服务范围、标准、服务协议、各项具体服务内容及要求等。

对养老机构提供生活照料、康复护理、精神慰藉、文化娱乐等服务提出了明确要求，指出养老机构提供的饮食应当符合卫生要求、有利于老年人营养平衡、符合民族风俗习惯；养老机构应当为老年人建立健康档案，组织定期体检；养老机构开展文化、体育、娱乐活动时，应当为老年人提供必要的安全防护措施等。

第三章　内部管理

第十七条　养老机构应当按照国家有关规定建立健全安全、消防、卫生、财务、档案管理等规章制度，制定服务标准和工作流程，并予以公开。

第十八条　养老机构应当配备与服务和运营相适应的工作人员，并依法与其签订聘用合同或者劳动合同。

养老机构中从事医疗、康复、社会工作等服务的专业技术人员，应当持有关部门颁发的专业技术等级证书上岗；养老护理人员应当接受专业技能培训，经考核合格后持证上岗。

养老机构应当定期组织工作人员进行职业道德教育和业务培训。

第十九条　养老机构应当依照其登记类型、经营性质、设施设备条件、管理水平、服务质量、护理等级等因素确定服务项目的收费标准。养老机构应当在醒目位置公示各类服务项目收费标准和收费依据，并遵守国家和地方政府价格管理有关规定。

第二十条　养老机构应当按照国家有关规定接受、使用捐赠物资，接受志愿服务。

第二十一条　养老机构应当实行 24 小时值班，做好老年人安全保障工作。

第二十二条　养老机构应当依法履行消防安全职责，健全消防安全管理制度，实行消防工作责任制，配置、维护消防设施、器材，开展日常防火检查，定期组织灭火和应急疏散消防安全培训。

第二十三条　养老机构应当制定突发事件应急预案。

突发事件发生后，养老机构应当立即启动应急处理程序，根据突发事件应对管理职责分工向有关部门报告，并将应急处理结果报实施许可的民政部门和住所地民政部门。

第二十四条　鼓励养老机构投保责任保险，降低机构运营风险。

第二十五条　养老机构应当建立老年人信息档案，妥善保存相关原始资料。养老机构应当保护老年人的个人信息。

第二十六条　养老机构应当经常听取老年人的意见和建议，发挥老年人对养老机构服务和管理的监督促进作用。

第二十七条　养老机构因变更或者终止等原因暂停、终止服务的，应当于暂停或者终止服务60日前，向实施许可的民政部门提交老年人安置方案，方案中应当明确收住老年人的数量、安置计划及实施日期等事项，经批准后方可实施。

民政部门应当自接到安置方案之日起20日内完成审核工作。

民政部门应当督促养老机构实施安置方案，并及时为其妥善安置老年人提供帮助。

解读：内部管理规定了规章制度、内部管理具体要求等。从规章制度、人员要求、收费管理、捐赠和志愿服务管理、24 h值班、消防安全管理、应急管理、投保责任险、档案管理、民主管理、老年人安置等方面对养老机构内部管理进行了全面规范。

第四章　监督检查

第二十八条　民政部门应当按照实施许可权限，通过书面检查或者实地查验等方式对养老机构进行监督检查，并向社会公布检查结果。上级民政部门可以委托下级民政部门进行监督检查。养老机构应当于每年3月31日之前向实施许可的民政部门提交上一年度的工作报告。年度工作报告内容包括服务范围、服务质量、运营管理等情况。

第二十九条　民政部门应当建立养老机构评估制度，定期对养老机构的人员、设施、服务、管理、信誉等情况进行综合评价。养老机构评估工作可以委托第三方实施，评估结果应当向社会公布。

第三十条　民政部门应当定期开展养老服务行业统计工作，养老机构应当及时准确报送相关信息。

第三十一条　民政部门应当建立对养老机构管理的举报和投诉制度。

民政部门接到举报、投诉后，应当及时核实、处理。

第三十二条　上级民政部门应当加强对下级民政部门的指导和监督，及时纠正养老机构管理中的违规违法行为。

解读：监督检查规定了监督检查权限和方式、养老机构评估、信息统计、举报和投诉、层级监督等。

第五章　法律责任

第三十三条　养老机构有下列行为之一的，由实施许可的民政部门责令改正；情节严重的，处以3万元以下的罚款；构成犯罪的，依法追究刑事责任：

（一）未与老年人或者其代理人签订服务协议，或者协议不符合规定的；

（二）未按照国家有关标准和规定开展服务的；

（三）配备人员的资格不符合规定的；

（四）向负责监督检查的民政部门隐瞒有关情况、提供虚假材料或者拒绝提供反映其活动情况真实材料的；

（五）利用养老机构的房屋、场地、设施开展与养老服务宗旨无关的活动的；

（六）歧视、侮辱、虐待或遗弃老年人以及其他侵犯老年人合法权益行为的；

（七）擅自暂停或者终止服务的；

（八）法律、法规、规章规定的其他违法行为。

第三十四条　民政部门及其工作人员违反本办法有关规定，由上级行政机关责令改正；情节严重的，对直接负责的主管人员和其他责任人员依法给予行政处分；构成犯罪的，依法追究刑事责任。

解读：法律责任规定了养老机构违法责任、管理机关及人员违法责任等。

第六章　附则

第三十五条　国家对光荣院、农村五保供养服务机构等养老机构的管理有特别规定的，依照其规定办理。

本办法自2013年7月1日起施行。

解读：附则规定了特别规定以及实施日期。

二、《养老机构基本规范》

1. 概述

《养老机构基本规范》国家标准由中华人民共和国国家质量监督检验检疫总局和中国国家标准化管理委员会共同发布，于2012年12月31日发布，2013年05月01日实施。

该规范从以下八个方面进行了规定：范围、规范性引用文件、术语和定义、基本要求、人员要求、管理要求、环境与设施设备要求、服务内容及要求。其中服务内容及要求非常具体地从生活照料服务、膳食服务、清洁卫生服务、洗涤服务、老年护理服务、心理/精神支持服务、文化娱乐服务、咨询服务、安全保护服务、医疗保健服务10个版块进行了详细规定。

2. 具体内容

《养老机构基本规范》具体内容如下：

1. 范围

本标准规定了养老机构的基本要求、人员要求、管理要求、环境与设施设备要求和服务内容及要求。

本标准适用于全日制养老机构的运行和管理。

本标准不适用于非全日制的社区日间照料或托老服务机构。

2. 规范性引用文件

下列文件对于本文件的应用是必不可少的。凡是注日期的引用文件，仅所注日期的版本适用于本文件。凡是不注日期的引用文件，其最新版本（包括所有的修改单）适用于本文件。

GB 3096—2008 声环境质量标准

GB/T 10001.9—2008 标志用公共信息图形符号第9部分：无障碍设施符号

GB/T 15565.2—2008 图形符号术语第2部分：标志及导向系统

GB/T 18883—2002 室内空气质量标准

GB/T 50340—2003 老年人居住建筑设计标准

《消毒技术规范》（2002年版）中华人民共和国卫生部

3. 术语和定义

下列术语和定义适用于本文件。

3.1

养老机构 senior care organization

为老年人提供生活照料、膳食、康复、护理、医疗保健等综合性服务的各类组织。

3.2　相关第三方 relevant party

为老年人提供资金担保，监护或委托代理责任的个人或组织。

4. 基本要求

4.1　机构应具有独立法人的资质。

4.2　应具有相对独立、固定、专用的场所。

4.3　养老机构建筑及设施的设计与设置应符合 GB/T 50340—2003 相关要求。

4.4　人力资源配置应满足养老服务的需要。

5. 人员要求

5.1　机构管理者应具有高中及以上文化程度，具有五年以上的相关工作经验，并经行业培训合格，获得相关资质证书。

5.2　专业技术人员应持有与其岗位相适应的专业资格证书。

5.3　养老护理员应持有与岗位要求一致的职业资格证书。

5.4　宜配备社会工作者、康复师、营养师等。

6. 管理要求

6.1　应制定老年人服务合同管理制度，明确相关内容。

6.2　应制定各类人员的聘用、培训和管理制度，建立各类人员职业健康制度、岗位资质审核制度、绩效考核制度。

6.3　应建立管理组织架构，设置工作岗位，明确工作标准。

6.4　应建立财务管理制度。

6.5　应制定设施、设备及用品的购置、使用、维保、报废等管理制度。

6.6　应建立外包服务质量管理和监督机制。

6.7　应建立安全管理机制，制定相关应急预案。

6.8　应建立老年人健康状况评估制度、入住档案和健康档案管理制度。

6.9　应制定以下规范：

——服务规范，明确服务内容及质量要求；

——服务提供规范，明确提供服务的时间、地点、内容、环节、程序等；

——服务质量控制规范，根据质量控制指标，明确不合格服务的预防措施，制定服务质量的评价及改进办法。

7. 环境与设施设备要求

7.1 环境

7.1.1 室外环境应符合 GB/T 50340—2003 第 3 章的要求。

7.1.2 应按 GB/T 15565.2—2008 中标志及其应用要求设置相应场所标识图案，无障碍设施符号应符合 GB/T 10001.9—2008 的要求。

7.1.3 居室应符合 GB/T 50340—2003 中第 4 章的要求。

7.1.4 室内灯光照度应柔和，居室及通道应设有夜灯及应急灯。

7.1.5 室内宜配备房间空气温度调节设施。

7.1.6 室内空气应符合 GB/T 18883—2002 的要求。

7.1.7 室内噪声应符合 GB 3096—2008 中 0 类标准。

7.2 设施设备

7.2.1 配套服务设施配置应符合 GB/T 50340—2003 中 4.1.5 的要求。

7.2.2 公共区域应设置餐厅、卫生间、浴室、活动场所，并满足：

——餐厅布局合理，桌椅应完备、干净整洁；

——卫生间应设置坐式蹲位、残疾人蹲位，具有安全防护设施，通风良好、无异味；

——浴室应有安全防护措施，洗浴用水水温应可调节，温度适宜；

——活动场所应设置固定的健身设施、设备，应设置固定座椅，设施、设备应符合老年人的体能心态特征；

——室内活动场所应光线充足，配有文化娱乐用品；

——应设置公共洗涤场所，配备洗涤用具；

——应配备老年人常用的康复器具。

7.2.3 居室和卫生间应配置紧急呼叫设备。

8. 服务内容及要求

8.1 生活照料服务

8.1.1 生活照料服务至少应包括:

——穿衣，包括协助穿衣、更换衣物、整理衣物等;

——修饰，包括洗头、洗脸、理发、梳头、化妆、修剪指甲、剃须等;

——口腔清洁，包括刷牙、漱口、清洁口腔、装卸与清理假牙等;

——饮食照料，包括协助进食、饮水或喂饭、管饲等;

——排泄护理，包括定时提醒如厕、提供便器、协助排便与排尿，实施人工排便，清洗与更换尿布等;

——皮肤清洁护理，包括清洗会阴、擦洗身体、沐浴和使用护肤用品等;

——压疮预防，包括定时更换卧位、翻身，减轻皮肤受压状况，清洁皮肤及会阴部等。

8.1.2 生活照料应由养老护理人员承担。

8.1.3 应配备生活照料服务必要的设施与设备。

8.1.4 应根据老年人的具体需要提供相应的照料服务。

8.2 膳食服务

8.2.1 膳食服务至少应包括食品的加工、配送，制作过程应安全、卫生，送餐应保温、密闭。

8.2.2 膳食服务提供者应由持有健康证并经过专业培训合格的人员承担。

8.2.3 应配备提供膳食服务必要的设施与设备。

8.2.4 应根据老年人身体状况及需求、地域特点、民族、宗教习惯制定菜谱，提供均衡饮食。

8.3 清洁卫生服务

8.3.1 应包括环境清洁、居室清洁、床单位清洁、设施设备清洁。

8.3.2 应设置专职岗位并配备相应的清洁卫生人员。

8.3.3 应配备必要的设施、设备与用具。

8.3.4 环境清洁包括生活区和医疗区的环境分类管理、生活和医疗垃圾的分类处理。

8.3.5 环境、居室、床单位、设施设备应整洁有序、及时清扫。

8.3.6 采取服务外包的方式时，应对服务质量进行监控。

8.4　洗涤服务

8.4.1　洗涤服务包括织物的收集、登记、分类、消毒、洗涤、干燥、整理和返还。

8.4.2　应配备相应的洗涤服务人员。

8.4.3　应配备必要的洗涤设施、设备与用具。

8.4.4　洗涤物品应标识准确，当面验清。

8.4.5　采取服务外包的方式时，应对服务质量进行监控。

8.5　老年护理服务

8.5.1　老年护理服务应包括基础护理、健康管理、健康教育、心理护理、治疗护理、感染控制等。

8.5.2　应由内设医疗机构提供或委托医疗机构提供。

8.5.3　应由在内设医疗机构或委托医疗机构注册的护士承担。

8.5.4　应配备必要的设施与设备。

8.5.5　应遵医嘱，应执行医疗机构规定的护理常规和护理技术操作规范。

8.5.6　应参照医疗文书书写规范进行记录。

8.5.7　应参照对老年人能力等级评估的情况提供相应的护理服务。

8.5.8　院内感染控制技术要求应符合《消毒技术规范》的规定。

8.6　心理/精神支持服务

8.6.1　心理或精神支持服务至少应包括沟通、情绪疏导、心理咨询、危机干预等服务内容。

8.6.2　应由心理咨询师、社会工作者、医护人员或经过心理学相关培训的养老护理员承担。心理咨询、危机干预宜由心理咨询师、社会工作者承担。

8.6.3　应配备心理或精神支持服务必要的环境、设施与设备。

8.6.4　应适时与老年人进行交流，掌握老年人心理或精神的变化。

8.6.5　应制定心理咨询和危机干预工作程序。

8.6.6　应保护老年人的隐私。

8.7　文化娱乐服务

8.7.1 根据老年人身心状况需求，开展文艺、美术、棋牌、健身、游艺、观看影视、参观游览等活动。

8.7.2 主要由养老护理员、社会工作者组织，邀请专业人士或相关志愿者给予指导。

8.7.3 应配备文化娱乐服务必要的环境、设施与设备。

8.7.4 开展活动时，机构应提供必要的安全防护措施。

8.8 咨询服务

8.8.1 咨询服务包括信息提供和问询解答。

8.8.2 应由各类相关服务人员承担。

8.8.3 所提供的信息和解答应真实、准确、完整。

8.8.4 应提供咨询服务必要的环境、设施与设备。

8.9 安全保护服务

8.9.1 安全保护服务是通过医护人员的评估，为老年人采取适当的安全防护措施的活动。

8.9.2 应由专业技术人员及养老护理员承担。

8.9.3 应提供安全保护服务必要的设施、设备及用具，包括提供床档、防护垫、安全标识、安全扶手、紧急呼救系统等。

8.9.4 满足以下条件之一时，应对老年人进行身体约束或其他限制行为并记录时间、身心状况以及原因：

——当发生自我伤害或伤害他人的紧急情况时；

——经专业执业医师书面认可，并经相关第三方书面同意后。

8.9.5 满足以下条件之一时，应解除对老年人进行身体约束或其他限制行为并记录：

——当发生自我伤害或伤害他人的紧急情况解除时；

——经专业执业医师书面认可，并经相关第三方书面同意后。

8.10 医疗保健服务

8.10.1 医疗保健服务是为老年人提供预防、保健、康复、医疗等方面的活动。

8.10.2 应由内设医疗机构或委托医疗机构提供。

8.10.3 医疗保健包括常见病和多发病、慢性非传染性疾病的诊断、治疗、预防和院前急救工作，康复治疗和转院工作。

8.10.4 应由执业医师或康复师承担，符合多点执业要求。

8.10.5 应参照医疗机构设置要求配备设施与设备。

8.10.6 应运用综合康复手段，为老年人提供维护身心功能的康复服务。

8.10.7 应符合卫生行政主管部门有关诊疗科目及范围的规定。

8.10.8 医疗行为应参照临床医疗诊疗常规。

解读：《养老机构基本规范》对于养老机构的规范有着重要作用，养老机构基本规范制定了相应的标准，原有养老机构将会通过改进来达到标准要求，新办养老机构从开办伊始就必须按照标准规定来设置。《养老机构基本规范》的发布实施具有特别重要的意义。标准化建设是中国养老服务业必须开展和遵循的基础工作，否则，养老服务机构难以有序成长，只有行业规范、统一监管，养老服务业才能科学发展，与国际接轨。

三、《养老机构安全管理》

1. 概述

《养老机构安全管理》行业标准由民政部于 2012 年 3 月 26 日发布，2012 年 4 月 1 日起实施。该标准主要从范围、规范性引用文件、术语和定义、安全管理体系、设备设施安全要求、食品安全要求、消防安全要求、医疗护理安全要求、人身安全要求、财产安全要求、信息安全要求、突发事件应急管理要求、安全教育与培训要求等 13 个方面进行了规定。

2. 具体内容

《养老机构安全管理》具体内容如下：

1 范围

本标准规定了养老机构的安全管理体系、设备设施安全、食品安全、消防安全、医疗护理安全、人身安全、财产安全、信息安全、突发事件应急管理和安全教育与培训的要求。

本标准适用于养老机构的安全管理。

2 规范性引用文件

下列文件对于本文件的应用是必不可少的。凡是注日期的引用文件，仅注日期的版本适用于本文件。凡是不注日期的引用文件，其最新版本（包括所有的修改单）适用于本文件。

GB 2893—2008 安全色

GB 2894—2008 安全标志及其使用导则

GB 13495—1992 消防安全标志

GB/T 13869—2008 用电安全导则

GB 15630—1995 消防安全标志设置要求

GB/T 28001—2011 职业健康安全管理体系要求

GB 50016—2006 建筑设计防火规范

GB 50045—1995(2005 版) 高层民用建筑设计防火规范

GB 50140—2005 建筑灭火器配置设计规范

GB 50222—1995 建筑内部装修设计防火规范

GB/T 50340—2003 老年人居住建筑设计标准

GB 50437 城镇老年人设施规划规范

JGJ 50—2001 城市道路和建筑物无障碍设计规范

3 术语和定义

下列术语和定义适用于本文件。

3.1 养老机构 senior careorganization

为老年人提供生活照料、膳食、康复、护理、医疗保健等综合性服务的各类组织。

3.2 安全 safety

免除了不可接受的损害风险的状态。

3.3 特种设备 special type equipment

涉及生命安全、危险性较大的锅炉、压力容器（含气瓶）、压力导管、电梯等。

3.4 职业健康安全 occupational health and safety

影响工作场所内员工、临时工作人员、合同方人员、访问者和其他人员健康和安全的条件和因素。

4 安全管理体系

4.1 安全管理部门及职责

养老机构的安全责任人应是机构法定代表人或主要负责人。养老机构应依法建立安全管理部门，安全管理部门由安全责任人、安全管理人员、相关部门和具体实施安全工作的专（兼）职人员组成，逐级负责本机构的安全管理工作。

4.2　安全管理人员要求及职责

4.2.1　安全管理人员要求

4.2.1.1　养老机构应按照机构总人数及服务内容配置相适应的专（兼）职安全管理人员。

4.2.1.2　安全管理相关工作人员应熟悉国家和地方安全管理相关的法律法规及技术规范，并取得相关部门认可的资格证书，持证上岗，具备必要的组织协调能力和突发事件应变处置能力。

4.2.2　各级安全管理人员职责

4.2.2.1　安全责任人应全面负责本机构的安全工作，依法开展安全管理工作；建立安全管理部门和组织（含义务消防组织）；审查批准安全制度、组织制定并实施安全事故应急预案；定期研究、督导安全问题；及时、如实向上级主管部门报告安全事故。

4.2.2.2　安全管理人员应负责本机构主管范围内的安全工作；负责制定安全管理制度和年度安全工作计划，组织实施日常安全管理工作；督促、落实隐患整改工作；定期向安全责任人报告安全工作情况，及时报告涉及安全的重大问题。

4.3　安全管理制度

4.3.1　养老机构应遵守国家法律法规要求，建立健全各项安全管理制度。制度应包括但不限于：

a）安全责任制度；

b）安全教育制度；

c）安全操作规范或规程；

d）安全检查制度；

e）事故处理与报告制度；

f）突发事件应急预案；

g）考核与奖惩制度。

4.3.2 安全管理制度应明确相关部门及人员的职责、权限、工作内容、工作流程及要求，应建立健全岗位操作规范。

4.4 报告

4.4.1 发生意外或可能引发意外的过失行为后，应按要求逐级上报。

4.4.2 报告程序应符合下列要求：

a）发现设施、服务过程或服务对象存在安全隐患，工作人员应向安全管理人员报告，安全管理人员应及时组织力量采取积极的措施，消除隐患，并向上级报告；

b）发生安全事故后，工作人员应立即向安全管理人员报告，并进行事故详细记录；安全管理人员应迅速向安全责任人报告；安全责任人应按照有关规定及时向上级主管部门和相关行政主管部门报告。

4.4.3 发生重大疫情，应及时向机构属地疾病预防控制机构报告。

5 设备设施安全要求

5.1 消防安全

5.1.1 养老机构建筑在正式投入使用之前，应通过公安消防机关的消防验收。

5.1.2 建筑防火设计应符合 GB 50016—2006 第 5、6、7、8、9、10、11 章的规定或 GB 50045—1995（2005 版）第 3、4、5、6、7、8、9 章的规定。

5.1.3 建筑内部装修设计及使用装修材料的燃烧性能等级，应符合 GB 50222—1995 第 3 章的规定。

5.1.4 应按照 GB 50016—2006 第 8、9、11 章或 GB 50045—1995（2005 版）第 7、8、9 章的规定设置火灾自动报警系统、自动灭火系统或室内外消火栓系统及防排烟设施，并按照 GB 50140—2005 第 3、4、5、6、7 章的规定配置相应的灭火器材。

5.1.5 任何单位、个人不应损坏、挪用或者擅自拆除、停用消防设施、器材，不应埋压、圈占、遮挡消火栓或者占用防火间距，不应占用、堵塞、封闭疏散通道、安全出口、消防车通道。人员密集场所的门窗不应设置影响逃生和灭火救援的障碍物。消防设施、器材应定期组织检验维修，并对消防设施每年至少进行一次全面检测，确保完好有效。

5.1.6 养老机构设置的消防安全标志牌及其照明灯具等应符合 GB

15630—1995 第 8 章的规定，应定期检查与维修，至少半年检查一次，发现问题应及时修整、更换或重新设置。

5.2 电气安全

5.2.1 养老机构应正确选用各类用电产品的规格型号、容量和保护方式（如过载保护等），不应擅自更改用电产品的结构、原有配置的电气线路以及保护装置的整定值和保护元件的规格等。

5.2.2 选择用电产品应确认其符合产品使用说明书规定的环境要求和使用条件，并根据产品使用说明书的描述，了解使用时可能出现的危险及需采取的预防措施。

5.2.3 电器线路、电气设备的安装应由专业人员实施，安装完成后，依法进行检测。用电产品的安装、使用及维修应符合 GB/T 13869—2008 第 6、7 章的规定。

5.3 燃气安全

5.3.1 燃气安全的管理应符合 GB/T 50340—2003 第 5 章的要求，使用燃气的设备及场所应设可燃气体报警装置。

5.3.2 养老机构不应私自拆、移、改动燃气表、灶、导管等燃气设施，不应私自安装燃气热水器、取暖器和其他燃气器具。

5.3.3 养老机构选择使用的燃气灶、热水器和壁挂炉等燃气器具应经有资质的检验机构检验合格，并根据产品使用说明书了解产品使用时可能出现的危险及需采取的预防措施。

5.4 特种设备安全

5.4.1 特种设备在投入使用前或者投入使用后 30 天内，养老机构应向特种设备安全监督管理部门登记。登记标志应置于或者附着于该特种设备的显著位置。

5.4.2 养老机构应对在用特种设备进行经常性日常维护保养，并定期自行检查。应至少每月进行 1 次自行检查，并做出记录。在自行检查和进行日常维护保养时发现异常情况的，应及时处理。电梯维护单位应至少每 15 天对养老机构在用电梯进行 1 次清洁、润滑、调整和检查，并作记录。

5.4.3 养老机构应指定机构对在用特种设备进行定期检验。在安全检验合格有效期届满前 1 个月应向特种设备检验检测机构提出定期检验要求。未经定期检验或者检验不合格的特种设备，不应继续使用。

5.5 健身器材安全

5.5.1 健身器材的安全注意事项和警示标志应设置在活动区显著位置。

5.5.2 养老机构应定期对在用健身器材进行清洁、润滑、调整、检查并维护，并作记录。发现情况异常，应及时处理。

5.6 建筑安全

5.6.1 养老机构的选址及规划布局应符合 GB/T 50340—2003 和 GB50437 的要求。

5.6.2 养老机构应有无障碍设计，无障碍设计应符合 JGJ 50—2001 第 5、6、7 章的内容要求。

5.6.3 养老机构应对本机构建筑设施进行定期维保。

5.7 安全标志

5.7.1 养老机构应对存在较大危险因素的部位和有关设备、设施设置安全标志。安全标志牌的型号选用、设置高度、使用要求应符合 GB 2894—2008 第 7、8、9 章的规定，安全标志的颜色表征应符合 GB 2893—2008 第 4 章的要求，便于服务对象及社会公众识别。

5.7.2 养老机构应对安全标志牌至少每半年检查一次，如发现有破损、变形、褪色等不符合要求的应及时修整或更换。

5.7.3 养老机构中的消防安全标志应符合 GB 13495—1992 第 3、4 章的规定，消防安全标志的设置原则与设置要求应符合 GB 15630—1995 第 5、6 章的规定。

5.7.4 养老机构中的应急设备安全标志与设置应符合 GB 2894—2008 第 6 章中的规定。对在紧急情况下使用的通信设备（这种通信设备应设在每个呼叫点和电话机所在位置）应使用安全标志醒目地标示，对设备的背景区域应标记或照亮。

5.7.5 养老机构的安全出口、疏散走道和楼梯口应设置灯光疏散指示标志，疏散指示标志应设在安全门顶部或疏散走道及其转角处距地面高度 1 米以下的墙面上，且疏散指示标志的间距不应大于 20 米。同时在疏散走道的地面应设置蓄光型疏散导流标志，并保证疏散导流标志视觉连续。在走廊通道墙面明显处设置疏散路线示意图。

5.7.6 安全玻璃门、玻璃墙应有警示标志并设置在显著位置。

5.8 监控设备

5.8.1 养老机构应设置监控设备，做到重点公共区域全覆盖。

5.8.2 设置监控系统的养老机构应有监控系统控制室，并应有专（兼）职人员24小时值班；值班人员要坚守岗位，做好运行和值班记录，执行交接班制度。控制室的入口处应设置明显标志。

5.9 其他

养老机构应明确设备设施安全使用注意事项，并在显著位置公示。

6 食品安全要求

6.1 养老机构应遵守国家食品安全相关法律法规和食品安全标准的要求。

6.2 建立健全食品安全管理制度，采取有效的管理措施，保证食品安全。

7 消防安全要求

7.1 养老机构应遵守国家消防安全相关法律法规要求，建立相应的消防安全管理制度。

7.2 应按照《中华人民共和国消防法》的规定建立消防安全定期检查、自查自纠及第三方评估制度。对日常消防安全管理进行安全评价，并实施有效监控。

8 医疗护理安全要求

8.1 养老机构内设的医疗机构应遵守国家医疗安全相关法律法规要求，依照卫生部门的规定，建立相应的医疗护理安全管理制度，对护理照料、医疗等重点安全问题进行监控。

8.2 养老机构内设的医疗机构应接受卫生部门定期的监督检查。

9 人身安全要求

9.1 养老机构应遵守国家相关法律法规要求，建立相应的人身安全管理制度。对故意伤害、走失、交通安全等重点安全问题进行监控。

9.2 养老机构应对生活照料、日常管理、服务活动中涉及的有关人身安全问题进行安全评价，并实施有效监控和防范。

10 财产安全要求

养老机构应遵守国家相关法律法规要求，建立相应的财产安全管理制度。对偷窃等重点安全问题进行有效监控和防范。

11　信息安全要求

11.1　养老机构应建立各类信息、档案资料保管制度。

11.2　应严守国家保密法和保密守则，不泄密。不外泄个人隐私。

11.3　信息应包括机构内部形成和采集的文字信息（包括老年人健康档案、管理工作档案等）、图片信息、影像信息等。收集的信息应符合真实性、准确性、全面性、时效性的原则。

11.4　应有专（兼）职人员负责信息管理，各类信息经过筛选和整理后，应当分类保存。重要的照片、影像等信息资料应采用适当的媒介保存。

11.5　养老机构的管理、服务活动应有效地利用相关信息，作为工作的参考依据。

12　突发事件应急管理要求

12.1　应急管理部门及其责任

12.1.1　应急处置责任人应由养老机构的安全责任人担任。

12.1.2　养老机构的安全管理部门负责组织、协调应急处置工作，担负信息汇总上传和综合协调的职责。

12.2　应急预案

12.2.1　养老机构应制订应对自然灾害、事故灾难、公共卫生事件、社会安全事件等突发事件的应急预案，并结合本机构实际情况制订处置专项突发事件应急预案，宜包括火灾处理预案、食物中毒处置预案、传染病处置预案以及机构认为有必要制订的其他预案。

12.2.2　应急预案的内容应至少包括：

a）指导思想；

b）组织机构；

c）职责分工；

d）处置原则；

e）预案等级；

f）处置程序；

g）工作要求。

12.2.3　养老机构内全体工作人员应掌握应急预案内容并履行应急预案规定的岗位职责。

12.2.4　应急预案应至少每半年进行一次演练。

12.2.5　各类应急预案应根据实际情况变化不断补充、完善。

12.3　运行机制

12.3.1　监测与预警

12.3.1.1　应建立统一的安全突发事件监测、预警制度，完善监测、预警机制，加强对监测工作的管理和监督，保证监测质量。

12.3.1.2　养老机构的安全管理部门应对可能发生的突发事件进行分析，按照应急预案的程序及时研究应对措施，做好应急准备。

12.3.2　报告

12.3.2.1　养老机构应建立健全突发事件报告制度。应按照突发事件报告的相关规定逐级报告。事件发生后，现场有关人员应立即报告安全管理人员或安全责任人，安全责任人接到报告后，应按照相关规定立即向上级主管部门及当地政府报告。特别重大或者重大突发事件发生后最迟不得超过4小时。应急处置过程中，要及时续报有关情况。

12.3.2.2　对重大突发事件不应瞒报、迟报、谎报或者授意他人瞒报、谎报，不应阻止他人报告。

12.3.3　信息发布

突发事件的信息发布应当及时、准确、客观、全面。

12.3.4　应急处置

12.3.4.1　养老机构安全管理部门应及时对突发事件的有关信息进行筛选、整理、评估，由安全责任人按照《国家突发公共事件总体应急预案》的分类分级规定，依级启动预案。

12.3.4.2　重大级别以下突发事件应急处置工作由本机构安全管理部门负责组织实施。超出本级应急处置能力时，要及时报请上级安全管理部门提供指导和支持。

12.3.4.3　突发事件得到有效处置、事态平息后，经组织专家论证后，安全管理部门根据突发事件处置情况终止预案。

12.3.5　评估与改进

应急处置结束后，养老机构安全管理部门对原应急预案进行评估和完善，修订后的预案应报主管部门备案。

13 安全教育与培训要求

13.1 安全教育与培训内容至少应包括：

a）安全工作涉及的法律法规和规章；

b）本部门或岗位的安全管理制度和操作规范或规程；

c）设备设施、工具和劳动防护用品的使用、维护和保养知识；

d）安全事故的防范意识、应急措施和自救互救知识；

e）应急预案的演练；

f）法律法规规定的其他内容。

13.2 教育与培训的组织实施应符合下列要求：

a）安全责任人负责对安全管理人员的教育和培训，使之全面掌握养老机构安全监测、控制、管理的理论、专业知识和技能，并能指导实际工作；

b）安全管理人员应组织本机构工作人员的安全教育和培训，使之掌握安全知识和相关安全技能；应对老年人进行重点安全问题预防知识教育；

c）可采取多种形式进行安全教育和培训；

d）应对教育和培训效果进行检查和考核。

13.3 接受教育与培训的人员应包括：

a）安全责任人、安全管理人员，每年应接受在岗安全教育与培训；

b）新员工，上岗前应接受岗前安全教育与培训，并做好培训记录；

c）换岗、离岗6个月以上的，以及采用新技术或者使用新设备的，均应接受岗前安全教育与培训。

13.4 养老机构应定期对工作人员进行职业病防范、工作防护的安全教育，应符合GB/T 28001—2011中的要求。

13.5 养老机构应对新员工或换岗人员进行上岗前职业健康安全教育，应符合GB/T 28001—2011中的要求。

解读：该规范围绕养老机构安全管理提出相关标准，在考虑养老机构安全管理特点的基础上兼顾了宏观指导性和实际操作性，为提高养老机构安全管理水平，规范养老服务行业的发展，维护老年人及养老机构的合法权益提供了基础。

该标准对养老机构安全管理领域的4个基本术语进行了定义，对个别容易混淆的概念予以了界定。我国养老机构标准化建设起步比较晚，一直缺乏一个指导全国养老机构安全管理规范工作的规范性文件，本标准的出台对规范我国养老服务行业的安全管理起到积极的推动作用。

本章思考题

1. 养老机构政策法规的颁发对于行业的规范有哪些作用？
2. 养老机构政策法规对日常养老服务工作有哪些意义？
3. 如何在实践中认真落实养老机构相关政策法规？

附录

养老护理技术操作评价标准

一、日常生活活动能力评估表

表 1　巴塞尔（Barthel）指数评估量表

项目	完全独立	需部分帮助	需极大帮助	完全依赖
进食	10	5	0	—
洗澡	5	0	—	—
修饰	5	0	—	—
穿衣	10	5	0	—
控制大便	10	5	0	—
控制小便	10	5	0	—
如厕	10	5	0	—
床椅转移	15	10	5	0
平地行走	15	10	5	0
上下楼梯	10	5	0	—

表 2　日常生活活动能力（ADL：Activies of Daily Living ）量表

姓名　　　　　性别　　　　　年龄　　　　　房间号　　　　　诊断

项目	评分	标　　准	评估日期		
大便	0	失禁或昏迷			
	5	偶有失禁（每周<1 次）			
	10	控制			
小便	0	失禁或昏迷或需他人导尿			
	5	偶有失禁（每 24 h<1 次）			
	10	控制			

续表

项目	评分	标准	评估日期		
修饰	0	需要帮助			
	5	自理（洗脸、梳头、刷牙、剃须）			
如厕	0	依赖他人			
	5	需要部分帮助			
	10	自理（去和离开厕所、使用厕纸、穿脱裤子）			
进食	0	较大或完全依赖			
	5	需部分帮助（切面包、抹黄油、夹菜、盛饭）			
	10	全面自理（能进各种食物，但不包括取饭、做饭）			
转移	0	完全依赖他人，无坐位平衡			
	5	需大量帮助（1~2人，身体帮助），能坐 需少量帮助（言语或身体帮助）			
	10	自理			
活动	0	不能步行			
	5	在轮椅上能独立行动 需1人帮助步行（言语或身体帮助）			
	10	独立步行（可用辅助器，在家及附近）			
穿衣	0	依赖他人			
	5	需一半帮助			
	10	自理（自己系开纽扣、关开拉锁和穿鞋）			
上下楼梯	0	不能			
	5	需帮助（言语、身体、手杖帮助）			
	10	独立上下楼梯			
洗澡	0	依赖			
	5	自理（无指导能进出浴池并自理洗澡）			
总得分					
评估人					

评分结果：满分100分。<20分为极严重功能缺陷，生活完全需要依赖；20~40分为生活需要很大帮助；40~60分为生活需要帮助；>60分为生活基本自理。Barthel指数得分40分以上者康复治疗的效益最大。

二、运动强度自我评估表

“运动自觉量表”在医学界已广泛应用了将近四十年，运动生理学家和医生们在为病人做运动测验时，都利用这个量表与病人保持沟通，受测者可以立即描述出当时主观上感觉的吃力程度。体能教练在指导学员时也可以采用这个方法，它可以单独使用，也可以和测量心跳频率的方法同时使用，以监测运动强度是否适当。

表 3　运动自觉量表（RPE：Rating of Perceived Exertion）

级别	自觉吃力程度	描述
0 级	没什么感觉	这是你在休息时的感觉，你丝毫不觉疲惫，你的呼吸完全平缓，在整个运动期间你完全不会有此感觉
1 级	很弱	这是你在桌前工作或阅读时的感觉，你丝毫不觉疲惫，而且呼吸平缓
2 级	弱	这是你在穿衣服时可能出现的感觉，你稍感疲惫或毫无疲惫感，你的呼吸平缓，运动时很少会体验到这种程度的感觉
3 级	温和	这是你慢慢走过房间打开电视机时可能出现的感觉，你稍感疲惫，你可能轻微地察觉到你的呼吸，但气息缓慢而自然，在运动过程初期你可能会有此感觉
4 级	稍强	这是你在户外缓慢步行时可能产生的感觉，你感到轻微疲惫，呼吸微微上扬但依然自在。热身的初期阶段可能会有此感觉
5 级	强	这是你轻快地走向商店时可能出现的感觉，你感到轻微的疲惫，你察觉到自己的呼吸，气息比第 4 级还急促一些。热身结尾时会有此感觉
6 级	中强	这是你约会迟到急忙赶去时可能出现的感觉，你感到疲惫，但你知道你可以维持这样的步调，你呼吸急促，而且可以察觉得到。从热身转向运动阶段的期间，以及在学习如何达到第 7 级和第 8 级的初期里，你都可能有此感觉
7 级	很强	这是你激烈运动时可能出现的感觉，你势必感到疲惫，但你可以确定自己可以维持到运动结束，你的呼吸急促这你绝对会感觉到，你可以与人对话，但你可能宁愿不说话，这是你维持运动训练的底线
8 级	非常强	这是你做非常剧烈的运动时可能出现的感觉，你势必感到极度疲惫，而你认为自己可以维持这样的步调直到运动结束，只是你无法百分之百地确定。你的呼吸非常急促，你还是可以与人对话，但你不想这么做。这个阶段只适用于你已能自在地达到第 7 级，并准备好做更激烈的训练。这一级会让你产生迅速的效果，但你必须学习如何维持，对许多人而言，这么剧烈的运动不容易做到

续表

级别	自觉吃力程度	描述
9 级	超强	这是极度剧烈运动下所出现的感觉，你势必体验到极度的疲惫，如果你自问是否能持续到运动结束，你的答案可能是否定的。你的呼吸非常吃力，而且无法与人交谈，你可能在试图达到第 8 级的片刻，会有此感觉。这是许多专业运动员训练的级数，对他们而言，要达到这个级数也非常困难，你的例行运动不应该达到第 9 级，而当你达到第 9 级时，你应该让自己慢下来
10 级	极强	你不应该经历第 10 级，在这一级里你将体会到彻底的精疲力竭，这一级你无法持久，就算持久了对你也没什么好处

RPE 是一种主观衡量运动时感觉的方法，尤其适用于心脏病、糖尿病患者及心律不齐者。运动者根据疲劳程度来评估自己的数值。

表 4　运动强度的判断

运动强度	相当于最大心率百分比（%）	自觉疲劳程度（RPE）	代谢当量（MET）	相当于最大吸氧量（%）
低强度	40～60	较轻	<3	<40
中强度	60～70	稍累	3～6	40～60
高强度	71～85	累	7～9	60～75
提高强度	>85	很累	10～11	>75

三、老人坠床 / 跌倒危险因子评估表

表 5　老人跌倒/坠床危险因子评估表

养护区：　　　　　房间号：　　　　　姓名：　　　　年龄：　　　　性别：

疾病诊断：　　　　入院时间：

入住期间按规定评估；每周填入一次，分值有变化随时评估记录。

危险因子（可多选）	分数	评估日期			
最近一年曾有不明原因的跌倒经历	1				
意识障碍	1				
智力障碍（单双盲、弱视、白内障、青光眼、眼底病、复视等）	1				
活动障碍、肢体偏瘫	1				

续表

危险因子（可多选）	分数	评估日期			
年龄（≥65 岁）	1				
体能虚弱（生活能部分自理，白天过半小时要卧床或座椅）	3				
头晕、眩晕、体位性低血压	2				
服用影响意识或活动的药物（散瞳剂、镇静安眠剂、降压利尿剂、镇挛抗癫剂、麻醉止痛剂）	1				
无家人或其他人陪伴	1				
总分					
评估者签名					

备注：

1. 高危性跌倒/坠床老人（评分≥4 分）入院或转入 24 h 内立即评估记录一次；以后每日评估，分值不变时，常规每周记录一次。

2. 病情改变（如意识、肢体活动改变）由责任护理员即刻重新评估记录。

3. 评分≥4 分，需列为护理问题——高危性伤害/跌倒/坠床，做好健康教育宣教防跌倒/坠床注意事项，每周重新评估一次并记录执行相关防护措施，告知患者与家属，并在告知书上签字。

四、Braden 压疮评估量表

表 6 Braden 压疮评估量表

感觉	完全受损 1 分	非常受损 2 分	轻微受损 3 分	无受损 4 分
对压力的感觉能力	由于知觉减退、疼痛刺激无反应或大部分接触床的面积只有极小的感觉能力	只对疼痛有反应，除呻吟或烦躁外不能表达不适，或是身体 1/2 由于感觉障碍而限制了感受疼痛或不适的能力	对言语指挥有反应，但不是总能表达不适或需要翻身，或者 1～2 个肢体有些感觉障碍从而感觉疼痛或不适的能力受限	对言语指挥反应良好，无感觉障碍，感觉或表达疼痛不适的能力没有受限

续表

湿度	持续潮湿 1 分	经常潮湿 2 分	偶尔潮湿 3 分	很少潮湿 4 分
皮肤潮湿程度	皮肤持续暴露在汗液或尿液等潮湿环境中，老年人每次翻身或移动时都能发现潮湿	皮肤经常但不是始终潮湿，至少每次移动时必须换床单	皮肤偶尔潮湿，每天需额外更换一次床单	皮肤一般是干爽的，只需常规换床单
运动	卧床 1 分	座位 2 分	偶尔行走 3 分	经常行走 4 分
身体活动程度	限制卧位	行走能力严重受限或不存在，不能负荷自身重量；或肢体位置不能独立、经常或明显改变	白天可短距离行走或不伴辅助，每次在床上或椅子上移动需耗费大半力气	醒着时每天至少可以在室外行走两次，室内每两小时活动一次
控制力	完全不自主 1 分	非常受限 2 分	轻微受限 3 分	不受限 4 分
改变或控制身体姿势的能力	没有辅助身体或肢体甚至不能够轻微地改变位置	可以偶尔轻微改变身体或肢体位置	可以独立、经常轻微改变身体或肢体位置	没有辅助可以经常进行大的改变
营养	非常缺乏 1 分	可能缺乏 2 分	充足 3 分	营养丰富 4 分
日常进食方式	从未吃过完整的一餐，每餐很少吃完 1/3 的食物，每天吃两餐，且缺少蛋白质，摄入液体量少，没有补充每日规定量以外的液体；或是肠外营养和/或主要进清流食或超过 5 天静脉输液	很少吃完一餐，通常每餐只能吃完 1/2 的食物，蛋白质摄入仅仅是每日三餐中的肉或奶制品，偶尔进行每日规定量外的补充；或者少于最适量的液体食物，或管饲	半数餐次以上能吃完饭，每日吃四餐含肉或奶制品的食物，偶尔会拒吃一餐，但通常会接受	吃完每餐食物。从不拒吃任意一餐，通常每日吃四餐或更多吃含肉或奶制品的食物，偶尔在两餐之间吃点食物，不需要额外补充营养
摩擦力和剪力	有问题 1 分	潜在的问题 2 分	无明显问题 3 分	无任何问题
移动	移动时需要中等到大量的辅助，不能抬起身体避免在床上滑动，常常需要人帮助才能复位，大脑麻痹，挛缩，激动不安导致不断摩擦	可以虚弱地移动或需要小的辅助，移动时皮肤在某种程度上与床单、椅子、约束物或其他物品发生滑动，大部分时间可以在床上椅子上保持相对较好的姿势，但偶尔也会滑下来	可以独自在床上或椅子上移动，肌肉的力量足以在移动时完全抬起身体，在任何时候都可在床上或椅子上保持良好姿势	无任何问题

五、简易精神状态评价量表（MMSE：Mini-Mental State Examination）

表 7　简易精神状态评价量表（MMSE）

项目		积分					
定向力（10 分）	今年是哪一年？ 现在是什么季节？ 现在是几月份？ 今天是几号？ 今天是星期几？						
	您住在哪个省？ 您住在哪个县（区）？ 您住在哪个乡（街道）？ 咱们现在在哪个医院？ 咱们现在在第几层楼？						
记忆力（3 分）	告诉您三种东西，我说完后，请您重复一遍并记住，待会还会问您（各 1 分，共 3 分）						
注意力和计算力（5 分）	100−7＝？连续减 5 次（93、86、79、72、65。各 1 分，共 5 分。若错了，但下一个答案正确，只记一次错误）						
回忆能力（3 分）	现在请您说出我刚才告诉您让您记住您些东西？						
语言能力（9 分）	命名能力： 出示手表，问这个是什么东西？ 出示钢笔，问这个是什么东西？						
	复述能力： 我现在说一句话，请跟我清楚地重复一遍（四十四只石狮子）！						
	阅读能力： （闭上您的眼睛）请您念念这句话，并按上面意思去做！						
	三步命令： 我给您一张纸请您按我说的去做，现在开始："用右手拿着这张纸，用两只手将它对折，放在您的左腿上。"（每个动作 1 分，共 3 分）						
	书写能力要求受试者自己写一句完整的句子						
	结构能力： （出示图案）请您照上面图案画下来						

MMSE 操作说明如下：

1. 定向力（最高 10 分）

（1）首先询问日期，之后再针对性地询问其他部分，如“您能告诉我现在是什么季节？”每答对一题得一分。

（2）请依次提问，“您能告诉我您住在什么省市吗？”（区县/街道/什么地方/第几层楼）每答对一题得一分。

2. 记忆力（最高 3 分）

告诉被测试者你将问几个问题来检查他/她的记忆力，然后清楚、缓慢地说出 3 个相互无关的东西的名称（如：皮球、国旗、树木，大约 1 秒钟说一个）。说完所有的 3 个名称之后，要求被测试者重复它们。被测试者的得分取决于他们首次重复的答案（答对 1 个得 1 分，最多得 3 分）。如果他们没能完全记住，你可以重复，但重复的次数不能超过 5 次。如果 5 次后他们仍未记住所有的 3 个名称，那么对于回忆能力的检查就没有意义了，请跳过“回忆能力”检查。

3. 注意力和计算力（最高 5 分）

要求老年人从 100 开始减 7，之后再减 7，一直减 5 次（即 93，86，79，72，65）。每答对 1 个得 1 分，如果前次错了，但下一个答案是对的，也得 1 分。

4. 回忆能力（最高 3 分）

如果前次被测试者完全记住了 3 个名称，现在就让他们再重复一遍。每正确重复 1 个得 1 分。最高 3 分。

5. 语言能力（最高 9 分）

（1）命名能力（0~2 分）：拿出手表卡片给测试者看，要求他们说出这是什么，然后拿出铅笔问他们同样的问题。

（2）复述能力（0~1 分）：要求被测试者注意你说的话并重复一次，注意只允许重复一次。这句话是“四十四只石狮子”，只有正确、咬字清楚的才记 1 分。

（3）三步命令（0~3 分）：给被测试者一张空白的平纸，要求对方按你的命令去做，注意不要重复或示范。只有他们按正确顺序做的动作才算正确，每个正确动作计 1 分。

（4）阅读能力（0~1 分）：拿出一张写有“闭上您的眼睛”卡片给被测试

者看，要求被测试者读它并按要求去做。只有他们确实闭上眼睛才能得分。

（5）书写能力（0~1 分）：给被测试者一张白纸，让他们自发地写出一句完整的句子。句子必须有主语，动词，并有意义。注意你不能给予任何提示。语法和标点的错误可以忽略。

（6）结构能力（0~1 分）：在一张白纸上画有交叉的两个五边形，要求被测试者照样准确地画出来。评分标准：五边形需画出 5 个清楚的角和 5 个边。同时，两个五边形交叉处形成菱形。线条的抖动和图形的旋转可以忽略。

判定标准：最高得分为 30 分，分数在 27~30 分为正常，分数<27 为认知功能障碍。

痴呆严重程度分级方法：轻度 MMSE≥21 分；中度 MMSE10~20 分；重度 MMSE≤9 分。

参 考 文 献

[1] 王胜．今人口社会学［M］．长春：吉林大学出版社，1998.

[2] 邬沧萍．人口老龄化对社会经济的影响和我们的对策［J］．中国特色社会主义研究，2011（6）：37-40.

[3] 杜鹏，王武林．论人口老龄化程度城乡差异的转变［J］．人口研究，2010（3）：3-10.

[4] 陈光慧，蔡远飞，李凤．我国人口老龄化趋势预测与结构分析——基于非参数自回归模型．西北人口，2014（4）：35.

[5] 邢霄，王莲萍，孙琦．新医改背景下城市老年康复护理事业发展的思考．中医药管理志，2016，09（24）：18-36.

[6] 商敏，王玉凤，杨凤梅等．系统康复治疗对脑卒中恢复期患者认知功能、运动功能及生活质量的影响［J］．中国老年学杂志，2014，12（23）：6551-6553.

[7] Assumpta Ann Ryan& Hugh F. Scullion.（2000）. Family andstaff perceptions of the role of families in nursing homes［J］. Journal of Advanced Nursing，2000，32（3）：626-634.

[8] 谢红．有价值的养老护理服务模式探讨［J］．中国护理管理，2015．15（7）：772.

[9] Charlene Harrington，Jacqueline Choiniere，Monika Gold—mann，et al. Nursing Home Staffing Standards and StaffingLevels in Six Countries［J］. Journal of Nursing Scholarship，2012，44（1）：88-98.

[10] 刘薇、吴欣娟、曹晶．从美国的全方位养老服务项目看国内社区老年护理模式的发展［J］．中华现代护理杂志，2009.

[11] 谢海雁，Leng S，李冬晶，等．PACE——新型而高效的老年人医疗服务模式［J］．国际老年医学杂志，2010，31（3）：135-138.

[12] 白继荣．护理学基础．北京：科学出版社，2000.

[13] 谢家瑾，刘寅坤．美国、加拿大社区养老考察调研报告［J］．中国物业管理，2012（12）：29-39.

[14] 冯佺光，钟远平，冯欣伟．养老产业开发与运营管理［M］．北京：人民出版社，2013.

[15] 李苏晋．上海创新养老服务供给新模式［J］．政策鉴览，2016（1）：17-18.

[16] 徐丹慧，侯铁英，李卫光，等．中国医院手卫生知识知晓及依从性现状调查［J］．中国感染控制杂志，2016. 15（9）：654-656.

[17] 欧阳盼．民办养老机构服务质量评价研究——以长沙市为例．湖南师范大学硕士学位论文，2016（6）.

[18] 王文．养老机构标准化管理体系的建设及应用研究——以颐和养老豪廷公寓为例. 广州中医药大学硕士学位论文，2015（5）.

[19] 陈旭．积极推进我国养老机构质量第三方评价体系．质量与认证，2016（3）：28.

[20] 周一．养老服务标准化浮出水面——养老机构等级划分与评定、养老服务质量评估和等级评定也在细化．质监第一线，2014（2）：19-20.